The Way To Ask | **问心之道** 中国传统文化的本体与重建

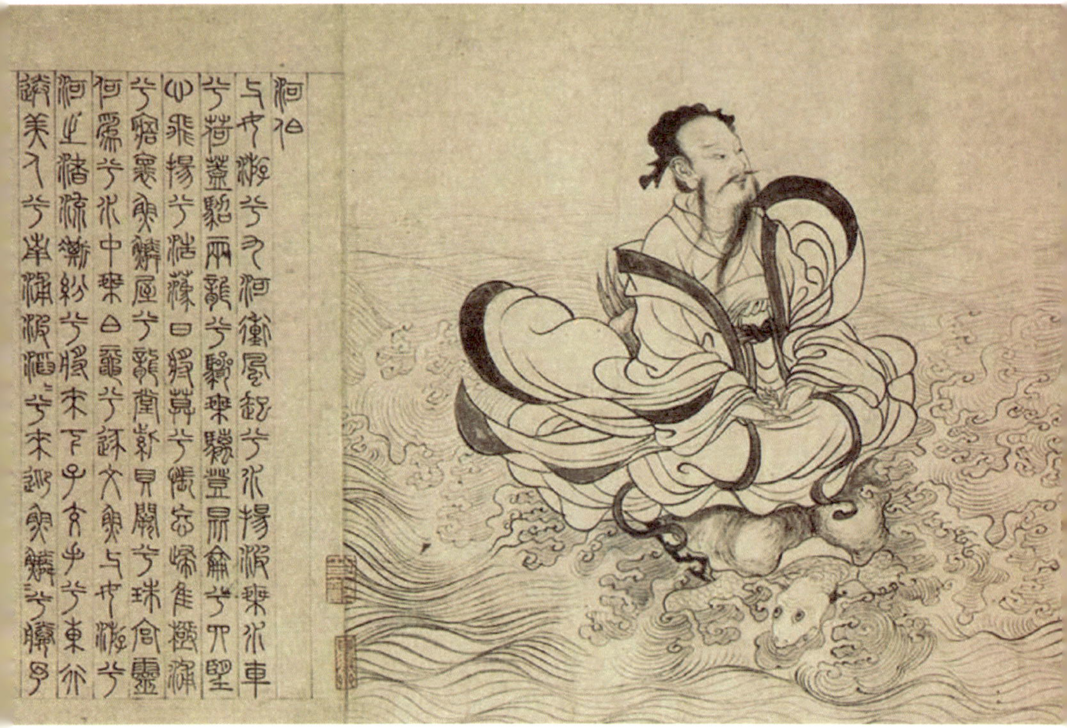
河伯
與女遊兮九河衝風起兮水揚波乘水車
兮荷蓋駕兩龍兮驂螭登崑崙兮四望
心飛揚兮浩蕩日將暮兮悵忘歸惟極浦
兮寤懷魚鱗屋兮龍堂紫貝闕兮珠宮靈
何為兮水中乘白黿兮逐文魚與女遊兮
河之渚流澌紛兮將來下子交手兮東行
送美人兮南浦波滔滔兮來迎魚鱗鱗兮媵予

元・九歌图　河伯

The Way To Ask

问心之道

中国传统文化的本体与重建

王 冠 著 | By Wang Guan

江苏人民出版社

图书在版编目(CIP)数据

问心之道：中国传统文化的本体与重建 / 王冠著.
-- 南京：江苏人民出版社, 2019.6
ISBN 978-7-214-23556-5

Ⅰ. ①问… Ⅱ. ①王… Ⅲ. ①中华文化-研究 Ⅳ.
①K203

中国版本图书馆 CIP 数据核字(2019)第 123935 号

书　　名	问心之道:中国传统文化的本体与重建
著　　者	王　冠
责任编辑	张世卿
出版发行	江苏人民出版社
出版社地址	南京市湖南路 1 号 A 楼,邮编:210009
出版社网址	http://www.jspph.com
印　　刷	江苏玄武湖印刷实业有限公司
开　　本	960 毫米×1304 毫米 1/32
印　　张	8.5
字　　数	120 千字
版　　次	2019 年 8 月第 1 版 2019 年 8 月第 1 次印刷
标准书号	ISBN 978-7-214-23556-5
定　　价	48.00 元

道也者,至诚也。至诚者,天之道也。

——《复性书》

东汉·乐舞百戏图

目　录

引　言

时间总是在当下，既是深渊，也是希望。

每一个时代的人们可能都会相信，他们所处的时代，是一个最好的时代，也是一个最坏的时代。

在时间的轴线上，属于过去的，旧的东西，似乎应该被抛弃或遗忘，至少不应该成为束缚，人们不再是传统的承载者和传播者，每一个人似乎都在开创一个新的时代，也正在日益成为一座孤岛。

我们比以往更加充分地关注我们的人性、内心，也更加容易失去意义与陷入失望。我们造下一个全新的世界，这个世界不讲怪力乱神，没有圣贤，不存在终极审判、也没有不可触碰的上帝或神明，所有的规则、秩序甚至道德都似乎仍旧在变动中。

作为一根会思考的芦苇，对内，我们是追寻意义的造物，假如我们不能在生命中找到意义和价值，便很容易感到失望。作为一个社会成员，我们生活在互相发生关联的，由各种关系所构成的网络或团体格局中，如果我们不能在这些关系中安顿好自己，就会变得焦虑。

今天的我们有着超越过去的科技与智慧，但遗憾的是，这些科技与智慧并没有让我们更好地安顿身心，反而让世界充满了不确定性，让人们觉得未来愈发得不可知。

这让我们回想起中国传统社会的秩序感，终极价值的明确让人们进可儒法,退可佛道,即便在乡土之中,也有宗族与道理,不至于突然间失去方向。然而当下社会终极价值的模糊与丢失,未来的动荡与不确定,让人们像是突然间就被抛掷了。

几千年来,中国人都喜欢讲安身立命,人们努力在生活中找到自己的坐标。可是现代化让这种安身立命的传统局面被打破,我们分分钟看着有人在改变世界,也分分钟看着有人被这个世界所打败,内心意义感的追寻始终盘旋,但终极价值的归属感却很虚缈。

人们不再有乡土,真实的土地已经虚化,建立在真实人际关系里的道德秩序也变得混乱,人们不再有发自心底对德行、天道的敬畏,能谈得上畏的,可能更多的是法网恢恢的惨痛代价或向某个阶段进发时候的功败垂成。

当然不止是我们,在当代,很多西方学者也在重新探讨现代化与人类心灵的关系,英国作家凯伦·阿姆斯特朗的《轴心时代》①中,作者提出一旦人们开始了局限自己的视野和同情心,这便是轴心时代即将落幕的另一征兆。我们需要重温轴心时代的这种精神气质。虽然轴心时代这一理论的时间序列被一些学者所质疑,但轴心时代的这种精神气质,毫无疑问,依然是人类精神的不朽家园。

凯伦·阿姆斯特朗认为轴心时代的圣贤们,佛陀、苏格拉底、孔子、耶利米、《奥义书》的神秘主义者、孟子以及欧里庇得斯们,他们将原始宗教中的仪式感和神圣感引入了现实生活,赋予了伦理意义上的重要性,并将道德置于精神生活的中心。唯一能与他们所指称的“上帝”“涅槃”“梵”或“道”相配的是过一种富于同情心的生活。

他认为贤哲们创造了一种完全不同的人格,这种人格里有着同情和怜悯的精神,人必须摒弃自大、贪欲、暴力和冷酷。不仅杀人是错误的,你

① 《轴心时代》,(英)凯伦·阿姆斯特朗著,孙艳燕、白彦兵译,海南出版社,2013.

甚至不应对别人说出一句带有敌意的话。这些原则里的神圣感非常重要,但如果人们不再怀有神圣感之后将会发生什么?

现代化为人类文明带来了深刻变化,人性解放同时也带来了更多的自我、仇恨和褊狭,如果说对于西方社会而言,人们需要重温这种拥有神圣感的、富有同情心的慈悲精神,那么对于中国,一个在现代化上全盘西化的国家,需要找回和重温的则是我们的文化精神,找回曾根植在我们血脉里的诚敬、谦恭以及对天地生命的神圣感觉,只有回到天人合一的通达与自然状态才是我们中国人自己的精神家园,在这个角度上得以实现的现代化才是现代化的高级形态。

这种文化精神的找回,也许从上古,从神话,从久远的仪式,遗存的文物与神秘的思考中,我们会深切地感受到我们这个民族的今天就深植在上古“有虔秉钺,如火烈烈”①的昨天里。

---

① 《诗经·商颂·长发》:濬哲维商,长发其祥。洪水芒芒,禹敷下土方。外大国是疆,幅陨既长。有娀方将,帝立子生商。玄王桓拨,受小国是达,受大国是达。率履不越,遂视既发。相土烈烈。海外有截。帝命不违,至于汤齐。汤降不迟,圣敬日跻。昭假迟迟,上帝是祇,帝命式于九围。受小球大球,为下国缀旒,何天之休。不竞不絿,不刚不柔。敷政优优。百禄是遒。受小共大共,为下国骏厖。何天之龙,敷奏其勇。不震不动,不戁不竦,百禄是总。武王载旆,有虔秉钺。如火烈烈,则莫我敢曷。苞有三蘖,莫遂莫达。九有有截,韦顾既伐,昆吾夏桀。昔在中叶,有震且业。允也天子,降予卿士。实维阿衡,实左右商王。

蓐收图

导 论

如何从上古“有虔秉钺，如火烈烈”的昨天看见我们这个民族的今天，如何在千综万目的文化表征里找到中华传统文化的本体，如何让我们血脉里不曾远去的回响重新归来，大吕黄钟，策励而行。

这是一个非常宏大的命题，我将从上古神话思维中人与神的关系，从夏商周祭神仪式里人与天道的关系，从春秋战国时期主要流派思想家们对人与道的思考，也从两千年华夏道统与王权的关系里试着一窥中华传统文化真正的本体所在。

很多学派都会认可数千年来中国人孜孜以求的生命境界是“天人合一”，各家学派最终所指向的终极所在，如果一定要给一个定义，可能都是“道”，实际上，“天人合一”与“道”的本体其实就是自然。儒家法象天地而得出“君君臣臣父父子子”的伦理标准，道家“人法地，地法天，天法道，道法自然”的宇宙规律，以及“物我合一”的精神境界，无不昭示自然就是中国传统文化的最高标准，也是中国传统文化的大原则。

这个标准和原则从上古神话时期就已经扎根，在还没有文字的洪荒年代，人类把自己与天地万物都视作是一个整体，彼此相系，生生不息。在本书中，我将这一时期称之为“原始神话时期”，因为此时，人与自然浑然一体，万物通感，物我混同，但这种浑然一体与后期思想家所追求的“天人合一”并非一概念，此时的混同与通感是质朴而蒙昧的，充满人类幼年时期的天真之气。

中国文化的开端即在此天真之气的自然观,我们的文化从一开始就充分肯定与理解了自然的生命意义与内在价值,自然不仅是这片土地上一切物种的生命之源,也是价值之源,这个价值在此后的中国得到了各个层面的追问与阐释。

经历了早期神话时代的混蒙与天真之后,我们的历史跨进了神与巫的时代,远古自然通感式的万物交融慢慢走向清晰,人人皆巫,人人皆可通神的状态不复存在。对自然的解释成为了少数巫师的专职,而随着考古的发掘,“绝地天通”事件的被证实,我们看到在这片土地上,如火烈烈的征服与各种图腾之间的决战里,对自然的解释权成了最重要的争夺对象,意义与价值的解释在血流漂杵的进程里最终归于一人,神话时代也就此终结。

然而神话时代的终结不代表神话思维的终结,中国人自久远的生命之初即与自然有机相联,使得人与自然之间的神性交流始终存在,无论经历了后世学者对早期神话的怎样改造与努力,我们都能从制度、风俗、史书、祭仪乃至日常社会生活中感受到神话思维的影响。

这种影响的持续最终使天道成为了文化真理的终极表达,与早期初民万物通感,物我混同,神话时期的天真不同,在经历了周代神与巫的关系转为德与仪式的象征,春秋战国时期各家学派的精深阐发,天道的本质虽然是自然,但其意义已由客观存在的自然万物及其变化规律抽象、升华为自然万物的共同法则、规律、秩序的肯定形式,成为了一种超越形器意义的存在,它消融万物,也统帅万物;它本于自然,源于自然;它指引人道,诠释人道,正因为此,中国传统文化孜孜所求的“天人合一”则恰恰是基于天道而找寻的理想的社会生活与完美的人格道德,这是中国传统文化的意义所在,也是根本所在。

在弗雷泽的《金枝》中,列举了许多民族的巫术种类,其中提到巫术赖以建立的思想原则可以归结为两个方面,第一是同类相生或果必同因;第二是“物体一经互相接触,在中断实体接触后还会继续远距离的互相作用”①,以此衍生出顺势巫术、模拟巫术、接触巫术等,虽然不能确定中国上古时代,神话时期巫的法术是否与此一致,但我们仍然可以从后世的文献资料里看到这种自原始神话时代开始,用比附、类推、顺势、模拟等方式观察世界和分析世界的思维方式。比如《周易·系辞下》里“古者包牺氏之王天下也,仰则观象于天,俯则观法于地。观鸟兽之文,与地之宜,近取诸身,远取诸物,于是始作八卦,以通神明之德,以类万物之情”②这段描述就非常明确地描绘了古人靠观察天上日月星辰的现象,大地高下卑显种种的法则,鸟兽羽毛的文采、山川水土的地利,近的就取象于人的一身,远的就取象于宇宙万物,创作出八卦,以融会贯通神明的德性,参赞天地的化育,以比类万物的情状。这种文化思维习惯让中国传统文化中几乎所有的重要概念,比如阴阳、虚实、有无、善恶都与自然密切相关,虽然我们早已离开了神巫的时代,但我们这个民族的文化却始终扎根在自然神性的土壤里,生生不息,经久不衰。原始神话滋养了天人合一的思维方式,漫长的农耕岁月培养了天人合一的思维模式,这种思维方式与模式是超越逻辑的,在人本身内敛的精神状态里默然返照,消除了主客、内外、物我,于当下的生活与生命中,对自然达到一种最深邃的本质的精神沟通。

这种精神沟通的方式,古老的中国学派们大多命之为“道”,“道”作为中国传统文化的最高指向,其内核是天人合一,其本体是自然,但同样,因为中国传统文化一脉相承的、汇同万物的思维方式,导致无论是天人合一还是“道”,都带有不可避免的抽象性,有着对直觉与感悟的依赖,这种通过自然万物体悟超越与无限,由“形而下之器”来把握和体会“形而上之道”的高度概括与抽象,由感性具体直接进入理性直觉思维的过程,具

① 《金枝》,(英)J.G.弗雷泽著,汪培基、徐育新、张泽石译,商务印书馆,25页,2017.

② 《周易今注今译》,南怀瑾、徐芹庭注译,重庆出版社,429页,2011.

有不可言传的玄妙之处，这当然产生了中国传统文化的多样性与包容性，但也同样带来了极大的反差与困顿。

在春秋战国时期，对理想的社会生活与完美的人格道德的找寻与阐释，就表现为对道的不同探索方式，诸子争鸣，百家纷呈，本书主要以儒家、道家为例，顺着这两家学派对“道”的探索，在这片土地上两千多年的演化与影响，提取中国传统文化中对今天而言仍然具有重要价值与意义的儒家礼乐生活与道家审美精神这两路活水，结合当下实际，探讨传统文化的本体与重构。

对于儒家而言，无论是个人还是家庭和社会都应该与天地合其德，生命的价值在于人的生命与宇宙生命的合一，通过己立而立人，己达而达人最终立身、立家乃至治国平天下，成为一名君子达人。在儒家看来，人人都可以通过这样的进路成为圣贤。而君子大人也好，圣贤也好，无不是为社会、国家担当大义的人，儒家的道德标准“仁义礼智信”，也无不是社会道德标准，可以说儒家的生命观是建立在“人是社会人”的基础上，立足于现实世界的，而这个社会人的道德标准则来自于对自然的取法效仿，所追求的“内圣外王”同样也是此岸世界的理想，这让儒家思想影响下的中国充满了乐于此生、积极向上的一面。但另一方面，儒家治国平天下的理想也注定“士志于道”的理想需要依赖王权的力量。秦汉以来，统治阶层独尊儒术的代价则是儒士对当权者不可避免的攀附与依赖。两千多年来的中国，儒家的经术思想在政治实践中成为行政统治之术并不鲜见，当“读经”成为通往官场的阶梯，儒学本身的超越意义则变得世俗化。

对于今天而言，我们找寻传统文化的本体，找回的不是儒家经学在统治之术上的工具化，而应当是“与天地合其德”的生命价值，应当是儒家通过礼乐教化而培养的君子人格，儒家数千年贯穿于中国人传统节令生活中的乐于此生、积极向上的民族性。其中礼乐的根底是内心的诚敬，生命的学问则是与自然天地相往还的大生命，儒家文化里“仁”的概念非常重要，而“仁”的情感本身就具有一种深刻的生命动力，让我们始终有机会因内心的自觉而建立一种完美的主体人格。本书用了很多篇幅从儒家礼乐文化入手，探讨将礼乐引入当下的可能性，在我看来，礼乐的重建是传统文化真正回归的标志，今天重建礼乐的根本不是自上而下的制度，而应当是我们因为对礼乐精神的理解而发自内心的诚敬。

与儒家不同，道家深感社会对个体生命的戕害，虽然道家和儒家一样也将个人生命与宇宙生命相契合，把人与天地精神和造物者相统一的境界当成是道，但这种道与儒家法天地自然而效仿礼乐道德规范社会不同。道家更注重人的本性，他们认为生命本身就是生命存在的价值和依据，他们以自然为本来，摒弃物欲给人们带来的异化，希望能得到个体生命的完整和回归，道家所追求的那种绝对逍遥的理想状态是一种真人、至人和神人的状态，在老庄的思想体系里生命与自然是唯一的意义。这种对个体生命的重视，让数千年来的中国士人始终进可儒，退可道，不至于困途无路，失去生命的价值。然而道家思想的影响也同样会在某种程度上造成道即自然的任情纵性或放任自流的消极无为。对于今天而言，更为重要的是我们是否能从老庄精神里找回我们与自然的联系，通过道家自然至上的审美观，让心重回自由。

归根结底，所有的传统学派追求的道最终指向的都是“天人合一”，儒家为符合天地之仁，而将生命与社会规范和道德伦常相应和，这是自然的人文之路，道家则将生命从框架束缚中解放出来，还于本来，全于自然，这是生命的自然之路。虽然同源而异流，但所追求的最高目标都是个人生命与宇宙生命的合一，也就是天人合一之路，这条路，我将从生活，从礼乐，从审美，从内心一步步找回与重建。

凤鸟图

第一章　神话思维

中国原始神话既庞杂也零碎，然而那些看似荒诞不经的片段里，却往往积淀着这个民族最原始也是最本真的性格与精神，昭示着一个民族的来路与根底。可是我们这个民族最初的神话虽然看似体量庞杂，但实则不成系统，我们只能从后世的文献简牍中略窥一二。

如赵沛霖所说："神话与历史关系的奥秘主要就体现在这些人物（神）身上。从历史学的观点，神话在追溯人类历史的起源，衔接神话与历史之间的空间方面，具有不可替代的价值。"[①]中国神话与历史的关系，可以说不可或分，神话的历史化，历史的神话化，无不让我们看到中国历史观与古代神话之间的密切联系，我们相信原始神话一定非常深刻地影响过我们的历史，因为无论是几千年来中国人的生活方式、思维方式、历史记述方式、艺术表现手法无不带有早期神话思维的影子。

那么为什么这样深刻影响过我们这个民族的神话却渐渐消失了呢？早期的神话究竟是什么模样呢？在本章中，我从《史记》《山海经》《庄子》等文献片言只语的神话中找寻我们丢失的神话，也试图寻找早期神话慢慢消隐的原因所在。为了证明神话时期重要历史事件"绝地天通"的真实性，在没有文字记录的年代，我以考古学证据作为参考，重回上古，在初民的生活里找回神话的遗迹。

---

① 《先秦神话思想史论》，赵沛霖，学苑出版社，62 页，2006.

早期神话意识里，那些充满洪荒气息的原始思维，其实都是与万物浑然一体，同生共息的自然状态。这个时期的初民，本身就是自然的一部分，及至到了需要有巫与神相沟通的阶段，文明已渐渐生根，从人人皆巫，人人皆可通神，到“绝地天通”，巫与王权合一，历史已经以“如火烈烈”的进程碾过神话的天空，敬神的仪式越来越精密、庄重，敬神的内心却越来越动摇、涣散，最终，不复敬畏，也不复再有真正的神。

神消失了，但神话思维从未消失，广阔而永恒的宇宙时空成了人世间秩序的对应与象征，深受神话时代影响的夏朝，以神人杂处的生活方式表达了对死后世界的敬畏与对灵魂不朽的希望。殷商之际，神秘的力量随着天穹运转成为新的秩序，这秩序被当作了神明的谱系，而人类则站在了历史的舞台中央，只是这舞台，依旧是自然。

可以说中国的神话史就是一部人对自然的认识史，甚至于也是一部原始宗教起源史，诉说着华夏的起源、演进、相承、变化与发展，梳理神话思维，更多的是找寻中国传统文化的根脉，找寻我们与自然始终息息相关的历史。也正因为神话时代，我们与神的关系如此紧密，以至于数千年来，我们其实从未在感性中剔除神的存在，在所有后世的祭祀仪式、节令民俗生活中，我们都有着对神的祈愿，对当下生活的观照与对超越世界的想象。

第一节　丢失的神话

遂古之初，谁传道之？

上下未形，何由考之？

冥昭瞢暗，谁能极之？

伏羲女娲图

冯翼惟象,何以识之?①

……

文化的河流千载而下,楚地绚烂鲜丽的远古传统在屈原的文字里肆意生长。

在屈原用楚辞构建的文化王国里,我们看到远古传统中神话的炽热情感尚未消退,早期神话思维盛开在《离骚》《九歌》《天问》的诗行之中,在这里,万物通感无边无界。

然而即便有着这么确切的情感,诗人也有着无限的迷惘与困顿,现知的神话并不能解决历史的起源,更不能解释生命的奥义,屈原一气提出了一百七十多个"什么"和"为什么",这些没有解答的疑问被命之为《天问》,它们无始无终,最终,所有的吟诵都消失泽畔,五月的中国,屈原就这么带着他无限的追问与现世生活里沸腾的理想走进生命终极的所在。

在那个时候,当时的楚地,当时的中国,仿佛还从来没有过关于遂古之初的创世神话,更没有过关于整个世界恢弘的想象与答案。盘古开天辟地的故事还要等到三国时代吴国人徐整②才能编纂的出来,即便是西汉的司马迁,也只能停笔于《五帝本纪》,在西汉《史记》成书之时不曾出现的伏羲、女娲等"三皇"的记载,至唐代却由司马贞补写了《三皇本纪》③,这不像是后世对神话的捡拾,更像是一个民族在构建本民族历史,寻求自我认同的价值观时,所做的一种人为的补全。

事实上,一部神话史就是一部对上古生活的理解史,是我们对生命初

---

① 《山带阁注楚辞》,(清)蒋骥,上海古籍出版社,68页,1984.

② 《三五历纪》为三国时代吴国人徐整所著,已佚,为最早记载盘古开天传说的一部著作,此书部分段落存于类书如《太平御览》《艺文类聚》中。

③ 《三皇本纪》为唐代司马贞所著。因《史记》没有关于"三皇"的记载,所以司马贞写了《三皇本纪》以补全《史记》,增补了伏羲、女娲、神农等诸位上古时期神话传说人物与部落首领的历史。

始的想象或记忆,也许没有人会知道在无始无终的时间深处,宇宙是如何诞生,人类是怎样走进了历史,但那些火把、彩陶、献神的舞蹈与卜辞却拼接起一组组跳跃而生动的叙事,让今天的我们,仍然可以从《山海经》《楚辞》《庄子》等文献只言片语的遗存中,考古发掘的土层与墓葬里,千古川流的文化河流深处,窥见那些跨越时空的暗喻。

如果用一个词来定义人类上古时代的最初时光,用“原始神话时代”可能更贴近这个时代的特质,这种特质不是使用某种工具或语言,而是在这个时代,人们与这个世界相处的方式,他们万物通感,深信而不疑。所有的异类,神与精怪,兽与草木,天与宇宙都息息相关,人与万物从未分离,没有意见与差别,没有生命需求之外的欲望与索取,人和自然共循环,如同草木,如同四季,我们从自己的血脉里感知世界,而世界也仿佛住在我们的身体里,这种与万物交通,自然而充满活力的时代恰恰是神话最初的温床与最真诚的回响。

柯斯文在《原始文化史纲》中说:“在宗教发展的开头阶段,人们还没有特殊的关于灵魂的概念;早期宗教意识实质上不过是人与自然浑然一体、自然具有活力这样一个一般的且颇不明晰的概念。”①

和刻本类书《金壁故事》中盘古形象
底本可能出自元代。

这种早期宗教意识也可以说是早期神话意识,在这个时候,我们并不关心天地的起源。真正原始的神话遗存里,恢弘的叙事统统被抛弃,人们从不怀疑或追问,所看见的无非是身处的这个世界,充满神迹与通感的万事与万物。

① 《原始文化史纲》,(苏联)柯斯文著,张锡彤译,人民出版社,1955,170-171页.

最早的一批神话，其实就是一批动物、植物的记录，就是我们对周边山川地理的所见，是人类对这个世界确信不疑的记录，这让我们想起《山海经》里的片段，那些未经后世加工过的零碎篇章里遗存的是早期神话意识里，充满着洪荒气息的原始天地。

这个天地里，人与所有非人的事物之间，不管是生物还是非生物，自然现象还是自然力，都有一种有机的联结，在人类眼中，所有的一切都与自己有着相同的生命与意志，这种物我混同的原始思维状态，法国学者列维-布留尔称之为原始思维，这种原始思维也可以说就是早期的神话思维。

盘古氏画像

在这种思维的影响下，原始神话并不可能是以开天辟地、创造人类为开端，只有在人类意识到自己是区别于这个世界的某种存在时，才会为自身寻找起源与解释，这种起源与解释又往往充满了人的气质，带着鲜明的人的力量与意志，不仅创世神盘古充满了牺牲精神，始祖神伏羲、女娲无不如此，神话英雄们不是崇尚奉献，就是表达自我牺牲，他们身上那种保民佑民的责任感令人仰止，比如射日除害的后羿、救民于水患的大禹等等。

然而处于神话时期的原始先民并不需要这么恢宏深远的想象或意味深远的道德加工，他们甚至从未想过要去追问自己与万物的不同，所有当下就是全部，物我混同的心理状态是最真切的上古世界。尽管在这个时期“民茹草饮水，采树木之实，食蠃蠪之肉，时多疾病毒伤之害”，但却是一个混沌而淳朴的时代，仿佛如《鹖冠子》第十三篇《备知》所说：“山无径迹，泽无桥梁，不相往来，舟车不通，何者？其民犹赤子也。”[1]赤子的状

① 《鹖冠子·备知》，《道藏》太清部，颠，27册，文物出版社、上海书店、天津古籍出版社影印本，1988.

态，和早期先民的神话思维则比较接近。

当有一天，我们开始关心世界的起源，造物的呈现时，我们就已经走出了神的时代。

武梁祠汉画像石・大禹

进入人的时代，人们开始关注自己的历史，有了许多追问，比如屈原，也有了许多想象，比如庄子，他在《庄子・胠箧》说："昔者，容成氏、大庭氏、伯皇氏、中央氏、栗陆氏、骊畜氏、轩辕氏、赫胥氏、尊卢氏、祝融氏、伏羲氏、神农氏，当是时也，民结绳而用之，甘其食，美其服，乐其俗，安其居，邻国相望，鸡狗之音相闻，民至老死而不相往来。"这段文字里谈及十二位上古人王的名称，虽然很难确考，但也不能完全认为就是庄子的杜撰，很有可能来自当时一些古书的记载或尚存的记忆，伏羲、神农的时期差不多接近于早期神话时代，但能"美其服，乐其俗，安其居，邻国相望"显然是后世对上古淳朴安宁的美好想象，相比较而言《韩非子・五蠹》："上古之世，人民少而禽兽众，人民不胜禽兽虫蛇。"《礼记・礼运》："昔者先王，未有宫室，冬则居营窟，夏则居橧巢（郑注：寒则累土，暑则聚薪柴居其上），未有火化，食草木之实，鸟兽之肉，饮其血，茹其毛，未有麻丝，衣其羽皮（郑注：此上古之时也）。"这类对于上古生活的描述和想象则显得更为贴切。

另一方面，《山海经》等文献中记载的自然神同样保留了一些原始神话的片段，后世有学者称《山海经》是一本巫觋之书，与史书中那些先祖之神不同，在《山海经》中出现的是自然界包罗万象的各种神灵，这里包括日神、月神、星神、雨神、四方风神之类的天神，有烛阴、烛龙之类的极地之神，有山神、河神、水神之类的地神，更有大量的动物神和植物神，这里的神形躯仍大都是半人半兽的，并未脱离原始神话思维的范围。在这里，山海之所经，神异之所生，带着巫术与幻想，带着经验与灵感打通了神与人的界限。这是一本神异思维的经典，这里奔腾着原始的洪荒气息，滋养了后世千姿百态的灵感触媒，然而这些鬼神与后世的神灵很难一一对应，也让我们有理由怀疑，这是一个可能早已经被遗忘的神之世界。

后世往往把《山海经》当作神话的遗存，比如清代纪昀修《四库全书》，就把它列在子部的小说家类，当成了一种纯文学创作。实际上《山海经》的内容倒更像是一本上古人民的日用百科全书，比如《山经·南山经》开篇："南山经之首曰䧿山。其首曰招摇之山，临于西海之上。多桂多金玉。有草焉，其状如韭而青华，其名曰祝馀，食之不饥。有木焉，其状如榖而黑理，其华四照。其名曰迷榖，佩之不迷。有兽焉，其状如禺而白耳，伏行人走，其名曰狌狌，食之善走。丽麂之水出焉，而西流注于海，其中多育沛，佩之无瘕疾。"

这不是虚渺的神话，这里没有宏大的建构，不含深刻的隐喻，这几乎就是生活里平白而具体的行动手册与行为指南，它告诉人们，招摇之山在哪里，这座山上多桂多金玉，有一种像韭菜一样，有着青华之色的草，吃了就不会饥饿，这种草的名字叫祝馀，还有可以佩戴就不会迷路，四照光华的木头，吃了以后人就擅长行走的狌狌兽，带着就不会生瘕疾的海中育沛……

所以《汉书·艺文志》把它列在数术略的形法类，和《宫宅地形》《相人》《相六畜》这些书在一起，实在是因为这本书真的有太多实用的痕迹。鲁迅在《中国小说史略》第二篇《神话与传说》中论《山海经》时说："所载祠神之物多用糈（精米），与巫术合，盖古之巫书也。"[①]我比较认同这个说法，这部书应该是上古巫师们传留下来、经战国初年至汉代初年楚国或楚地的人们（包括巫师）加以整理编写而成的。比如《五藏山经》所记对于山神的祭祀，各有不同的祀典，都很像是巫师的行为指导手册。巫师们对神的记录也成为当时世界真实的遗存。

---

① 《中国小说史略》，鲁迅著，朝华出版社，35 页，2017.

汉代以后，人工痕迹的神话混杂着史迹大量产生，出于对汉族祖先赋予正统性的必要，这些神话变得有章可循，甚至于更加体系化，以至于真正的神话混杂在这些似是而非的历史叙事里变得面目模糊。最为典型的莫过于司马迁所著的《史记》，在司马迁讲述黄帝、颛顼、帝喾、尧、舜五位华夏帝王一生功绩的《五帝本纪》中，我们可以看到汉代史学家与上古世界的连接方式。

《史记》中的五帝时代应该在神农氏之后，也就是原始神话时代到夏商周三代之前的这个阶段，在《史记》的记述中，五帝从黄帝到舜、禹为同一家系，都是黄帝与妻子嫘祖的子孙，只是分别采用了不同的国号，“故黄帝为有熊，帝颛顼为高阳，帝喾为高辛，帝尧为陶唐，帝舜为有虞。帝禹为夏后而别氏，姓姒氏”，在这里，黄帝至舜同为姬姓，巧合的是，后世儒家备为推崇的周朝正是与五帝同为姬姓，并且在宗族血统上一脉相传，这让我们不得不怀疑这样的世系构建是为了商周时代氏族的家系以此获得历史叙事的正统性，汉代大行其道的“五德终始说”，以金、木、水、火、土五种德性终而复始的循环作为历史变迁、王朝更替的根据。我们今天经常看到后代皇帝的诏书里有“奉天承运皇帝诏曰”一说，这所谓的“奉天承运”就是这个王朝所继承的天德，王朝的兴衰更替对应了五德循环往复，这样的理论让我们看到神已经从早期与人共处的自然状态化为具有威权的“帝”的状态，继而演变成可以凭借德而得到天命授权的朝代更迭阶段。

武梁祠汉画像石・尧舜禹禅让

这种历史构建的虚妄性，比如尧、舜、禹所谓的禅让，不但春秋时期的思想家荀子曾斥之是虚言，甚至有些史书也直接记载了舜囚尧于平阳的囚尧城。“舜逼尧，禹逼舜，汤让，武王伐纣，此四王者，人臣弑其君者也。”韩非《说疑》里这段话和《竹书纪年》上“尧德衰，为舜所囚。舜囚尧，复堰塞丹朱，使父子不得相见也”的记载出奇的吻合。

文明的进程很少田园牧歌式的温情。“自剥林木（剥林木而战）而来，何日而无战？大昊之难，七十战而后济；黄帝之难，五十二战而后济；少昊之难，四十八战而后济；牧野之战，血流漂杵。”[①]如火烈烈的征战与血流漂杵的记忆可能更符合人类走出神话时代的真实历程。

何以最初的神话记忆就这么变成了历史叙事，最直接的原因莫过于春秋战国时期，对神话的大规模改造与涂抹。《孟子·万章下》中记载“北宫锜问曰：‘周室班爵禄也，如之何？’孟子曰：‘其详不可得闻也，诸侯恶其害己也，而皆去其籍。’”在孟子的时代，上古典籍的被篡改已经不是什么稀奇的事了，每一个政权都厌恶对自己血统与王权不那么有利的真实，这一点在韩非子对秦孝公“燔诗书而明法令”的举动的态度上可见一斑，他说“明主之国，无书简之文，以法为教”[②]，某种意义上，以韩非子为代表的法家学派认为开创的帝王是不需要接续先古的，他们需要的是一个新的世界与一种有利的王朝叙事，此时，对历史有着忠实的文献就成了政权的冗余和累赘。

神话在历史中隐身，孔子不语怪力乱神，《史记》里人事和神迹的差别开始消弭，神话成了接续权利叙事的底本，神成了人世权利的来源与依据，而“五德终始说”这样对政权奉天承运的合理阐释更是消弭了神、天道、人道的差别，对经典的篡改和阐释让历史变得面目全非，神话终于成了史话，神从此变成了人的理想形态，德作为新的力量解释了天与人之间

---

① 《美学三书》，李泽厚著，安徽文艺出版社，44页，1999.

② “明主之国，无书简之文，以法为教；无先王之语，以吏为师”是韩非子提出的著名的法家教育纲领。

的关系,这些思想左右了数千年的华夏文明走向并依然在影响着我们的当下和未来。

既然神话已经被选择性遗忘、涂抹和修改,梳理神话的意义就变得更有意思,顺着神话被篡改的模样,我们看见了一个民族自我认知的发展与进路,但神话是否真的已经完全消亡?

第二节　从未消失的神话思维

当我们用所谓实证的眼光来看待中国的史书时,总会觉得有些描述不仅不可信,还显得颇为荒诞,比如伏羲的母亲华胥在水边因为踩神的足迹而怀上伏羲之类的感生受孕;身为赤帝子的汉高祖斩白蛇之类的天命循环……这些言之凿凿的文字出现在面目端庄的史书中仿佛已成惯例,即便有人会质疑其真实性,也不会彻底推翻这种叙事方式,早期神话思维实际上已经相当于中国文化的一个母题,渗透进历史,渗透进生命,渗透进我们日用而不知的生活里。

几千年的华夏文明没有发展出理性昌明的逻辑文明,也并没有演化出高科技含量的现代文明,比如我们也格物,但无论王阳明怎么格这个竹子,朱熹怎么格那个水井,格出来的都不可能是生物学的奠基、物理学光的折射反射原理之类。朱熹格水井,他说井水至寒之处竟有一团白气,这就是阴中有阳,太极大道,万物万事,莫不如此,井水中有人的倒影这种现象并不在大多数古代中国人的思虑范围内,他们在意的是事物内在的、根本的、有机的,与宇宙、生命之间的联系。

这与西方文明的进路大相径庭,如果说西方文明在经历"轴心时代"的哲学突破后,以哲学和理性成为新的传统,那么中国早期神话思维则在经历了人的自觉后,以德性、伦理、情感的方式成为与上古实际上未曾断

西王母图

裂过的传统,这个传统无所谓新旧,因为我们的文化传统其实从未脱离过天道、自然与内心的母题。

远古自然通感式的万物交融虽不复存在,但每一个时代,中国人孜孜以求的与天地万物的对话,将宇宙归于内心的努力却从未消退,这种天人合一的神话性思维方式正是中华文明所构建出来的,一脉相承的文化传统,中国文化和西方文化根柢上的不同也正是神话思维方式与理性主义思维方式的不同。

"中国与西方这两大文明,从肇始已基本为不同的原则所支配。中国文明,起源于上古的夏、商、周三代,当时的物质财富,正是发扬这文明的基本条件;而要积累并集中这些物质财富,又有赖于掌握及运用政治权力。至于西方文明,乃起源于古代的美索不达米亚,它当时的财富得以积聚,却有赖于应用新科技,并通过贸易加强对各种资源的运用。历过去数千年,在财富的产生与人事管理上,中西两者一直保持着两种不同的方式,即政治方式与经济方式。"①

截然不同的发展进路造就了截然不同的文明,有赖于政治权力的掌握及运用的中国始终没有褪去原始神话思维的影响,反而因为政权需要得到来自天道无可置疑的支持,原始神话思维迅速地演变为叙事上的神话传统。所以陈胜、吴广即便是喊出"王侯将相宁有种乎!"的超越观念也无法摆脱必须要在鱼肚子藏纸条,伪造"我也是有种的"这种谶偈的假象来迎合神话思维影响下的天命论。

更为典型的是庄子与惠施之间那场著名的濠上之辩②,庄子是典型的

① 《轴心时代》,(英)凯伦·阿姆斯特朗著,孙艳燕、白彦兵译,海南出版社,32页,2013.

② 濠上之辩,载于《庄子·秋水》篇中。记述庄子和惠子的一次辩论。庄子与惠子游于濠梁之上。庄子曰:"鲦鱼出游从容,是鱼乐也。"惠子曰:"子非鱼,安知鱼之乐?"庄子曰:"子非我,安知我不知鱼之乐?"惠子曰:"我非子,固不知子矣,子固非鱼也,子不知鱼之乐,全矣。"庄子曰:"请循其本。子曰汝安知鱼乐云者,既已知吾知之而问我,我知之濠上也。"这次辩论以河中的鱼是否快乐以及双方怎么知道鱼是否快乐为主题。

万物相通观，主客体之间没有截然分开，这是自神话以来中国人的传统思维方式，万物都是通感并可以在人的内心得到消融与体会的。而惠子则是逻辑辩派，认为主体和客体互相不能感知，所以庄子认为自己能体会到鱼的乐趣，而惠子认为你不是鱼就不可能知道鱼的乐趣。

春秋百家争鸣的时代，以惠施、公孙龙为代表的逻辑辩派就那么黯然消失于时间深处，成了书简上屡落下风的参照物，在这场辩论中，我们折服于庄子的智慧，理解了“子非我安知我不知鱼之乐”，其实理解的依旧是早期神话思维那种物我混同，主客体不分的思维方式。这并不是后世学者所认为的一种单纯的审美体验，而是深刻的思维浸润，在人类眼中，人与所有非人的事物之间，不管是生物还是非生物，自然现象还是自然力，都有一种有机的联结，所有的一切都与自己有着相同的生命与意志，惟其如此，我们才会深刻感受到山林草木之气，理解到鱼在濠上之乐。

这是一个打通的世界，虽然我们不再以自然通感的方式认识世界，但从春秋战国时期开始解释宇宙，重回天道的努力就从未终止，我们历史书写的逻辑方式，恰恰也是原始神话时代，人与万物，与天地宇宙之间互动互感关系的早期神话思维留存，当所有有着相似开端，盛极一时的古文明都已消亡的时候，唯有保留了与宇宙互动互感关系的中国，依旧生生不息。

诚然，中国神话在经历了三代及春秋的恣意篡改之后早已面目全非，我们今天能看到的浩浩荡荡的文本叙述，绝大部分应当归类于文学创作，但我们始终遗存着的中国特有的神话思维，仿佛是生长在基因里的记忆，无论经过多少代的思潮变更，这种神话思维在历史的每一个阶段都顽强地保留了天人合一的进路，毫不夸张地说中国的叙事艺术就发源于“神话式叙事”方式。

作为五经之一，历来被儒家奉为圭臬的《尚书》，经顾颉刚先生的证伪与考据，其神话底蕴早已一览无余，那些时空混杂的人物从《山海经》《天问》里纷沓而来，尧、舜、禹、丹朱、共工、鲧、契、后稷、皋陶、垂、益、夔、龙等上古口耳相传的人物与神迹在舜的朝代济济一堂，所有荒诞的色彩，超越人类认知的神迹都被抹平，转述成人的世界里先祖的史话。法国汉学家马伯乐在所著的《书经中的神话》一书，同样直言中国文化应该在冒牌历史的记叙中寻求神话的底子。

类似于《尚书》这样的神话改造运动在中国史书中比比皆是，比如著名的“夔一足”和“黄帝四面”。《吕氏春秋·察传》：“鲁哀公问於孔子曰：‘乐正夔，一足，信乎？’孔子曰：‘昔者舜欲以乐传教於天下，乃令重黎举夔於草莽之中而进之，舜以为乐正。夔於是正六律，和五声，以通八风，而天下大服。重黎又欲益求於人，舜曰：‘……若夔者一而足矣。’故曰夔一足，非一足也。”①儒家解构历史的能力也是相当了得，明明是上古神话里只有一只脚的夔，在孔子的解释里成了有真正才学的，可堪大用的人，一个就够了。

至于“黄帝四面”则是孔子的一位弟子问孔子，对古代传说的“黄帝四面”的看法，孔子说：“黄帝取合己者四人，使治四方。”②一个上古神话里充满魔幻色彩，长了四张面孔的黄帝，在神话解构中成了一个统治四方威权并重的谋略之人。

那么是否所有的神话都被改造成这样面目端正的史话了呢？实际上史书的神话改造仅仅是神话遗存的冰山一角，中国特有的神话思维才是神话在几千年文明演进的影响中最持久而深远的力量。虽然历史的严肃面貌与精确记载让我们比较容易地判断出哪些是神话思维的遗存，但实际上由老子、孔子开启的儒道思想传统同样离不开神话思维的支配。比如孔子对天命的追寻，老子对天道的感受，老子的《道德经》更像是一位超

---

① 《吕氏春秋》，陆玖译注，中华书局，362 页，2014.

② 《太平御览》卷七九引《尸子》：子贡云：“古者黄帝四面，信乎？”孔子曰：“黄帝取合己者四人，使治四方，不计而耦，不约而成，此之谓四面。”

越者，在经历了神话时代的无为之后，看见了人类文明的勃发进程而做的一场谆谆告诫。

文本叙事方式上，以大类而言，经史子集则概莫能外。比如孔子所著经书类的《春秋》，开篇“元年春王正月”即带有强烈的神话创世观意味，终篇《春秋·哀公十四年》“西狩获麟”除了与开篇的创世遥相呼应外，这种嘉瑞感应的天经地义之笔不正是神话思维里万物通感，相互联系相互影响的宇宙观么？

如果夔不可以是一只足，黄帝不能是四个面，那么为什么一只麒麟被捕获就可以意味着乱世遭逢呢？先不论春秋时是否有麒麟这样的物种，何以一只野兽的出没就昭示了世道的衰微呢？

可见虽然儒家致力于神话表面的改造与世俗化的阐释，但上古以来的神话思维本质上并未中断，人们依旧生活在一个万物通感，相生相应的世界里，对此，我们从未怀疑过，比如中国世俗社会对文字、器物、服饰、建筑等象征意义的执著，对祥瑞、风水甚至种种民俗禁忌的看重，这都是源自于深刻的神话宇宙观影响。

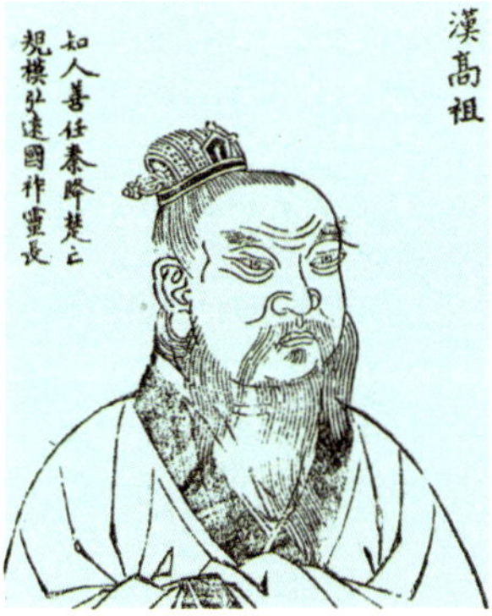

汉高祖刘邦像·
明·《历代古人像赞》

史书以《史记》为代表，直接将神话叙事当作历史叙事有很多处，比如几乎每一位功绩显赫的历史人物都伴随了一些神迹与异乎常人之处。比如汉高祖刘邦，“母媪尝息大泽之陂，梦与神遇。是时雷电晦冥，父太公往视，则见蛟龙于上。已而有娠，遂产高祖”①。这话的大概意思就是雷电交加、风雨大作，天地为之昏暗，有蛟龙自天外破窗而入，盘旋于产床之上。《旧唐书》记载唐太宗李世民出生时

① 《史记》，(汉)司马迁著，中华书局，96 页，2018.

“有二龙戏于馆门之外，三日而去”，类似这样的例子不胜凡举，比如宋太祖赵匡胤出生时赤红的光照满屋子，宋太宗赵光义则是神仙捧着太阳放入其母亲腹中从而怀孕。神迹与人物之间似乎有着不可或缺的直接联系，否则何谈天命，这里已经不分什么神话叙事、历史叙事了，在中国文化叙事中，这是自然而然的伟人叙事范本，凸显着神话思维的影响与浸润。

历代文集中神话思维更是无处不在，文学的想象远溢于史学的框架，从诗词的比兴到小说结构上的循环往复，人物命运的天道应和，让我们在诗词上特别能理解“昔我往矣，杨柳依依，今我来思，雨雪霏霏”，能懂得“感时花溅泪，恨别鸟惊心”这种万物通感的情绪与表达，而中国恰恰是一个诗性审美的国度，从未有哪一个民族与诗歌的结合像我们这样深刻且寻常，这与神话思维对我们民族审美心理的影响关系甚深。

中国古典小说则更是结构严谨，总是在试图构造一个圆的呼应结构，总是有神的譬喻作为终极的道理，无论是《三国演义》这样的历史小说还是《红楼梦》这样的世情故事，概莫能外。

应该说神的神圣超越从未在中国文化中消失，文本叙述中宇宙时空的循环不息，季节时令的周而复始，天道如此的逻辑原理跨越了经典、历史、文学表达及各类思想专著。

这些作品的神话性不是一种特殊的语言风格或审美情感，而是一种神话思维所带来的内在价值观所影响下的宇宙观在文本叙述中的逻辑体现。我们必须承认，我们认识世界是通过语言与文字的系统。语言文字所呈现的就是一个民族深层的思维及意识结构。每一种语言文字都以一种既定的方式来描述和划分宇宙，使生活在这套话语中的人在学会语言文字时就自然接受了它所呈现的世界。作为象形文字的汉字使中国人的思想世界始终不曾与事实世界的具体形象分离，思维中的运算、推理、判断始终不是一套纯粹而抽象的符号，而一直是与事实世界有着千丝万缕联系的象征系统。使用这样语言文字的民族，思想里的世界始终保留了上古原始神话时期万物之间的联系与互感。

文字毕竟划分过阶层,早期中国文字的掌握和使用还仅限于贵族及特殊阶层,所以如果说文本叙述不足概括全部的中国的话,那么在几千年的民俗生活中,其实我们会看到这种原始神话思维的影响则更为明显。

屈原《楚辞·九歌》中非常具象地描述了巫与神祭的场景,我们无法想象九歌里翩然起舞的少司命是如何"荷衣兮蕙带,倏而来兮倏而逝"[①],却一直能看到现实中国里,北方萨满教、南方傩仪、地戏等所表现的那种与楚辞中神祭场景一脉相承的仪礼程式,甚至于这种仪式也会让我们回想起上古陶盆刻画的率众而舞。

上古的灵巫、祭祀、占卜、万物有灵观同样成为中国人的风水观的一部分,成为一代代人日用而常行的民间禁忌存留至今。无论是中国庙堂之上的礼乐祭祀还是民间萨满、傩戏、地戏与上古之时的巫与神祭都仿佛一气相通,这些仪式一直是调和、沟通天人之际的符号媒介工具,可以说神话的天人交感思维方式影响千年,是散落,也是浸润,我们失去了完整的早期神话叙事,却积淀了不灭的华夏神话思维。

在这种神话思维中,玉的意向显得尤其特别,对中国人而言,玉是一种特别的存在,儒家以玉比君子之德,道家食玉、重玉,玉的意向里其实蕴藏着更深层次的文化思维,玉与人的关系也让我们看到神与人关系的转变。

考古学早已让我们看到最早可以溯源至新石器时代的上古玉器,良渚文化里用于宗教仪式的玉琮、玉璧无声地展示着巫神相通的故事,而随着新石器时代,玉琮、玉璧的分布范围的逐渐扩大,玉琮、玉璧所具有的宗教意义也一并扩散,随着这种吸收融合的进一步加深,上古原始、朴初的神话意识也渐渐被新的宗教意识所替代。

---

① 《山带阁注楚辞》,(清)蒋骥,上海古籍出版社,60页,1984.

第三节 考古与神话

文献毕竟是隔着时光的回述，真实的状态还需要重回当日的生活。

时间不可逆，我们永远也无法看到真正的上古，不知是否曾有过一只脚的夔，四张脸的黄帝或者两耳挂着青蛇的夸父们，但精神在某种意义上的存续状态让我们可以略微触摸到他们的世界。

只是没有文献资料的精神世界，想要触摸到，同样是一件困难的事，幸运的是近代考古学为我们揭开了上古生活神秘面纱的一角。

通过他们当时的物质生活遗存，在那些陶片、墓葬、线条粗疏的符号或图像里我们可以尝试去理解这种存在背后的精神意义，可以复原人们在这种物质状态下的精神世界，稍许地接近历史的真实，接近上古先民的生活与思想。

仰韶时期瓮棺，现藏于郑州博物馆

唯一要注意的是，我们不能先入为主地以后代的文献或认知去比附当时的生活，比如看到墓葬里有随葬品就认为他们已经有了对灵魂的认知，认为随葬品就意味着在另一个世界的某种使用的延续，认为人们一定相信存在一个死后世界或代表此刻已有灵魂信仰，甚至于有些学者把仰韶文化时期出土的瓮棺底上常见的一小孔当作人死之后的灵魂可以由此出入的通道，这就只能说是出于一种被后世文献所影响的假设，并没有任何证据证明灵魂需要从小孔出入。如果当时人确实认为灵魂可以自由出入，有意志，需要外出和归来，那么以瓮为灵魂的居所是不是太局促，如果灵魂需要出入，单单瓮上留个小孔是不是也并不足够，至少墓葬也应该留有畅达的，可以自由来去的通道，即便以上这些假设成立，我们也应该解决对有陪葬品,就等同于有死后世界或有灵魂信仰存在这两者之间确定不疑的关系论证。

在我看来,人类进入文明社会后过多地关注自己的来与去、生与死才变成一个巨大的命题。上古之时,也许生命与死亡都是极其自然的循环,就像庄子说的:“生也死之徒,死也生之始,孰知其纪!人之生,气之聚也。聚则为生,散则为死。若死生为徒,吾又何患!”①“人生天地之间,若白驹之过隙,忽然而已。注然勃然,莫不出焉;油然漻然,莫不入焉。已化而生,又化而死。生物哀之,人类悲之。解其天弢,堕其天帙。纷乎宛乎,魂魄将往,乃身从之。乃大归乎!不形之形,形之不形,是人之所同知也,非将至之所务也,此众人之所同论也。”②

生死是相互的,我们现在看到人的生,那是气集聚起来,呈现在世人面前,你再看到了死亡,那是气消散了,从世人的视野中消失了。死亡只是回复到它未出现在世人之前的那种状态而已,谁又能说哪一种是真正的生,哪一种是真正的死,既然如此,面对生死,有什么好忧患。

我们在天地之间,不过白驹过隙,顷刻之间而已。突然间生命来到了世间,又悄无声息地离开了世间,转化而生,转化而死。生命死了,同类的生物莫不哀伤,人类则莫不悲恸。岂不知,死不过是解开了天然的生的束缚、活的累赘。生命的来去,纷纷然然,魂魄来来去去,身体都跟随了它。生命的运化最终都回归了本原!从无形变化为有形,有形又变化为无形,这是人所共知的现象,却不是至人所追求的见地。庄子这段生死论也许更接近于上古时期顺乎自然的生死观。

很有可能,在这种生死观的影响下,今天我们看到仰韶文化时期出土的瓮棺底上小孔的存在并不能证明先民们相信灵魂一定存在,甚至于最早的随葬品也未必一定是人们相信死后依然会有某种存在的证据,也许

① 《庄子纂笺》,钱穆著,东南印务出版社,173页,1958.
② 《庄子纂笺》,钱穆著,东南印务出版社,176页,1958.

仅仅代表一种情感或表示这个人与他所使用过的物品之间的联系及共同的终结。所以当以考古实物为凭证追想上古先民的精神世界时，我们需要避免的是以已有认知去比附考古成果，我希望尽量从客观角度去看待史前的文明，首先是神话时代的时间区野。

在关于上古的文献中，有一个故事特别耐人寻味，这就是"绝地天通"的传说。对大部分涉及上古的文献资料，我们可能都要持一定的怀疑态度，但这一段记述却因为考古的发掘而让我们看到了"绝地天通"的真实存在。

良渚文化玉琮，现藏于上海博物馆

苏秉琦关于江南地区良渚文化的重要观察中就首先指出：至迟开始于公元前第三千年中期的良渚文化，处于五帝时代的前后期之间，即"绝地天通"的颛顼时代。良渚文化发现的带有墓葬的祭坛和以琮为中心的玉礼器系统，应是宗教已步入一个新阶段的标志。① 苏秉琦进而以瑶山遗址为例，让巫与礼的关系更加清晰地呈现在我们面前，瑶山等地墓葬中男觋女巫已脱离所在群体葬地，集中葬于祭坛，巫师显然已经成为一个特殊

① 《中国文明起源新探》，苏秉琦，香港，商务印书馆，120页，1997.

的阶层,而代表通达上天权利的琮与代表军权集中的钺成为一人的随葬品,显然已经存在权利集中于一人的事实,也就是王的绝对权力出现,这表示与天的交流、对话已经成为一种最高礼仪。[①] 这不就是传说中颛顼的"绝地天通"么?

"绝地天通"这样神话色彩浓郁的故事竟然在良渚墓葬中找到了存在的实证,这让我们重新看待古代文献中关于上古的记述,是否有一些是确实可信的。有赖于考古的发现,二重证据法的应用让我们得以有一个大概的设想。

在这里,我们有必要先来仔细看一遍这个"绝地天通"的故事,这个故事在《周书》《尚书孔氏传》《国语》中都有记载,虽然具体细节略有出入,但事件本身比较明确。

《周书·吕刑》:"乃命重黎,绝地天通,罔有降格。"楚国的楚昭王看到这段就去问观射父,周书上说重黎让天地互不相通了,难道重黎没有这么做的话,人还可以登到天上去么?

观射父说,当然,以前的时候"古者民神不杂",后来出现了"在男曰觋,在女曰巫"的这类人,这种专业巫觋的水平是极高的,"民之精爽不携贰者,而又能齐肃衷正,其智能上下比义,其圣能光远宣朗,其明能光照之,其聪能月彻之,如是则明神降之"(《周书·吕刑》),完全是属于人中龙凤,民之圣贤呀!他们的精神可以惟精惟一,允阙守中;他们的形容整齐肃穆,端正而有深衷之情;他们的智慧旁通四及,触类比义;他们的圣明朗朗如光,只有通过这样的人,神才会降临,而通过这类人与神的交流,这个阶段得以"民神异业,敬而不渎,故神降之嘉生,民以物享,祸灾不至,求用不匮"(《周书·吕刑》)。

① 《中国文明起源新探》,苏秉琦,香港,商务印书馆,124页,1997.

石家河文化神人，现藏于上海博物馆

这段描述包括后面对巫觋业务能力的详细描述还是带了很多后世的主观认知，羼杂了儒家对巫的理解，因为上古之时，玉帛、采服、彝器不会那么完备细致。等到了“及少皞之衰也，九黎乱德，民神杂糅，不可方物。夫人作享，家为巫史，无有要质。民匮于祀，而不知其福。烝享无度，民神同位。民渎齐盟，无有严威。神狎民则，不蠲其为。嘉生不降，无物以享。祸灾荐臻，莫尽其气”（《国语·楚语》）。

民神杂糅，民神同位的阶段实际上也就是人类对神渐渐失去敬畏的阶段。这段我们从《山海经》中很多人类控制鬼神为用的片段可略见一斑。比如《山经·西山经》中“有鸟焉，其状如枭，人面而一足，曰橐𩇯，冬见夏蛰，服之不畏雷”，“又西二百里，曰翠山，其上多棕枏，其下多竹箭，其阳多黄金、玉，其多鸓，其状如鹊，赤黑而两首四足，可以御火”之类的表述俯拾皆是，造成的后果也就是“嘉生不降，无物以享。祸灾荐臻，莫尽其气”。好的东西不再生长，地面上没有什么可以享用的，各种灾祸横行，看起来像是经历了严重的自然灾害，在古人眼中，灾祸就是一种来自天的警告，是宇宙的失衡，也是人心的失位。

“于是，颛顼受之，乃命南正重司天以属神，命火正黎司地以属民，使复旧常,无相侵渎,是谓绝地天通。”(《国语·楚语》)天地相分,人神归位。“绝地天通”重新让世界变得有序、而颛顼的这种做法也让制度化的文化秩序得以重,天地各得其所,人神各有其位,世俗的生活变得清晰,儒家的礼乐有了纲纪秩序,各种思想有了源头依据。

观射父的这段回答,将中国古代巫术和社会演进的关系表述得相当清晰:在最早的时候,人的世界与神的世界边界清晰,人们敬畏、相信神明,为神明做奉,神明回报以安和的生活。这是一个人对神没有任何份外要求的时代,属于早期神话时代。在这个时期,人与万物并未分离,安分于神的存在与一切天经地义的循环往复,可以说是精神世界还没有产生独立意志的阶段。中期神话时代是巫的时期,巫是最早一批拥有独立意志,与神相通,与天地相通的人,在他们的掌管下,世界秩序有条不紊。后期神话时代,所有人都有着与神相交通的能力,人人都是巫,人人都有了自己的独立意志并以此与神相交,烝享无度,神狎民则,每一个人都可能有着对神的诉求甚至某种亵渎或控制,这应该是神话叙事里,人类的第一次狂欢,放纵的后果是“嘉生不降,无物以享”,如果用现代眼光来看,倒更像是人类文明不同意志之间的冲突,各种地域文化之间的碰撞,属于一个原始奔突的战乱时期。

于是,有圣人绝地天通,让重与黎关闭了通往天的道路,实际上应该也是有强权集中的人开始了地域的统一与文化秩序的重建。从考古上看,作为专用的祭天礼器的玉琮,此时制作上也变得越来越规范化,加层、加高、加大,使用上更趋向垄断,对天说话,与天交流已成最高礼仪,最终普天之下,只有一人才能有这样的权利。

这一时期生活在这片土地上的人们,生活与思想经过这一番血与火的淬炼之后,统一了,这个统一与重建的过程也并非一蹴而就,而是经历过如火烈烈的征服与血流漂杵的战争。此后,巫觋簇拥在统治者的左右,成为统治者沟通天地的特使,代表统治阶级的利益,拥有了解释意义的特权，独立意志泯然于众人。

从现有的考古所发现巫术的法器与巫术作业的残存遗迹来看，巫术的痕迹在仰韶时代是分散的，那么在仰韶时代，人人皆巫的状态也就是可能的，这种人人祭神、家家有巫的状态应该是中期神话时代巫术流行时候的普遍情形。“地天”可以相通，在当时人的精神里面，是一种非常具体的事实，绝不只是一种抽象的观念。龚自珍说：“人之初，天下通，人上通；旦上天、夕上天，天与人，旦有语、夕有语。”①也是对这种情形的一个写照。而在龙山时代及夏、商、周三代是趋向集中的，这之中就必然有一个“绝地天通”的统一过程，重黎的神话故事得以证实。

仰韶文化遗址

如果我们根据重、黎神话将原始神话时期分为早期、中期、晚期神话和后神话时代，那么仰韶文化就相当于中期神话时代，这个时期人人皆巫，仰韶文化之前的旧石器时期，无疑也有着他们自己对世界的理解方式与仪式行为。从考古学资料上能够看到的虽然极为有限，但周口店上洞遗址的一个墓葬区，死者就已经有埋葬行为与殉葬品，如前所述，埋葬行为和殉葬品并不能确认这一时期的人们已经有灵魂意识，或一定认为死亡之后还将以某种形式存在，但埋葬和殉葬本身已经足以证明这个时代

① 《龚自珍文选》，（清）龚自珍著，苏州大学出版社，214 页，2001.

的人们拥有属于自己的生死观与仪式表达,这一时期在历史上属于渔猎时代,应该属于民以物享,依赖自然,生存取予,化同万物的早期天人交感时代,可以视作是早期神话时代。

仰韶文化的时代,人们开始用锄、铲和掘棍种植粟、稻与高粱,自给自足的农业社会让这个时期的人们开始了早期的定居生活,刀耕火种,四季往复,与传说中"耕而食,织而衣,无有相害之心"的神农氏社会非常相似,他们有村落,有分工,有对农业丰收的期盼与仪式。

既然祈盼丰收的农业祭里有仪式,也就必然有神,有相应的宇宙观。人们之所以祭祀是相信人的命运、耕作收获、避灾得享都是跟人外的世界有某种不可分的关系,并且受到某种力量的控制,这种力量与祭祀之间有着必然的关系,从仰韶时期散落的巫术法器与巫术作业的残存遗迹来看,人与这种力量之间的联系关系是相当密切的。

仰韶时期人面鱼纹彩陶钵

仰韶时期的农村里已经有了巫师,很多考古表明这一时期出土的很多陶器上有很多意味丰富的图案,比如绘着一个人头和两尾鱼的彩陶钵,画着一群手挽手跳舞小人的陶盘等等,虽然不能确定他们的用途,图案象征的意义,但至少可以看到这一时期已经有了乐舞,有了对渔业丰收的期待。

河南濮阳市西水坡遗址

那么最直接能肯定这个时代有巫师和成形的宇宙观的还是1987年河南濮阳西水坡遗迹的发现，这组遗址中有一处特殊的墓葬，在这个墓葬里，一具人的骸骨周围有用蚌壳摆出的动物和天象，骸骨的左右分别是龙与虎的兽形，骸骨的脚下是三角形蚌堆与两根胫骨构成的北斗星形状，整个墓穴上圆下方。很明显，这组图案传递着仰韶时期人们的宇宙观，揭示着这个时代巫师的法术生活，他们以龙、虎为助手，上通于天，他们将这样的宇宙观与仪式定格在自己的墓穴中，未尝不是一种巫师能量的保持与延续，这些巫师或者说这一时期的人与神交流，与天地相通的方式，也许我们从这样的墓葬中略能窥其一二。

虽然张光直认为已有的证据都说巫师是男子，但我认为此时的巫师还是不分男女的，不单《国语》和《说文解字》中都说此时“在男曰觋，在女曰巫”，后代殷商时候的卜辞中也发现了很多诸如“焚小母”“烧巫”之类的文字，显然巫师有女性不是从殷商开始的，中期神话时代，性别可能只与分工有关。从前述的墓葬来看仰韶时代的宇宙观和中国古代文献中“天圆地方”之类的表述是一样的，在中国后世的文献中，我们经常能看到关于“天圆地方”的实质性表述，比如《周髀算经》上说：“方属地，圆属天，天圆地方，是故知地者智，知天者圣。”《尚书・虞书・尧典》中说尧以日月星辰的天象而授人时，命羲和、羲仲、和仲、和叔分赴四方，去做教化万民的工作，这些都是古人天圆地方的理论和实践。河图洛书中也可以得到类似的佐证，天圆地方对古代中国人而言,不仅是一种宇宙观,也深刻影响了我们的文化观,比如道家认为"天圆"心性上要圆融才能通达,"地方"命事上要条例严谨,后世的风水术中推崇的"天圆地方"原则,同样是对这种宇宙观的一种特殊注解。西汉扬雄提出的"圆则杌棿,方为吝啬"①,则将天圆地方的宇宙观表述为天圆则产生运动变化,地方则收敛静止的哲学观念。这些都让我们有理由相信仰韶时期的宇宙观一直延续到了后代。

在这个时期,宇宙是分层的,人需要通过某种方式进入神的世界,这种上天入地有可能是一种实存,比如以动物为助手,我们目前看到的形象有龙、虎和鹿,而龙、虎和鹿能帮助巫师上天入地在五千年后的道教系统里被称为龙虎鹿三蹻,我读过道教关于如何召唤虎蹻的文章,仪式很复杂,前期准备就需要七七四十九天,我们不能肯定后世的龙虎鹿蹺就一定跟仰韶时期的巫师作法是一脉相承的,但至少在中国文化中,人可以凭借动物的帮助进入一些空间的观念应该是可信的。

天圆地方示意图

动物是一种实存,那么这种方式的上天入地就应该也是一种实存,此外应当也存在虚存的方式,巫师以仪式、舞蹈、卜骨、酒甚至药物等方式进入到一种精神上的通天状态。这里面有一点需要注意的是上通下达,在这个时期,巫是可以上天入地,通达宇宙的。为什么要注意这一点呢?因

① 《太玄经》,扬雄撰,上海古籍出版社,56页,1995.

为我们很快会看到，在下一个神话阶段，人已经不能上天下地，在宇宙各个层面自由进出了，在下一个阶段，人与神之间的往来绝大部分是神降。

如果说仰韶时期的巫觋性的考古遗物就分布在一般遗物的中间，那这就很清楚地表示这个时代的巫师、巫术还是社群生活的一部分，是普遍的状况，为家庭服务，那么这种情况到了龙山时代就发生了巨大的变化。如果说新石器时期，散布于黄河流域、长江流域的几处考古遗迹，我们还没有充分的理由可以将它们视作是同一文化脉络的遗迹的话，那么大约公元前4000年左右，我们就会开始看见一个持续而有力的文化进程。公元前4000年左右，也就是仰韶文化到龙山文化时期，考古遗迹上开始有着更多共同的考古成分，这些考古成分所代表的文化遗存一脉传至了夏、商、周。可以说这便是最初的中国，早期的中国，也是我们今天的中国。

这一时期同样是中期神话时代向晚期神话时代转变的关键时期。晚期神话阶段也就是龙山文化时期，在“绝地天通”上，龙山文化和夏、商、周三代社会是一致的，巫与巫术成为统治阶层的独占，与神的沟通能力成了和斧钺、刀兵一样的政权必需品。人与神之间的相处也从之前的民神杂处、家家巫祝的状态变成了垄断状态，神的面目不再亲切，也不容亵渎，神开始拥有了对人间无上的解释权，这一时期在考古上有着比较清晰的呈现。

山西襄汾陶寺北区墓葬分布

在龙山文化时期,仰韶时期的游耕逐渐被定耕代替,"耕而食,织而衣,无有相害之心"①的神农之世已成过去,"内用刀锯,外用甲兵"②的黄帝之治逐渐萌芽,龙山时期村落与村落之间的战争变得频繁,此时的考古发掘让我们看到了这一时期厚而高的夯土城墙及石制的兵器(匕首、戈头、棍棒头、矛头、镞),这显然是战争的遗存。

龙山文化时期焦家遗址墓葬发掘现场

这一时期的村落是否就是后来的部落还很难说,但可以肯定的是这一时期的村落是以家庭为单位聚族而居所形成的,这一时期的墓葬空间分布形态让我们相信,在此时,家族观念、宗法制度已经成形。龙山文化时期的几个基地中墓葬的分布方式就好像是宗法制度的图解一样。比如山西襄汾县的陶寺和山东诸城县的呈子这两个龙山文化的墓地,墓葬在墓地中都分组布局,同时每组之内的墓葬都有大、中、小不同等级的墓葬。墓葬的组显然是亲族的宗,而组内的墓葬等级便代表宗族内不同等级的成员。宗法制形态下,祭祀除了早前的农业祭,开始形成了新的祖先崇拜。祖先崇拜准确来说需要满足几个要素才是真正的祖先崇拜,例如只祭祀自己的祖先而不是祭祀所有人的先祖,相信祖先以某种方式一直存在并对当下的生活产生重要的影响等等。这一时期村民的地位、分工显

① 《庄子纂笺》,钱穆著,东南印务出版社,245 页,1958.

② 《商君书·列子》(战国)商鞅、(战国)列御寇著,北方文艺出版社,87 页,2016.

然也有了更清晰的定位，比如一些专业手工器物的出现，比如制陶用的陶轮，大量仪式用具的出现，比如卜骨等等，让我们看到这一时期的社会分工更加明确，地位更加清晰，家族更加完备。

在龙山文化遗址里，与祭祀有关的遗物数量和种类相比较仰韶时期有了极大的增加，并且这类遗物的分布让我们清晰地看到阶层的分野，它们更多地集中在规制更为复杂的墓葬中。这些器物的形态也从仰韶时期既可以用于祭祀也可以用于生活的彩陶转变为制作得极其精美但不宜实用的陶器，如山东海岸地区常见的“蛋壳陶”，虽然制作精美，看起来也可以做食器和酒器，但因为壁薄型单，并不适合日常使用。很明显，这是专门制作出来以供特殊阶层在某些仪式使用或仅仅用来表示某种身份的器具。在考古学界里，龙山时期的主要断代标准，是以聚落中出土的大批灰黑色的陶器为主，考古学家也基本认同这些陶器并非日用，而属于祭祀的礼器。除了专门用于祭祀的陶器，龙山时期出土的遗物还有大量卜骨、玉器、各种乐器，这让我们很容易联想到后世的礼乐制度，虽然我们不能断然将两者联系起来，但龙山时期以家族宗法为核心的祖先崇拜仪式，在这些家族墓葬群、大量祭祀礼器的出土中得到明确的印证，而祭祀礼器、卜骨等越来越集中的趋向性，也让“家家为巫”的人神杂处模式一去不复返，历史真的走进了“绝地天通”的王权时代。

龙山文化 蛋壳黑陶杯

如果用“绝地天通”来代表中国原始神话的一个演进阶段的话，那么阶级社会开始成形的龙山文化时代以及与龙山文化时代相接甚密的夏、商、周三代，巫师与王室的结合应该说已趋完备。巫师主要的职务应当还是贯通天地，但天地的贯通已经成为王室独占的权利，所以巫术也和城郭、战车、刑具等一样成为了统治天下，让“率土之滨，莫非王土”的工具。

考古让我们重新审视神话里那些先民们真实的经历，让我们看见先民们确实曾以他们的方式与神共处，也看见这片土地上神话的实存，但是他们为什么要与神相处？换句话说，神是什么？

第四节　神话时期的天人观念

有祭仪，就有神话，有神话，就有宇宙观。

农耕民族对天地化生的理解有着天然的深刻，《周易·系辞》说：“天地絪缊，万物化醇；男女构精，万物化生。”在先民的理解中，天地的生成和人类的生殖一样，是一生万物，化于阴阳。《吕氏春秋·大乐》说：“万物所出，造于太一，化于阴阳。”这种化生观念让我们相信，宇宙起源于一种有机的生成，整个宇宙就是一个整体，从一粒沙子到浩渺群星，从一朵野花到一个帝王，所有的部分相互之间都以化生者的身份在各自发生的生命程序之间发生作用，这些作用共同构成了当下的世界。

在这里，宇宙被看成是各种生命力之间的关系的反映，而生命的每一方面都是这个互相交叉的宇宙系统的一部分，人们坚信人的命运和这个宇宙万物息息相关，鬼神灵魂也与人息息相关，我们每一个人的生命都不孤立，我们是天地、日月、风与草木的一部分。

因为从不孤立，也因为永恒连续，所以宇宙不灭，我们同样也不灭，与累世以来万千亿尘埃、生命、灵魂同在。

用杜维明先生的话来说，中国古代宇宙观的一个主要基调便是存有的连续：“中国哲学的基调之一，是把无生物、植物、动物、人类和灵魂统统视为在宇宙巨流中息息相关乃至相互交融的实体。这种可以用奔流不息的长江大河来譬喻的存有连续的本体观和以上帝创造万物的信仰把存有界,割裂为神、凡二分的形而上学决然不同。”①

这种神奇的宇宙观一直到今天,影响犹在。如前所引,“中国与西方这两大文明,从肇始已基本为不同的原则所支配。中国文明,起源于上古的夏、商、周三代,当时的物质财富,正是发扬这文明的基本条件;而要积累并集中这些物质财富,又有赖于掌握及运用政治权力。至于西方文明,乃起源于古代的美索不达米亚,它当时的财富得以积聚,却有赖于应用新科技,并通过贸易加强对各种资源的运用。历过去数千年,在财富的产生与人事管理上,中西两者一直保持着两种不同的方式,即政治方式与经济方式。”②

商周时期青铜器　簋

中国古代社会从洪荒迈入文明并不是经过技术革命或贸易资源的运用,而是通过政治权力的掌握及运用,因此文明的产生在中国并没有造成人与自然的关系之根本性的变化。比如中国的青铜,青铜硬度大,是可以制作生产工具的,但是,在中国它却用来制作政治的工具,用以祭祀与打

① 《试谈中国哲学中的三个基调》,杜维明著,《中国哲学史研究》,1981 年第 1 期.

② 《轴心时代》,(英)凯伦·阿姆斯特朗著,孙艳燕、白彦兵译,海南出版社,32 页,2013.

仗，做的器具或器皿，是各种礼器、乐器、兵器、服御器等；从形制来讲，有各种特殊的器形：鼎、鬲、簋等；从装饰花纹来讲，有动物性的装饰花纹，如龙、凤、夔、饕餮等等。研究商周青铜器的人都知道中国古器物学、金石学上有一整套的术语，但这并不能代表中国古代青铜器的本质，从本质上说，中国古代青铜器等于中国古代政治权力的工具。《左传》中有一句话，“国之大事，在祀与戎”①，古代中国是把祭祀与兵戎放在了一个国家最为重要的位置。再比如说中国的文字是巫与神相通的符号而西方两河流域的文字是用来记账的，中国古代从野蛮社会迈入文明社会的过程是经过政治程序，而不是经过技术革命和资源贸易的程序，所以上古以来的神话思维，天人观念，对宇宙的认识实际上几千年来从未中断过。

从思想体系上言，中国古代文明是文明产生以前的同一个框架之内沿续发展下来的，换句话说，我们的文明是直接继承神话时代思想意识的。

那么，神是什么。

人们信奉的那种超越的力量在早期神话时代表现为天地自然的循环，可以说是宇宙的一种自然呈现，人们相信有一股神秘的力量，让宇宙四季交替，时间不息，他们对这力量坚信不疑，从不追问，化同草木。

中期神话时代，人们与这超越的力量有了深刻的连接，人们体会到这种力量，人人都与这力量有所往来，家家是巫，户户有祭，这显然在根本上是出于人们相信他们的命运和人外的世界有某种不可分的关系，在这个时期的遗址中已经有卜骨出现，卜骨是人们向神明求问的工具，之所以要问，除了因为相信鬼神祖灵的存在，实际上也是相信人的命运是受到鬼神及祖灵控制的。

---

① 《左传》，蒋冀骋标点，岳麓书社，162页，1996.

武梁祠汉画像石　伏羲女娲

人是如何与上天、鬼神沟通的呢？是通过巫。“巫”这个字，甲骨文中写作“𢀖”，可以看成是两个工相交，“工”既可以看作是古代用于衡量天地的规矩，比如伏羲女娲画像上，一手持规，一手持矩，表达以规矩合天地的意义，“工”也可以是用来象征经天纬地的能力的，《周髀算经》上也说：“环矩以为圆，合矩以为方，……方属地，圆属天，天圆地方，是故知地者智，知天者圣。”能使用规矩的人必然是可以掌握天地的人，巫显然是这样的角色，还有一种解释，认为巫的甲骨文写法，上下两横分别代表天和地，中间的“丨”，表示能上通天意，下达地旨。总之，巫代表着上古人民沟通天地的可能，是一个能够升天入地，沟通人神，有着贯穿不同层次宇宙空间能力的角色，而沟通天地是中国古代宇宙观里一个最重要的动力和焦点。因为我们可以沟通天地，我们才有可能达到“天人合一”的境界，我们才有可能成为天地。

巫师的这种能力不知道从何而来，从文献中看，建木这类物理学角度可见的贯通天地的神木或可以直达神域的昆仑山都是古代连接天地的直接工具。古代宗教和仪式的主要任务是贯通时间、明暗、阴阳、生死、天地，以寻得此世的福祉。我们从后世的文献中也还可以见其踪迹，虽然巫觋文化在战国时代已经没落，但我们依然可以从《楚辞·九歌》中看到巫师能举行仪式请神自上界下降，降下来把信息、指示交与下界的生动描写，除了降神，也有陟神，降是自上而下，将神请到人界享用祭品，给予启示，陟是自下而上，去上界与神相会。

《山海经·大荒西经》也说："夏后开，开上三嫔于天，得九辩与九歌以下。"楚国相信古代有陟神的仪式。保存巫师、巫术资料最多的文献史料，往往是春秋战国时代楚国遗存下来的，比如《楚辞》《楚语》等。楚与殷商文化的关系也特别密切，有不少学者相信楚文化与殷商文化一脉相传。

商代有没有像楚国这样的陟神仪式呢？卜辞就有"陟"字，并与"降"字相连："贞，降陟十二月。"（后下十一、十四）有时与帝同出："兹陟帝""眺岳田"，扶风庄白出土疾钟甲组铭文有"大神其陟降"的字样，降陟的用法与《山海经》《楚辞》等文献中基本一致，这个用法也可见《诗·大雅·文王》的"文王陟降，在帝左右"。大神可以陟降，作为巫中之王的文王也可以陟降。所以我们相信在殷商的时候，同样存在类似的仪式。

至于楚国本身的巫师驾车远游的行动，《楚辞》中到处都有。《离骚》这一段说得再清楚不过，"驷玉虬以乘鷖兮，溘埃风余上征，朝发轫于苍梧兮，夕余至乎县圃"，楚巫通达天地，神明陟降人间，巫凭借自己独特的能力保持了贯穿宇宙不同层次，能与天地直接联系的关系。

晚期神话时代"绝地天通"，巫师贯通宇宙不同层次的能力为帝王所垄断，甚至于有学者认为当时王即是最大的巫。陈梦家先生曾说过：由巫而史而为王者的行政官吏，王者自己虽为政治领袖，同时仍为群巫之长。研究中国古史的李玄伯先生也有"君及官吏皆出于巫"这样的观点，中国古代本来王权的集中者和巫的集中者就是不分的，所以后世皇帝依旧称呼自己为"天子"，承接"天命"。商王自己就会占卜，会使用青铜礼器和玉琮，会经由乐舞、祭祀等仪式，借神物之力量而与神明交通，这种仪式不但是我国古代宗教的核心，也是后世儒家礼乐文化的开端。孔子很小的时候就喜欢摆弄"俎豆"祭祀仪式，"入太庙，每事问"，对祭祀的仪式表现出极大的兴趣，他所创立的儒家学说实际上也是商周之际由"巫以通天"转而到"德以配天"的思想产物。

元・九歌图　山鬼

由晚期神话时代的宗教仪式我们可以看到神话时期的天人观念,实际上也就是古代中国的宇宙观。在这里,宇宙是分层的,所有的层面都由一气贯之,从草木瓦石到生灵鬼神,生命的每一方面都是一个互相交叉的宇宙系统的一部分,一阴一阳,万物化生,而这分层的宇宙是可以相通的,这种相通是有方法的,换句话说如果这个世界上有神明、精怪、鬼魂、灵魄,那么这些神明、精怪、鬼魂、灵魄对人的生活是有深刻影响的,而人也可以通过某种方式操控这种影响,某种程度上,在中国人的原始意识中,宇宙是真正平等的,我们的敬畏不是来自于恐惧,而是来自于深刻的理解与尊重,人和自然世界在本质上是相等的,这种认识也是我们文化区别于其他文化的根本所在,我们认为凭借人的力量是可以通达天地,甚至是可以与天地相比肩的。

在神话时代的宇宙观中,所有的一切不是来自一个至高无上的超能力,不是从虚无中被创造的,而是化生的结果,因为此,所有的一切都由一种生命之气贯通,屋舍、刀剑、一杯一盏、一草一木,都和人一样有生命,我们不但会对这些物给予体贴,甚至于在某些场合我们待之以敬。我们不认为世界上有没有生命的东西,万物都有自己的生命,中国人很多惜物的情怀正是来源于此,我们很多文化活动,比如对待衣冠服饰、居所园林、一茶一饭、一器一物无不是充满了自然而富有灵性的态度,充满了尊敬而懂得珍惜的情感。

从甲骨文中,我们可以看到殷商时代的人们对于人外力量的深信不疑,我们在卜辞中看到商人的祖先、帝、山川、风雨、地祇①都是某种能量,左右着世俗的生活。张光直认为,“在商人的世界观里,神世界与祖先的世界之间的差别,几乎微到不足道的程度。”②对于商人而言,祖先、帝、山

① 地祇即地面上所有自然物的神化者。

② 《商周神话与美术中所见人与动物关系之演变》,张光直,《中国青铜时代》台北,联经出版公司,346页,1983.

川、风雨、地祇与商人自己都是生活在同一个世界中,通过占卜、仪式,他们相互给予,人向人外借力量,祖先、帝、山川、风雨、地祇之神们献祭,神明转而赐福给人,在这种与道德、情感无关的相互关系中,他们交流畅达,命运纤毫可知,人们总是有办法趋吉避凶,有办法解释所有的变化与未知。

这种深信不疑来自于我们相信人的生命不是孑然独立,我们与逝去的先人、帝、日月星辰、山川草木都是同一个整体,这种思想的根源很显然来自于早期神话时代。

只是天人之间、人与万物之间相交通的关系与观念在周初,因为人文精神的发展,渐渐有了转变。青铜器上动物纹饰的变化,由商代到战国,从抽象主义的威严庄穆渐渐变得写实,人们对代表神异、威权的动物有了一种新的态度,不再敬畏,不再深信,这种新的态度,昭示着神话时代的终结。

第五节 神话的终结

不复敬畏,也不复有真正的神。

从史前时期到历史时代,文明将神话遗失在身后。

龙山文化仿佛是神话一去不复回的终响,华夏文明的车轮驶进青铜时代,在这个后神话时代,神虽然渐渐消隐,献给神的祭仪却成为国家王权体制最重要的支撑。

虽然夏的时间分野至今不能完全确定,但三代文明的展开却是历史确凿无疑的进程。虽然《礼记》里面所记三代习俗有很大的不同,最典型的莫过于对各朝代丧礼的不同描述,如《檀弓》:有虞氏瓦棺,夏后氏塈周,殷人棺椁,周人置墙翼,看起来葬俗迥异。但事实上,就目前考古所见,如果以二里头文化代表夏时期的话,那么夏、商、周三代基本都是以土葬、墓坑长方形或方形竖穴墓、棺椁等为主要墓葬方式,并没有发现有特别明显的区别。除了墓葬外,卜骨、陶器等发掘虽各有异同,但根本的文化支撑是相似的,比如三代都是以定居农耕为主,主要农作物都是粟黍,饲养猪、牛等家畜,着麻丝一类的衣物,建筑上都是茅茨土阶,夯土为墙,房基的构造、朝向也都一致,甚至于,三代对青铜器沟通天地、支持政治力量的独特使用形式也是一致的,如果说前者是生活方式的相似,还有可能仅仅因为地域相近而造成社会生活习惯的相似,那么青铜器的象征意义则相当明确地昭示了这三代共同的宗教信仰与精神力量。由此可知,三代民族特征是相似的,一脉相承的文化基底无需置疑。

对于早期的中国而言,夏、商、周是中华文明尤其重要的历史阶段,我们可见的文明史从这里开始,中国国家历史叙事从这里开篇,整个华夏的文明制度从这里奠基。

如果说夏朝还有着飘渺不定的谜题,那么商朝则已是确定不疑的信史。殷商十万甲骨的发掘,让我们第一次看到了中华文明有文字记载的岁月,商王朝事无巨细都要使用的卜骨,让我们窥见了商代的社会、王权、祭祀与生活。

可以说祭祀仪礼是支撑商王朝王权的重要的社会体制,京都大学的学者冈村秀典将商王朝称之为祭仪国家,商王朝的王权就是凭着祭祀仪礼和军事力量共同支撑的,也正是为了记录王权与神灵的对话,卜辞被刻上甲骨,中国也由此进入了历史时代。

此时象征着天地交通的建木已陨,诸神落幕,汤汤洪水,滔滔浩天,人与神不分的世界渐渐分离,生生不息的人类成了大地的主角。

历经夏、商、周三代,人们的模样也越来越清晰。我们可以想象几千年前的某个黄昏,暮色初暗,巨大的祭庙里,松枝火把光亮如昼,一位年迈的祭司额上涂着赤红矿粉,拨弄火盆里的龟甲推算次日的吉凶,他的身旁,青铜酒爵陈于案前。

院墙之隔,屋舍连廊的宫室中,火把通明,宫殿廊前,衣饰艳采的人们往来其间，廊中环佩交响，人声鼎沸，气象蒸腾，远远的，冶铜工坊的劳作声还隐隐回旋于城郊。

想象的荒诞与史书的荒诞，不知道哪一种更离奇。

我们从上古一路追寻，也终于要慢慢走进一个文字与实证的年代，这是属于人类的时代。

关于三皇五帝，甚至于夏的记载，《史记》已甚为谨慎，依旧荒谬而不可信。四百年夏朝，绝大部分篇幅是夏禹一人，剩下浓缩为太康失国、少康中兴、夏桀亡国这样几乎完全照搬殷商故事的模式化叙述。

这样的史书记载很难让人信服，但夏毕竟开启了中国大地第一个标志着国家观念的成熟以及民族观念的确立，在此之前，神的时代，没有国。

中国的历史研究经历了从信史到疑史、释史三个阶段，最早的时候我们相信四书五经，相信三代美好，后来我们全盘推翻，纸背透血。如今，我们在考古学的理性支撑下渐渐发现，那些书简之中毕竟还有些文字古老而忠实。

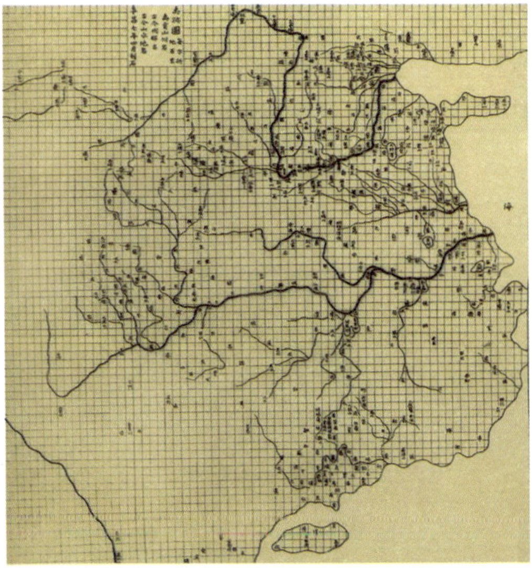

《禹迹图》墨线图

我们从《山海经》零碎的片段记述中窥及上古某些零星的印记，通过考古与史料的印证也发现一些曾经推翻的、怀疑的，居然也是信史。比如关于夏朝的记载中史料记载中有王亥，在殷商的甲骨卜辞中，找到了关于他的卜辞，时光永远是诚恳的。

有学者对照西周金文与《周礼》，论证这部书多可信据，而《尚书》这本一度被认为是后人伪做的书中，有些关于上古的篇章可信度之高已有考古实证。比如《尚书·禹贡》中记述的九州，在很大程度上与当时的文化区系相对应，内容之古老、真实，很难靠后人臆想编纂。

二里头文化遗址发掘中，玉器、青铜器铸造工艺都已经相当精良，而规模宏大的宫室、祭台、手工作坊让我们看见时空深处那些影影绰绰的身影，看见他们的建制与文明。

时代精神的火花在历史时空的断续里，留下片言只语，却令人流连不已。

即便到今天，依然有学者质疑夏的存在，却没有人能否认在商、周之前，这片土地上曾并起繁荣过的诸多区域文明，比如良渚文化、二里头文化、三星堆文化等等。

无论是二里头的宫室遗址、铜器冶铸等手工作坊遗址、象牙雕刻、漆器；良渚的玉琮、丝绸、造型规整，器型多变的陶器还是三星堆精美繁复的青铜器、金器，都无声诉说着，这片土地上那些拥有过青铜器、城市、文字符号和大型礼仪建筑的灿烂文明。

二里头文化遗址

我更愿意认为，在商之前，中国大地上，不止是一个夏朝，而是一个时代，这个时代，是后神话时代，神话的影响尚在，人与神的关系却不复当初，也在这个时代，人开始渐渐占有更为重要的位置。

城市的形成开启了千年的文明，今天我们可见的良渚文化、三星堆文化、二里头文化，彼此之间没有交集，独立存在，各有特色。他们都有着明显的祭祀仪式、大量礼器的存留，有着各自与神或天地之间交流的通道，甚至于，他们有着不一样的文字形态。

然而每一种文明都有生老病死的过程，后神话时代，文明的萌芽与消亡因为遥远而变得模糊，夏的崛起渐渐在这片土地上出现了一个统一的国。

大禹的时期已让我们看见了一个统一国家的集权形态，大禹死后，他的儿子启建立了中国历史上第一个国家。据说启死后，太康即位，出现了一时的政权更迭，即所谓“失国”。再经少康中兴，重建夏朝。到孔甲统治时，夏朝走向衰落。此后约 400 年，为商朝所灭。

照《史记·周本纪》记载，周人的祖先一直在夏朝当官，后来看到夏朝衰败，才从山西西南部迁徙到陕西去自立山头了，周人对夏人感情深厚，倒并不意外。

古籍说夏朝虽亡，但其核心部族并未衰亡。一部分人跟着夏桀流放到鸣条，另一部分人跟随王子獯粥北上，其后代就是匈奴。商朝武功赫赫，对外扩张不断，不会和这两支夏人的后裔失去联系，特别是此后日益强大的匈奴人。许多证据都显示，夏朝其实也没有在公元前 16 世纪灭亡，而只是转移了阵地。不少考古学家都怀疑，夏朝的后裔便是商朝的劲敌“土方”，也就是《诗经》中所谓夏禹开创的“下土方”。直到武丁时期，土方对黄河流域的威胁才基本上被消除。商王上甲微攻灭有易氏之后，已成为黄河流域的头号霸主，汤武王更是在短期内吞并了大量邦国，将商朝推向鼎盛。但是，夏人并未被征服，一部分西迁陕西，成为周人，另一部分北上山西、河

元・九歌图　云中君

北和内蒙，成为商朝的劲敌“土方”，与商朝形成了南北朝的关系。

在傅斯年的《夷夏东西说》中，他提出商与夷在黄河下游，属东系，夏与周在黄河中上游，属西系，开始是夷夏争，后来东方的商人代替了夏朝，再后来周人承袭了夏文化，兴于西方，东进而灭了商朝。学者李学勤有不同看法，认为夏起源于山东地区。

无论观点如何不同，在这个时代，所谓的灭国其实大多只是破坏与转移，他们始终并存。

这是一个时代，后神话时代，人们扛起神的旗帜，以各自的姿态出现在自己的土地上，他们以神的名义生活、断杀、迁徙、守望，现在，这个时代落幕了。

作为神人相通的最后一任大祭司，重和黎的任内，建木被伐，人神天地相决断，众神退归昆仑大荒，可见的、有形的连接已被斩断，人们也许只能依据先祖的记忆与描述，在模型的重铸与祭祀中重建与神相通的渴望。不可见的层面上，只言片语的传说与代代不忘的生命印记依旧顽强地沟通着我们与上古的通道。那时期的巫、祝在口耳相传的仪式中模拟与揣度神的旨意，此刻，他们还没有完全意识到众神已退出了人间疆域，他们模拟着神的姿态，比如模仿大禹走路的样子成了禹步，但自大禹以及诸神那里得到的能量与启示却渐渐消弭。千年而下，即便偶尔有神仙往来，神也不再直接插足人间兴废更替。人们不再是神的子裔，除了仍旧飘扬在城头的王旗还留有神的印迹，血脉之中，我们已经渐渐忘了神的故事。

殷商留下十万甲骨，确定出来的单字超过四千个，正如王国维所说，因为这些文字，我们可以探求制度了。

卜辞时代包括武丁至帝辛初年，我们可以通过卜辞窥见殷商的某些层面，但绝非全貌。甲骨文本身不是最老的文字，一个拥有这么多单词，造字六书尽备的文字必然经过了一个漫长的成熟期，卜辞也不是殷商史，卜辞仅仅是刻在甲骨上做占卜之用，生活远多于占卜，但从这些确定的文

马王堆帛画图局部

字里,我们依旧可以感受到一个时代的文明。甲骨文中关于商的祭祀的文字,发挥了将祭祀的体系缜密化的作用。其结果就是,包括日历在内,创造出了“节气”,让人们可以了解与季节相关的知识。

那时候,一年有两季,春与秋。以干支纪年,以当日为“今日”,以当夜为“今夕”。以甲至葵之十日为一旬,一旬内之未来日为“昱”,一旬外之未来日为“来”,所以如果说来日再聚,那是指十天以后的日子。

在这些精密的纪岁里,我们把日子过成了周而复始的人间世。

那些年里,人们迁徙频繁,殷商的年代,八次迁都。直到周武王以后,迁都才变得不那么频繁,这是先祖们不断寻找宜居所在的人类文明初期的跋涉。那个时期,卜辞中开始出现了“邑”与“邦”,与“野”与“鄙”相对,城市与农村的界限更加清晰。

在文字系统里,名号往往有着深远的象征意义,比如后世一字寓褒贬的谥法,殷商时代的帝王名号同样让我们看见这个时代的思想形态。王国维在《殷礼征文》中提出殷王以日为名,对时间的重视是中国文明最初的印记,我们都是活在时间里,如果有一天,文明的突飞猛进让我们忽略了时序,那也许是一种毁灭而不是新生。

殷商的时代,从高祖夔这种明显带着象形和图腾描述的名字到上甲微、报乙、报丁、示壬这些代表了时间与地域观念的名字,再到大丁、大甲、大庚、大戊、小甲、仲丁这些有着数量变化的名字,我们渐渐看清殷商时人从早期图腾崇拜的部落生活中逐步有了对这个世界系统而恒久的认识。同样是这些帝王的名字,让我们感觉到这个时期,还没有那些森严的君臣礼节,据王国维的考证,殷人没有尊卑上下的职位,只有巫,卜辞里也没有一个抽象词或道德智慧相类似的术语,殷商之末,康、文武名称的出现才可算是道德的萌芽。整个殷商时期,更多的也只有时间与空间的概念,社会内部的权力、义务、道德这些观念都还没有明显标志。

但是渺茫的神话已经成了明朗的国土,广阔而永恒的宇宙时空成了人世间秩序的对应与象征。“夏道尊命，殷人尊神，周人尊礼”①，深受神话时代影响的夏朝，依然以神人杂处的生活方式率先表达了对死后世界的敬畏与对灵魂不朽的希望。殷商之际，神秘的力量随着天穹运转成为新的秩序，这秩序被当作了神明的谱系。日月风雨各有所司，五方四季斗柄星移，此时，有圣人作，绝地天通，神与人不再生活在一起，唯有巫祝相往来，神明的谱系逐渐变成了人间的秩序与威权。

商代的甲骨文里已经有了四方和四风、四时为纲要的宇宙间架与概念，对天象和物宜的观察也逐渐秩序化为一种理性认识的结构，作为空间的宇宙，在商周时期的人们看来，是规范而有序的，天与地相对，都由四方及中央构成，天道左旋，星辰定位，年复一年，四季配四方，四方各有星象，四方又与四季相联，四季各有物候。暗含春生、夏长、秋收、冬藏的意思。地分五服，甸、候、宾、要、荒。一圈一圈向外推衍……最后展现出来的是一种抽象的天下观。在这种天下观里，人类对自然、对自身命运的了解是深刻的，人与自然不能分离，这是殷人思想意识终极的秘密。

① 《礼记》，胡平生、张萌译注，中华书局，1056页，2018.

第二章　从神入道　从巫入心

一旦神明的谱系变成了人间的秩序与权威，渺茫的神话变成明朗的国土，人类孜孜以求的就已经不再是神的世界，而是人的世界。

神话时代的神圣力量，永恒超越，让人们相信只有模仿这种力量，才会达到生命的理想状态。殷商时代的人们相信卜辞、献祭，他们依然用原始巫神的交流方式，用象征、比附、类推、模仿的方式观察世界和分析世界，他们相信这些模仿神的旨意的宗教仪式有可能帮助他们改变厄运，这些庄严的仪式也确实为殷商时期人们的生命注入了某种神圣的力量，但最终，殷商的人们还是发现，卜辞也许并不完全可靠，这些来自天地宇宙万物神明的力量似乎并不完全顺遂人们的心意。取而代之的周代，在人的层面上，则显得更加独立。

周代继承了殷商的文化、祭祀、神明，但周代的人显然并不相信神会关照所有的人，他们第一次提出了“天道”“人心”与“道德”的观念。天道是天地万物宇宙自然无可置疑的道理与秩序，人心怎样才能合天道的道理与秩序呢？周代的人认为是“德”，虽然这一时期“道德”这个词还没有出现，但“道德”丰富的内涵已经开始酝酿，人们意识到人的命运是与自己的行为紧密相关的。

这是一个巨大的转折，当伦理道德以如此清晰的面目出现在历史舞台上，人也就参与了神的使命，远古巫与神的关系渐渐转变为“心”与“道”的关系。

在周代，一个人理想的状态是由内心所贯注的敬来照察、指导自己的行为，对自己的行为负责，徐复观认为这正是中国人文精神最早的出现。当一个人能时时反省自己的行为，规整自己的行为，这种精神上的诚敬、敛抑、集中就会带来无比的虔诚，而这种虔诚会将天道引入到内心，成就一个与天地合其德的人，宗教意义的“天”实际上在周代已经转化为道德意义的“天”。

对人本身的思考也催生了这片土地上最灿烂的思想，这个时期，我们称之为春秋战国时期，这是一个天道崩塌与重建的时期，殷周以来，对天道秩序不言自明的信赖渐渐崩塌，神不再主宰一切，人内心真诚的情感、道德的修养显得更加重要，而命运的可把握与不可把握也让我们看到这一时期人对自然的理解。

虽然几乎各家学派都不约而同地把人的超越之路指向了道，但自神话以来的影响依旧深刻，一个人内心如何通向道的过程和上古巫如何通神的仪式几乎一样，人们需要先扫除自己内心的不洁，用去除欲望的方式让心静下来，这样才能通于大道。至此，中国人向外求的与自然相通转为了向内超越之路，最终要通达的，是天道，也还是自然。

在本章中，我选取了孔子、孟子、荀子的内向超越之路作为儒家思想的代表，老子、庄子的自由之路作为道家思想的代表，略及墨子及其他作为对古代传统思想的映照与补充。

作为儒家文化代表的孔子不断求仁的功夫与努力，孟子存养扩充内心的功夫，荀子守纪而有意识的努力无不展示儒家立足于人自身，立足于现实世界，用人自身的力量让内心与宇宙相映照的天人合一之路。在儒家看来，人与自然不再是外在因果关系，而是内在的有机联系。而道家的道法自然则是独立于人的精神之外的世界本原，一个人想成为“真人”“至人”“神人”是需要摆脱一切伦理规范束缚重归自然的。如果说儒家文化是以天道为依据来阐释人道，那么道家文化则是将天道内化于人道之中。数千年来，儒家文化以其积极、入世的一面召唤了一代代中国人对自身人格完美的追求与经世致用的努力，而道家文化则以精神的自由与逍遥抚慰了无数消沉失望的士人们，让心灵得以回归自然，在玄、远、清、虚的生活境界里找回人性自然的本性。

第一节 从神到人的世界

神从未消失，神只是换了一种方式存在。

在先祖的牌位里，在祭祀的迎请中，在西汉长沙软侯墓中的罗襦上，在百姓日用而不知道的生活里。

人们依旧祭神，依旧能感受到宇宙万物，感受到内心深处神圣的存在，山川、河流、星辰、大地、人类、动物、昆虫和草木，万事万物都在一个共同的秩序里互相影响，包括神与人们死去的先祖。

殷商之际，山川、河流甚至于风霜雷电都是重要的神明，所有万物都富有灵性，与人类共享这个世界。而古老的中国也从不认为天地之间不可逾越，天与地通常来说是一个整体，尘世与神明的世界、死后的世界也同样交通。

所谓“山林川谷丘陵，能出云，为风雨，见怪物，皆曰神”①，这种与鬼神共处，和万物共语的状态，在今天，也许是无稽，但对这时候的人们而言，却是实实在在的生活。

通过卜辞，人们可以知道天的意旨，也可以明白祖先的态度，在某些场合，比如祭祀的仪式上，他们与神明、死去的先祖共同享用祭祀的牺牲。商代王室祖先死后可以“宾于帝”，在“帝”的左右共同管理人间，而“先王先公”又可以保祐后人。殷人的苍天神“帝”也直接掌管着农业与安定，

① 《礼记》，胡平生、张萌译注，中华书局，885页，2018.

人们通过献祭向“帝”表达自己诚恳而热切的祈望，他们相信这些宗教仪式有可能帮助他们转变恶运的来袭。

神话时代虽已渐渐远去，但祭祀活动仍在一遍遍重温神的精神，从神到人的世界转变里，这些庄严的仪式让人类短暂而脆弱的生命注入某种神圣的力量，这种神圣的力量连接了宇宙万物，在祭祀的仪式中被人们一遍遍体验，并成为关照到生命的力量。

但愿今天的我们能明白，无论时代如何发展，完全失去这种神圣感都是一件可怕的事。

要知道，人类仿佛天生就为模仿而生，我们永远需要原型和典范，原型和典范能让我们轻易找到前进的方向，而神明、先祖、圣贤甚至于偶像都让我们看到了生命的种种可能，他们成为了我们的原型和典范。我们一生都在努力，希望达到一种理想状态，这种理想状态往往就是他人的姿态，后世这种他人的姿态可能是圣贤、偶像，殷商之际这种他人的形象是神要我们做到的样子。

神话时代那种神圣力量的强大、超越与永恒让人们心醉神迷，在仪式中，他们模拟着神的姿态、表情，想象着宇宙力量的流转，寻找最久远，也是最永恒的原型与典范。

《诗经》上说殷商时代“于时言言，于时语语”，虽然后世并未找到除了甲骨卜辞之外的任何殷商文献，但我们相信殷人“有册有典”应该是事实。甲骨文不可能单独存在，但甲骨文的卜辞让我们看到了殷人的万事求卜，一切“国之大事”，特别是“祀与戎”（祭祀和战争）这样的大事，都要通过宗教仪式以取得神的承认，而农业的收成则要仰仗神的垂青。这里的神的概念是一元的，祖先神和帝是一体的，殷人的先王先公，也就是殷人的祖先神死后是“宾于帝”①的，并不是独立存在。

---

① “宾于帝”就是陪伴在天帝的周围，卜辞中有“下乙宾于帝”“大甲宾于帝”等，下乙、大甲是商王的名子，历代商王死后，在商人的理解中，都是“宾于帝”了。

全部卜辞,并没有一个抽象的词,也没有一个关于道德的词。卜辞里,有时间、空间与数量,时、空、数的概念是人类在自然中生存的记录,人类本身的道德观念似乎还没有成形。

在上一章中,我提到殷帝王的名称,殷帝王的名称不是甲、乙、丙、丁时间的记录,就是外丙、上甲这些地域的标注,要么就是大、小等数量的称呼,虽然到了殷末,康、文、武三字已经用于王名,但它们并没有如周人文、武、康三王名的道德观念,然而从这变化的名称中我们也可以看出道德已开始萌芽。

殷周之际,就是这样一个大变革时期。在此之前,文明始终有着不甚清晰的边界,夏商两代更多是后世的美好想象与寄托,是传说,而周代则真正是落地有音的集大成者。

商代万方林立,灭国之盛,于周始见,因为在周代,战争不再仅仅是破坏,而成了征服、容纳与消化,也因为此,"国"的概念愈加强大。

然而周的统治与商相比,却显得并不那么成功。周武王逝,商朝残部纷争,周公东征三年,武王之后,成、康两代,广封诸侯,号升平不过四十年,周昭王南征荆楚,死于汉水,这个话柄被嘲笑了几百年。

周穆王见西王母　汉画像石　山东嘉祥出土

周穆王忙着云游八荒,看似开疆拓土,实则损耗了周王室的实力,随后西周中期几代,只能守成,西周晚年,国人暴动,大臣周召二公共和行政，宣王即位，一时中兴，终究难举。周幽王时期，犬戎入侵，西周覆灭，周平王迁都洛阳东都，史称“东周”。虽然统治上并不怎么样，但在文化思想上，周却是万方来朝，真正以德兼人。

通过在商创造的青铜器上铸刻文字的方法，周继承了文字，也留下了文明。很多学者都认为周是小国，是靠全盘继承了殷商的文化。确实，殷商“有典有册”，当时的殷商文化绝非今日仅仅看到的甲骨卜辞这么狭仄。那些典册我们今天看不到，但在当时，应该都是由周继承消化了。

纣王客观来说是一个颇有才干勇力的君王，成王败寇，历史的书写是功利的。作为一个革新失败者，殷商守旧派人物的力量彻底倒向了周。

周文王讨伐殷商的檄文，说殷人“殷不用旧，虽无老成人”，言辞之间挑拨离间。伯夷、叔齐也并非完全是史书中不食周粟的刚正模样，他们也向周上过太平策，也有殷人向周人奉上自己祖先的典册，祖先的典册对殷人而言是信仰，也是文化，单从武王伐纣，殷人阵前倒戈就可以看出，周与殷商之间的信任与牵连绝不仅仅是改朝换代那么简单。周人建国，走得是捷径，依靠的就是殷商旧人，虽然这在武王逝世之后造成殷人残部作乱，但终究八百年江山，上下五千年，无出其右者。

毕竟是受了殷商册封的一个方国，周的思想文化均与殷商相去不远，在周族的本土周原发现的卜辞中，有殷商的帝乙、帝辛（商纣王）在周的庙室内祭祀先王大甲的记载，可见殷商其实是中国知识、思想与信仰的主流，而周朝本来是西隅小邦，后来的发达只不过是继承了殷商的文化。这样丰富的物资和繁荣的文化积淀是万国所仰的，所有的国都需要来自殷商的文物制度，受泽殷商的文明教化才会有顺理成章的道理与秩序，于是各国给予继承者周以特别的定位。西周时期，不管什么地方出土的青铜器铭文几乎都一样，到了东周就不统一了，铭文字体千奇百怪。这说明西周的政教影响在当时是一个相当广大的地区，另一方面也让我们看到西周时期，文化思想作为一种必须的知识权威的垄断。

河南洛阳汉墓壁画

当然，各国也都希望能直接继承周的权威，同时各国也都希望扳倒其权威，但问题是扳倒周王朝也许不那么难，创造出一个可以继承周王权威，甚至超越它的“形式”则不是那么简单的事。

所以春秋战国纷争狂澜，周朝历经八百年而不倒，靠的就是这知识、思想、信仰与文化的底气。等到知识权威不再垄断，百家兴起，周朝覆灭也就朝夕之间耳。

殷商时期的一元祖先神宗教观念，让人们惟祖先之命为受，卜辞就是他们的宪章，尊卑职位并没有那么清晰，直到殷末，道德开始萌芽。殷末，甲骨文中“文”字出现，“文”从心从大，它的道德字义开始凸显。殷商末年，两王称帝，祖灵崇拜及其与王权结合产生的观念慢慢秩序化。殷商从一元神的祖先崇拜开始渐渐有了二元神的宗教意识。如果说自神话时代以来，人类就一直用献祭的方式与神沟通，那么随着人类自我的意识越来越明晰，与神之间的关系也就越微妙。甲骨卜辞让我们看到商朝君王在天意面前的无力，帝也并不总是站在他们身边，甚至于还会危害他们的收成，甲骨卜辞有时也会得出是帝在危害我们的收成这样悲观的结论，有时候连预测都显得并不确切，比如一些卜官记录，君王预测他妻子的分娩会是个男孩，不过君王算错了，最终他的妻子生了个女孩。

我们并不知道这些并不准确的卜辞是否会动摇殷人对神的信心，我们只看到同时期的周人已渐渐对神有了不一样的看法。周代殷商旧人建国之后，二元神的宗教意识也被丰富建构起来。

周代周公做礼，做的就是“器惟求新”①，将祭祀祖先的鼎彝尊爵赋予了新的意义，由对祖先一元神的祭祀演变为二元神的崇拜。在敬祖之外，周人产生了敬天、尊上帝、配天命的思想，先祖与天命相分离，宗庙礼器成为帝王宗法，礼器无上的象征意义从此灌溉千年。

---

① 出自《书·盘庚》：“迟任有言：‘人惟求旧；器非求旧，惟新。’古我先王，暨乃祖乃父，胥及逸勤。”

这个时代对中国文化最重要的影响莫过于道德精神的确立以及纲纪天下。荀子说西周“以德兼人”①，确实，在西周时期，宗法、丧服之制，君天子臣诸侯之制，同姓不婚之制等将一姓一家的兴亡化而为天下，后世一切的典章文明与思想意识都从这里出发。

在周人看来除了天是终极的依据之外，人的情感也是价值依据，血缘及应有的远近分别是社会秩序的本源，礼成了社会认同的象征性规则，凭借这套规则，世界确立了秩序。

宇宙天地，中央四方，给人间提供了一个来自上苍的无可置疑的依血缘亲情、家庭关系的，来自人心的不必思索的道理与秩序，这个道理既是人性情的合理延伸，又以宇宙天地的秩序为它的合理性依据，从人的自然感情的表达发展出仪式，又在仪式的整合中放入了来自宇宙天地的秩序。礼乐仪式把这种“天道”与“人心”的结合用一整套形式化的东西确认并表现出来，“於穆清庙，肃离显相”，庄严的气氛增强了它的神圣感，在通神的仪式中，周人“祭之日，入室僾然必有见乎其位，周还出户，肃然必有闻乎其容声，出户而听，忾然必有闻乎其叹息之声”②，当人们把自己的全部心智和情感都投入对神圣的体验时，“以其恍惚与神明交”，于是仪式便确立了自身的权威性，也确立了这一秩序在人间的合理性，这便是早期中国仪式的意味。

仪式作为象征意义的重要性，几乎可与生命的出现相比，有了象征，各种各样的现象可以通过少量象征表达传递，而过去的、未来的、真实的、虚幻的、遥远的、附近的事物和现象，情感和意志，就会在同一时空中呈现，而且象征一旦真的被人们所习惯和接受，那么它就起了一种清理秩序，使世界从无序走向有序的作用。

---

① 《荀子集解》(清)王先谦撰，中华书局，283页，2017.

② 《礼记》，胡平生、张萌译注，中华书局，895页，2018.

第二节　周代开启的人文世界

我们知道殷商和周朝有着千丝万缕的联系。

实际上,夏、商、周都曾并行不悖地在同时期生活过,当周人推翻了殷人的统治,他们依然让殷人贵族居住在都城的附近。

湖北京山县苏家垄周代遗址出土的青铜器

周朝几乎复制了殷商的一切,包括城市建造的方式,祭祀、狩猎、盛大的宴会、精巧繁复的手工艺……甚至于,他们也继承了殷商所敬拜的神,自然神、祖先神以及心意莫测的帝。

《礼记·祭法》中,我们看到周代对这些神灵的祭祀方式:"燔柴于泰坛,祭天也;瘗埋于泰折,祭地也;用骍犊。埋少牢于泰昭,祭时也;相近于坎坛,祭寒暑也。王宫,祭日也;夜明,祭月也;幽宗,祭星也;雩宗,祭水旱也;四坎坛,祭四时也。山林、川谷、丘陵,能出云为风雨,见怪物,皆曰神。有天下者,祭百神。诸侯在其地则祭之,亡其地则不祭。"

周代的祭天之礼是在"泰坛"上架柴焚烧祭品,想来是认为焚烧祭品的烟火是可以上达于天的,祭地之礼是在"泰折"挖坑掩埋祭品,可能也是因为从形象的思维理解来看，对地的祭祀，地对祭品的享用是需要埋进地里的。祭天和祭地，都用赤色牛犊作牺牲。把少牢埋到“泰昭坛”上，这是祭四时之礼。在坑里或在坛上攘祈，这是祭司寒司暑之神。日坛是祭日之所，月坛是祭月之所，星坛是祭星之所，水旱坛是祭水旱之神之所。东西南北四方的坑和坛，是祭四方之神之所。一切山林、川谷、丘陵，只要它能吞云吐雾，兴风作雨，出现异常现象，就把它叫做神。天子应遍祭天下的名山大川；诸侯只祭自己境内的名山大川，如果丧失了国土，也就不用祭了。

有天下者，祭百神，这段《礼记》的记载可以说基本上为我们展示出了周代祭祀的主要崇拜对象，天、地、时、寒暑、日、月、星、水旱、山林、川谷、丘陵、云、雨、怪物，都属于百神之列，也就是通常所说的“自然神灵”。从周代的祭礼来看，凡是生活在天地之间的东西都是有生命的，可以用不同的祭祀方式来沟通的。单从祭祀来看，似乎周代和殷商并没有太大的不同，但这确实是一个完全不同的朝代。

人们虽然对殷商时代纷杂的神祇加以祭祀，但人们的生活已经不完全取决于神明、先祖或帝，人们对控制神明也并不抱有完全的信心，他们开始尝试建立一个新的世界。

表面上，一切并没有什么不同，可是在祭祀的仪式中，人们已经明白，神的关照不会再仅仅来自祭品的丰盛，神也不再因为人们宰杀猪和牛来做贿赂，就会给予人们无条件的回报，神开始被同情和正义所感化，开始关注人们内心的端正，“道德”这个词虽然还没有出现，但“道德”丰富的内涵已经开始酝酿。

在徐复观的《中国人性史论·先秦篇》中提及“周人建立了一个由‘敬’所贯注的‘敬德’‘明德’的观念世界，来照察、指导自己的行为，对自己的行为负责，这正是中国人文精神最早的出现；而此种人文精神，是以‘敬’为其动力的，这便使其成为道德的性格，与西方之所谓人文主义，有其最大不同的内容。在此人文精神之跃动中,周人遂能在制度上作了飞跃性的革新,并把他所继承的殷人的宗教,给与以本质的转化。”①

我认为真正由敬所贯注的“敬德”“明德”观念世界还需要春秋战国时期百家的深化,但此刻,毫无疑问,周人是不复殷人将一切交给鬼神的信心了,人们开始意识到自己的命运可能与自己的行为有关。

比如商朝的君主,祭祀不可谓不敬,但商朝末年,依旧民怨沸腾,以至于四野起兵,倒戈倒德。人民不再任劳任怨,安于神灵的安排,而是凄苦求告上苍“亦哀于四方民”(《尚书·召诰》),决定将委托权授予周,因为“王其疾敬德”(《尚书·召诰》)。

虽然这样的说辞来自于《尚书》,乃是周人夺取殷商政权之后,在新东都成周举行献祭仪式上周公所做的演说内容,也就相当于新政成立的安民告示。但商代末年,帝辛(商纣王)的治下,整个商族,由于数百年的兴盛,早已疲态尽显。商族好酒之风甚盛,自商帝、王公大臣以至庶民,无不酗酒成风,以至于“一国失日”“纣为长夜之饮”②倒也未必是抹黑,虽然历史上的帝辛绝没有后世夸大的那么昏聩无行,但商王朝内部的分崩离析,中央对周边的诸侯方面失去控御能力已成事实,一旦烽烟起,回天亦乏力。

这样的事实让人们看到,上天并不会一直垂青于失去正确行为的统治者,上天更像一个观察者的角色,他在某个恰当的时候,将这种统治天下的权利授予了值得托付的王朝,这就是天命。人世政权的根源及行为的最后依据,不再受神的主宰,而是受到天命的影响,受神话时代的影响,此时的天命依然带有人格神的特征。

商周的更替让道德伦理第一次站在了历史舞台,人参与了神的使命。在这个时代,有着深刻洞见的周公认为相比较神秘不可把握的超凡能力,

---

① 《中国人性史论·先秦篇》徐复观著,九州出版社,22页,2017.

② 《左传》,蒋冀骋标点,岳麓书社,170页,1996.

以及对自然神灵的完全依赖,人的美德应该更为重要。也就是说,在他看来,人们内心的端正、行为的合理比与神沟通、获取神的旨意或庇佑更为可靠,人们第一次开始尝试自己主宰自己的命运。

在《尚书》的《康诰》《酒诰》《梓材》几篇中,周公一再重复的无非是敬德爱民,我们可以明显看到此时人们对天命和德行的看法。

“周公咸勤,乃洪大诰治。王若曰,孟侯,朕其弟,小子封。惟乃丕显考文王,克明德慎罚;不敢侮鳏寡,庸庸,祗祗,威威,显民,用肇造我区夏,越我一、二邦以修我西土。惟时怙冒,闻于上帝,帝休,天乃大命文王。殪戎殷,诞受厥命越厥邦民,惟时叙,乃寡兄勖。肆汝小子封在兹东土。”

这是周成王平定管叔、蔡叔之后,把原商国的地盘和人民封给康叔管理,所拟的三篇发言稿:《康诰》《酒诰》《梓材》。

三月,万物生长。周公在东国洛汭举行新建都城的奠基仪式,四方人民都来参加了这个盛会,由近到远各大小领主、工人、农民在这次盛会上都荣幸地表达了愿意服从周国的管理,周公一一答谢,接着大声公布了成王的命令。

王是这样说的:孟侯这个最高的爵位,我要封给你了,年轻的封,希望你光大你逝去的父亲文王的功德,能彰显仁德、慎用刑罚;不能欺侮孤老、寡母,在人民面前平易、恭敬、谦虚,以创造我小小华夏,让我们的大邦、小国都井井有条。我们西岐的繁盛,仰赖先帝的名望,先帝去后,上天把伟大的使命交给了文王;灭亡强大的殷国、光荣地继承这个使命、让国家和人民有条不紊,是你的王兄尽的力。年轻的封,在这东边的国土上,你要效法先王。

成王甚至直接地告诉封:“生命不是永恒的,你要记住啊!我们要努力奉献,仁就是使命,德就是生命的快乐,要让人民安居乐业。”他说:“如果听从我的劝告,你就会被万民永远爱戴。”

很明显,在此时统治者的观念中,天命对统治者的支持只可能源于统治者“彰显仁德、慎用刑罚”,源于人们自己的德行修养与奉献,而并不仰仗对鬼神的奉祭。

夏商、殷周之际,一旦统治者失德,天命就会转向他人,人们懂得了“天命靡常”,也更加注意关照人类自身,人们信心的根据不再是对神的无限依赖,而是自己本身行为的谨慎与修养。

周朝统治者在取代了殷商之后,并没有像一般征服者那样纵情欢庆,而是谨慎、谦恭地表达了他们对自己是否能扛起这样天命的警惕与自觉。《诗经·大雅》中文王虽然也“小心翼翼,昭事上帝”,但他的小心翼翼不是神话时代神与巫的关系,而是拥有至高的权利,统治人世的君主君王在他生命中的每一个关键时刻,都需要遵照上天的榜样来行事的小心。他不是巫,但他已经与神,与上天有了直接的交流,他明白作为一个统治者,他必须遵循“于缉熙敬止”(《礼记·大学》)这样的行为楷模。像周文王曾为商纣时期的西部诸侯时敬受职务的公德,即便忍受商王的迫害也要让人民安居乐业的状态,要“刑于寡妻,至于兄弟,以御于家邦”(《诗经·大雅·思齐》)这样为自己的妻子作好榜样,将这种榜样的力量推广到兄弟,进而治理好一家一国的能力。

所以在周代,一个人理想的状态是他能够时时反省自己的行为,规整自己的行为,这种精神上的诚敬、敛抑、集中带着无比的虔诚,但却并不是宗教的虔诚。周代的人不是将自己完全抛掷给神,而是由这种虔诚将天道引入到内心,化而为谨慎、诚敬、修德的行为之中。宗教意义的天实际上在这里已经转化为道德意义的天。

王国维在《殷周制度论》中说:“殷人祭法,帝喾以下,所有先王先公先妣,皆在同时祭祀之列。盖以此等祖先,既皆在天上管领人间之事,自应无所不祭,此完全为宗教上之意义。至周则除三年一祫,五年一禘之外，其经常所祭者，盖在四庙与七庙之间；亲尽则庙毁，庙毁则不常祭，此即所谓亲亲之义。”

周文王画像

周代对祖宗的祭祀已不再是所有先王先公先妣，而是有了亲亲之义，所谓亲亲之义同样是一个人主体的德行的苏醒，如果万物没有区别，也就不存在对错。只有当我们体会了亲亲之情，才能理解你应该善待鳏寡，应该明德慎罚。道德脱离了神的随意性，而有了非常明确的建设性，这让我们很容易联想到后世儒家的学说。

那么天道和内心的关系到底是怎样的？换句话说，一个人为什么要谨慎、诚敬、修德，这些行为的要求又有什么根据呢？

相比较膜拜一个具体的神祇，或想象遥远的神圣世界而言，此时的中国人倒更愿意确保现世的安稳，他们在现世里不断追求自身的突破而尽量接近于神圣化的上天的原型，在宇宙的运转和自然的更替中理解天道的奥义，在四季轮回里体会神圣感的具化，让日常生活、万事万物都能符合天道运行。从神话时期就遗存到现在的万物相关且有灵的思想依然深植在周人的心里，世界从来就是一个整体，我们不可避免地互相关联。只是与从前不同，我们不再被动地身处其中，我们开始主动寻求与天道的关联，主动趋向于神圣，这种合天地万物的超越感，让周朝人处于一种前所未有的自觉中。

比如周朝的君王，他们拥有至高的权力，但他们不能为所欲为，终其一生，他都应当遵照上天的榜样行事，成为万民的楷模，唯有如此才会御于家邦。换句话说，君工最大的使命是能确保人与大地宇宙之间的相应和，确保这个世界秩序井然，为了确保这样的秩序，周朝的君王用各种象征的仪式,一丝不苟地完成礼仪的要求,比如随着四季轮转,君王在每一个季节都将穿相应颜色的衣物,做相应的事,使自己完全与自然秩序相一致。他个人的喜好反而并不重要,重要的是如何遵循天道。如果君王恰当地履行了宗教仪式方面的义务,他所拥有的力量(道德)会使万物"直而温",整个治下的国土就会欣欣向荣,无论是气候、山川、草木还是神灵、动物及人类,都会处于一种平和而向上的状态中,如果君王没有履行好自己的职责,或者违背了天道规律,那么天下就会混乱,会有天灾人祸,所以在中国古代,但凡天有异像,地有灾祸,君王总要下一个"罪己诏",阐述自己的过错并积极修正,古代的人们认为这种发自内心诚敬而深省的状态是可以精诚动天的。

《周礼》虽然经过后世学者的修编,但依然保留了许多当时的仪式,周公制礼作乐,也实现了中国神话时代向夏的巫觋文化时代,再经由商的祭祀文化时代而向周的礼乐文化时代的转变。在周代的大型礼仪活动中,每一个人的位置、身份,甚至于表情、动作,要说的每一句话都是规定好的,在礼仪活动中,人是将个人的个性特征完全剥离,而进入到一个类似宗教般的神圣世界中,在这个神圣世界中,人们被完美的理想光环所笼罩,他们郑重地复制了神圣世界的举止言行,通过仪式中的收敛、诚敬、端正,人们变得不同于平常的自己,相信自己也可以如同仪式中所表现这般的,拥有这种神圣感。仪式赋予参与者一种和谐、美丽和神圣的景象,当人们回到日常生活的混乱状态时,这些景象仍然陪伴着他们,这是礼乐的教化之效果。

对于占卜的结果,那些吉凶成败,周人也开始用一种思考审慎的眼光去看待,人们不再被动地承受结局,而是主动地参与并承担责任,这种精神状态里,人们的意志开始彰显,人的精神有了自觉的灵光。但值得注意的是,从周人依旧占卜、祭祀神灵的行为来看,周代人们对原始神明其实从未背弃,他们只是改造与深化了原始宗教的精神,将对神的盲从与迷信

人物御龙帛画

转变为对天道的理解与趋近,这种理解和趋近让周人的精神状态在此世里出现了超越的意义。

一方面我们对现实生活,对人的价值无限肯定,一方面我们认为这种价值、保障与根据来源于天道。我们不能简单地说天道就是宇宙,或者天道就是万物运行的规律,天道应该是一个我们通过仪式、通过对自己的约束与要求可以感受到的神圣世界,并且这个神圣世界与当下息息相关。我们从人文精神生发之初,就更注重此世的修为,注重人本身的价值,这就是为什么一个人必须要谨慎、诚敬、修德,唯有如此,他的内心才能与天道相应和,才能体会与感受到这个神圣世界的存在,得到来自德的力量,并且因为礼仪的精密展示,这种神圣性将普照于现世生活,给予当下生活平和而向上的欣欣之力。

然而这只是出现于贵族阶层的思想跃变,历史有巨大的惯性,普通的周朝百姓依然延续了殷商乃至上古的生活方式,他们依然相信神巫,求助占卜,仰赖风水、禁忌、民俗的力量而生活,这两者之间并不矛盾,甚至于直至今天,我们依然能在某些历史积淀深厚的乡土看到这些神话时代影响的遗存。在中国大地上,可以说几千年来一直存在着两种并行不悖的信仰,一种官方信仰、知识阶层信仰,或者也可以统称为精英信仰;一种是从未完全剥离神话时代影响的民间信仰,这两种信仰之间并非壁垒森严,而是一种共同成长、互为影响的关系。官方的主导性文化由王朝所控,但依旧是从广泛而深远的民间信仰中逐渐提炼出来的,后者是前者的源头活水,前者又从各个方面制约和引导着后者。这两种文化形态的并存让我们既看见思想深刻的变化,也看见既往习俗深厚的影响,它们在同一片土地上并行不悖地生长。

第三节　天道的崩塌与重建

一、对天道及秩序的重新思考

如果说神话时代与夏、商、周是孕育文明的温床，那么此刻这张温床上即将诞生最灿烂的思想文明。

公元前789年，洛水枯涸，岐山崩塌，败象迭出。

十七年后，美人褒姒嫣然一笑，昏聩君王骊山崩驾，西周终了。

从此以后，天下秩序轰然坍塌。

天经地义的天道循环似乎不再是这个世界秩序的印证，百年之后的庄子回看这大幕徐徐拉上，长悲以叹。他说后世人不幸，不见天地之纯，古人之大体，道术将为天下裂。真理不言而喻的神话时代，结束了。

人们不得不开始重新思索，在理智的思索中重建已经消失的自信，天地有序的观念已然倾斜，宇宙的格局该如何修复。在这个时代，人类开始不完全依赖幻想的神明和不言而喻的真理，他们开始寻找属于自己的理性。

《左传·昭公四年》，春月里，有大雨雹。

季武子问申丰，这灾难可以避免么？

申丰说，古代的人们冬至的时候开始藏冰，藏于深山穷谷，锁其阴寒之气。春天人们把冰搬出来，用桃弧棘矢奉献神灵，在祭礼之后释放阴寒之气。如今，藏川池之冰，又弃之不用，当然会引发冰雹之灾。

在他们心目中，天、地、人与万物有着一种深刻而连贯的互动关系。四季物候，宇宙万象，生活方式互相感应，彼此相配。

春秋时代，三川地震，伯阳父说这是天地之气失其序，阳伏不能出，阴迫而不能蒸，人们认为万事有阴阳，如阴阳合顺序，那么天下大安。

从神话时代开始,在人们的心目中,宇宙就是一个互相感应的整体,五行、宇宙、社会与人类的一体意识与阴阳的思想只是这种体会的不断阐释,那时候宇宙与人类之间的感应和联系比现在知道的更广泛,在他们的视野中,世界是一个充满神秘联系的整体,而我们就在这世界中。

只是历史的剧变,秩序的轰塌还是慢慢瓦解了这天道恒长。人们对既定的价值发生疑惑,变动的秩序,往往让人们对固有的结构产生疑问。

天经地义成了天崩地裂,比起过去安稳而祥和的时代,大的混乱造就了大的自由,也让人们有了更大的痛苦。思想者们不得不反思,不得不追问,体现了秩序与意义的关于宇宙和社会的知识,以及体现这些知识的仪式象征,它们到底是什么?那些道理的终极依据和基础又是什么?

越来越多的诸侯不再相信天道。

晋景公听到桑田巫的不吉预言杀掉了巫。

献公想娶骊姬,卜不祥,公不听,照常迎娶。

鲁隐公为了一个贵妇人,居然用了六羽六佾这样的诸侯礼。

人们不再单纯地相信彗星是个倒霉星,晏子说,别祭了,彗星要真是为了扫除人间污秽来的,你若行为不好,祭也没用,你要是没什么心虚的,也不必去折腾。

作为象征的礼仪就这么混乱了,秩序的解释变得复杂,古老文化天经地义的逻辑链出现了道道裂痕,中国大地翻滚起不断变幻的思想大旗。

如果说商人是将神灵放在至高无上的位置,所有的祭祀、礼仪乃至生活都是神意旨的延伸或与神的沟通,那么周朝人则很清晰地明白,礼仪本身就是秩序,就是神圣,就拥有强大的转化力量。

因为仪式本身的合乎天道让周朝人相信这种能量的连接,相信完美的仪式本身就已经是天道的映射,但是接连不断的灾难,让一些理性的思想者们不再相信仪式的神秘功效,正如同周初统治者对殷商信仰的帝从敬而远之到向天道的转化一样,春秋时代对周朝繁复的宗教仪式同样并没有用一种决裂的姿态，华夏文明每一次的推进都仿佛是从旧的土壤里开出新的世界。

春秋时代礼仪显然是维系周王室与各国以及各国诸侯之间的强大纽带。沦为象征的周王朝在各诸侯国之间力量掣肘中，不得不困缩于东都周边狭小且穷困的领地，很多时候，还要靠一些诸侯国的接济勉强维持。虽然王室的权威不复存在，但王室基于礼仪的象征意义却不容撼动，当然本质上也是因为此时的诸侯国之间，没有谁强大到可以取周室而代之，诸侯之间需要一种恰当的方式平衡与应对，周王室的存在，礼仪的无处不在显然是最方便的方式。

人们，尤其是贵族阶层，无论做什么都应当有一种恰当的方式，仪式感无处不在，哪怕是在激烈的对战中。人们对战争的反省超过了战争本身，对礼仪的要求超出了胜负。

比如公元前575年的晋楚鄢陵之战时，晋楚两国正值激烈争霸，此前的晋楚邲之战，晋国大败，正要雪耻，然而晋国主帅大夫郤至在战斗的过程中三次遇见楚王，郤至却都下车行礼。“见楚子，必下，免胄而趋风”①，楚王非常感动派使臣带了一张弓去慰问郤至，郤至见到楚王的使臣立刻脱下头盔，说：“君之外臣至，从寡君之戎事，以君之灵，间蒙甲胄，不敢拜命。敢告不宁，君命之辱。为事之故，敢肃使者。”②郤至非常谦虚地表达了自己即便在战场上也对对方国君的尊重与礼节之意。这对后世来说很难想象，此时的战争讲究的是礼仪分寸，讲究的是不辱国君，不绝其祀。

《左传》中记载的宋国内乱时，公子城与华豹的战车在储丘狭路相逢，华豹张弓搭箭，向公子城射来，结果却偏离目标。华豹动作敏捷，又一次搭箭上弦。公子城一见，对他不屑地大喊：“不更射为鄙！”③按照当时的

① 《左传》，蒋冀骋标点，岳麓书社，170页，1996.
② 《左传》，蒋冀骋标点，岳麓书社，170页，1996.
③ 《春秋左传正义》卷五十.

战争规则，双方一人各射一箭。你射了我一箭，现在应该我射你一箭了。不守规则，岂不太卑鄙了！华豹闻言，就放下弓，老老实实地等公子城搭弓，结果被一箭射死。史书盛赞华豹以生命维护了士的尊严。类似这样的例子不胜枚举。

仁义精神对春秋时期的战争影响至深，除了客观上，当时诸侯国基本上都是周王室分封，天下共主，彼此之间也沾亲带故，所谓“诸夏亲暱，不可弃也”①，诸侯之间没有根本利益冲突，战争只是为了争排位先后，不是为了灭国兼民，另外很大一部分原因也是因为周礼的深刻影响，参战双方都属于贵族阶层，贵族对于礼仪的要求，贵族的修养，君子的风范、德行甚于一切。

公元前 7 世纪时，礼仪的实践者在礼仪过程中一丝不苟的诚敬让他们备受尊重，在仪式的过程中他们无时无刻不体会到自己是值得尊重的，这种值得尊重让他们感受到人自身的神圣价值，而这种神圣价值和天地是有着同样的品质的，这时期的社会看起来似乎是充满了节制、克制，人们的行为被天道规律所指引而形成充满德行修养的内在要求。

仿佛一切都还在秩序之内，然而即便表面看起来人们是多么的谦恭，春秋时代的礼仪还是让我们看到礼仪背后的私心、权利与个人的荣耀。换句话说，无论礼仪表现得有多么重要与神圣，也都仅仅是礼仪的表象而已。周代仪式本身就具有的神圣力量其实已不复存在。这个时期人们真实需要的不是礼仪，而是冠冕堂皇的表象。如果说对周朝人而言，礼仪本身就是秩序，就是神圣，就拥有强大的转化力量，那么春秋时代，人们开始怀疑的恰恰就是这种仪式本身。

周代礼仪的功效依赖于其中每一个动作的完美演绎，理论上所有参与者如果能从总体上充分认识到礼仪的价值和意义，尽善尽美就可能实

---

① 《左传》，蒋冀骋标点，岳麓书社，44 页，1996.

现,但春秋战国时期,日益膨胀的贪婪、侵略和物质至上的私欲对神圣礼仪的亵渎让这种尽善尽美渐渐变得遥不可及。

难道我们对神圣感的需要丧失了么?

如果真的失去了这种不需质疑的神圣,我们将依赖什么维持人间的秩序?公元前6世纪下半叶,郑国的相国子产将刑法刻在巨大的铜鼎上,这是一部任何人都能去观看的明确的律典,这部律典让人们可以根据是非的判断而向统治者发难,礼仪已经不再被严格执行。从上古时期就陪葬在墓地里的那些礼器已渐渐失去了他们的象征与位置,人们开始用日常的用品来陪葬,死后的世界似乎越来越接近当下的现世。

每一次人类经济发展的跳跃都必将带来精神世界的变革,而社会的动乱也必将引发阶层的错乱,春秋时期也不例外。

铁器的广泛应用带来了物质相对的丰富,在礼仪中被时刻强调的节制精神衰败了,人们对奢华宴会、享乐生活的追求日渐隆盛,周代严格序列的人间秩序也在瓦解,一些并非贵族的底层家庭开始效仿贵族的生活,人的欲望一旦滋生,规则就不再有约束力,不言自明的天道、秩序都开始混乱,人们不再相信礼仪所象征的世界是不可动摇的。

整个春秋战国时期,战争频仍,时代动荡,灾难与绝望并生,这与很多同时期文明国家所面临的一样,不一样的是,不同的文明有着不同的应对方式。

梁漱溟在谈及几大宗教的时候就曾认为印度的佛教是一种对死亡、毁灭、敌对的完全虚无化,对他们而言,如果不能解决这个问题,那就跳出这个问题。

而我们,则似乎永远拥有和当下妥协的能力,也永远拥有从神话时代汲取力量的能力,我们永远活在当下,当面对死亡、毁灭和敌对,面对日益衰败的礼仪精神时,一些有识之士开始以对周王所践行的古代宗教仪式更深刻的理解中开出一条新的人文之路。

殷商以来，异常的自然现象都被认为是对人事现象的反映。春秋时代，三川地震，伯阳父也认为这是天地之气失其序，阳伏不能出，阴迫而不能蒸，阴阳不合顺序导致的灾祸。

但《左传》僖公十六年，陨石于宋五，陨星也。六鹢退飞，过宋都，风也。周内史叔兴聘于宋，宋襄公问焉，曰："是何祥也？吉凶焉在？"对曰："今兹鲁大丧，明年齐有乱，君将得诸侯而不终。"退而告人曰："君失问。是阴阳之事，非吉凶所生也。吉凶由人，吾不敢逆君故也。"

叔兴的话就已经对灾异与人事的关系有了不一样的看法，他并不认为陨石的出现真的预昭着鲁国会有大的丧事，齐国明年会有动乱，君主真的会得到诸侯拥护却不能保持到最后，他内心真正的想法是人事吉凶和这次天象、异常的鸟兽反应没有任何关系，但此时他还不能违背国君固有的，同时也是这个时代固有的思维成见。他的话其实代表了当时一些知识分子的态度。比如晏子，《左传》昭公七年冬，有星孛于大辰，西及汉。申须曰："慧所以除旧有新也。天事恒象，今除于火，火出必布焉，诸侯其有火灾乎？"梓慎曰："往年吾见之，是其征也，为晏子所反对：无益也，只取诬焉。天道不谄，不贰其命。"

昭公二十六年，齐国有彗星出现，齐侯想举行祭祀仪式除灾，晏子就觉得没有必要，他说："天道不谄，不贰其命。"天道是不会被贿赂的，不会改变它的轨迹的。可以说有一批知识分子都认为自然现象（即阴阳之事）和人事的吉凶无关，但是他们在表面上还是需要解释一番，而不敢或不愿表示自己真正的意见，因为宋襄公及其朝廷中大多数人都相信天象预兆。

宋襄公、齐侯的态度，很明显仍然是根源于以天象配人事的思维方式。中国人自上古神话时代以来就有这样的观点，人们一直认为宇宙是互相感应的整体，五行与阴阳的思想只是后世对这种体会的不断阐释，天象配人事的思维方式也是这种宇宙观的自然呈现。

思想的分歧在这里渐渐显现，从前浑然一体的世界，走向了各个不同的方向。思想者开始走向人性自身坚定的理性与超越之路,统治者们则变得更加实利主义,而民间则一直保留了自神话时代以来对自然现象的信仰和在此后历代的发展中,对这种信仰的改造。

《左传》作者一再地记载卜筮的事项,他们占卜以决事,这种方式非常古老,古老到神话时期的巫传统就是如此,这种媒介直通鬼神,为人们带来上天的旨意或关于未来的消息。比如《春秋左传正义》上就记载:陈公子完奔齐,桓公与饮酒乐,欲继之以夜。陈公子辞曰:“臣卜其昼,未卜其夜,不敢。”

占卜在当时人们生活中的影响已经具体到了日常行为之中,虽然这很可能是陈公子不想留宿齐桓公处的一个托词,但已经是一个无法拒绝的理由,可见卜筮之道的流行,直到今天我们依然能在民间使用的各种老黄历上看到。对此,荀子说:“卜筮然后决大事,非以为得求也,以文之也。故君子以为文,而百姓以为神。以为文则吉,以为神则凶也。”

先占卜然后才决定大事的这种方式,并不是为得到所祈求的东西的手段,只不过用它为政事作装饰。所以君子把它看作是一种文饰,而百姓却相信这些活动真的可以招致神明。占卜被认为是一种装饰手段就会有好处,被认为有神灵就有害处了。

不但荀子,韩非子也很反对卜筮:“用时日,事鬼神,信卜筮而好祭祀者,可亡也。”他干脆就认为办事挑选吉日良辰、敬奉鬼神、迷信卜筮、喜好祭神祀祖的,是亡国之象。

然而百姓对卜筮、鬼神的信仰因为巨大的历史文化基础与惯性,依然成为历经千年而不衰的社会习俗和信仰,无论诸子百家理性思维如何精彩,沉默的大多数人的日常生活,却仍旧是浸淫在鬼神世界之中。

人的世界与鬼神的世界密不可分。譬如天上大神明如赤帝者,也有“临日”,会下到民间来降殃,“上帝子”也会“下游”于人间,因而在人们的心中,神明彼此之间有高下之分,就如同人世间的统治者与被统治者的分别,而鬼神又可以随时到人间来活动。活人虽不能进入鬼神的世界,但鬼神却是在活人的世界中活动的。大抵在先秦文献中,鬼神并称为常事。《礼记》中这段文字尤其能显出“神”字之普遍意义:“山林川谷丘陵能出云为风雨见怪物,皆曰神。”人们认为世间一切事物的吉凶都与时日的进行有相对应的关系,而这对应关系甚至是人可以得知的,这种对应关系而建构出来的法则有章可循,人只要循着这些法则而行,就可以避凶趋吉。

值得注意的是周初以来,德的意识的萌生及发展,在贵族阶层、知识分子阶层,这种意识已经产生了相当广泛的影响。他们不再认为人与神之间是简单的“祭余,余福女”,这种相互给予的互惠关系,而已经产生了道德判断与凭照。有些知识分子甚至有“民,神之主也”或者“国将兴听于民,将亡听于神”的新人神关系论述。原文是:“国将兴,听于民。将亡,听于神。神,聪明正直而壹者也,依人而行。虢多凉德,其何土之能得?”[①]此时的神是有能辨是非的能力的,是要根据人的行为而作出判断,甚至由人自己主宰这个世界的。

周代还有着模糊人格神属性的天,在春秋时代亦不复有人格神的影子,此时的天所具有的是鲜明的道德属性。“礼以顺天,天之道也”[②],《左传》中的这句话让我们看到当时人们对礼仪的看法,礼仪是顺应天道的,什么是天道,“夫礼,天之经也,地之义也,民之行也。天地之经,而民实则之。则天之明,因地之性。……为君臣上下,以则地义。……为父子兄弟姑姊甥舅昏媾姻亚,以象天明”[③];及“礼之可以为国也久矣,与天地并”,[④]这些阐述让我们看到礼仪所对应的天道,并不是简单的神秘主义或人格神,也不复单纯的互惠关系,不言自明的道理已不再为知识阶层所接受,他们需要更清晰明确,可以理解并遵行的天道,此时的天道已经包含了一

① 《左传》,蒋冀骋标点,岳麓书社,111页,1996.
② 《左传》,蒋冀骋标点,岳麓书社,344页,1996.
③ 《左传》,蒋冀骋标点,岳麓书社,352页,1996.
④ 《左传》,蒋冀骋标点,岳麓书社,336页,1996

种强烈道德法则的运行规律。

此前，从上古至夏商，人的命运都不在自己的手中，而在神的掌握中。“死亡有命，吾不可以再亡之”，这命是上天的安排，与人无关，我们是被安排的，我们也对此毫不怀疑。如果说神都会“依人而行”，那么人的力量是否已经超越了神？

僖公五年，虢宫之奇说：鬼神非人实亲，惟德是依。在这里，鬼神与人的关系被解释为道德的力量，甚至于祭祀，僖公十九年宋司马子鱼说“祭祀，以为人也；民，神之主也”，祭祀是为人而不是为神，正因为神乃为人而存在，人乃神的主宰。

既然神是依据道德力量依附于人，那么祭祀自然也不是什么神秘主义的对应，那些仪节也显得不是那么非常重要，重要的是祭祀所表达的人文精神。这也是孔子反复提到的“祭礼，与其敬不足而礼有余也，不若礼不足而敬有余”。对于祭礼而言，与其礼仪完备但是内心的诚敬不足，那还不如忽略礼仪，保持内心的诚敬来的重要。

但是人有可以把握的命运，也有不可以把握的命运。周朝道德萌芽让人们相信道德的力量或可以左右吉凶，而春秋战国时期，这种命运又渐渐加入了盲目的“数”的内容，开了阴阳家的宗派。到了汉代，更有灾异谶纬之说，将兆象的解释覆以阴阳五行之学的外衣，成为一种民间信仰与智识学说的混合物。

这种盲目的“数”的观念与人可以把握命运，让鬼神来依并不矛盾。“明则有礼乐，暗则有鬼神”[①]，国将兴，命运是可以因为修德而被把握的，将亡，这就复归于幽暗的鬼神世界，有着盲目的天数。

这里其实已经有了一条通道，怎样叫明，怎样叫暗，一个人怎样才能神鬼来依而不是只能任由命运抛掷，这在此后的百家学术中有了深刻的探求。

① 《礼记》，胡平生、张萌译注，中华书局，711 页，2018.

弋射收获图　汉画像砖

二、中国人的超越世界

人死之后有某种形式的存在，是一切宗教信仰的基本前提。

《墨子·节葬》篇即有纪录："天子杀殉，多者数百，寡者数十；将军、大夫杀殉，多者数十，寡者数人。"实际上，从殷商时候即已出现的殉葬之风，直到秦朝仍有保留，墓葬的殉葬制是当时人们相信死后世界的明证。

人们死亡之后可以化而为鬼是当时普遍的看法，这个时期的鬼与神之间差别并不大，鬼的形态也是各式各样。有认为鬼和人一样是要饮食的，比如《左传》："鬼犹求食，若敖氏之鬼不其馁而。"有认为"人始化曰魄，既生魄，阳曰魂。用物精多，则魂魄强。是以有精爽，至于神明。匹夫匹妇强死，其魂魄犹能冯依于人，以为淫厉"①。"魂魄强"的就可以"至于神明"，魂魄和神明在本质上是相同的，只要魂魄足够强就和神明一样能够降灾降祸。还有认为鬼的形象是动物一样的，比如《左传》庄公八年记载的公子彭生的化为"大豕"②。

人们对鬼的形象有多种看法，那么这些鬼或魂魄居于何处呢？是和人类、山川神灵一起杂居世间还是有他们固定的居所？甘肃天水放马滩一号秦墓中出土的《墓主记》中记载了一个死后复活的故事，其中讲到主人公丹复活的场景时有"魂兮归来，君无上天些……魂兮归来，君无下此幽都些"③的描述，包括《礼记·檀弓》中吴季札所谓"骨肉归复于土，命也。若魂气则无不之也"的说法都说明，至少到了战国时代，人们以为魂是可以上天入地，无所不知的。至于《礼记·郊特牲》中所说"魂气归于天，形魄归于地"，则似乎是儒者将古代观念做了相对系统化整理之后而得到的结果。

今天我们知道古代对死后世界的表述有"地府""黄泉""冥界"等等，

---

① 《左传》，蒋冀骋标点，岳麓书社，294页，1996

② 《左传》，蒋冀骋标点，岳麓书社，30页，1996

③ 《天水放马滩秦简综述》，《文物》，何双全，1989，2：23－31；《放马滩简中的志怪故事》，《文物》，李学勤，1990，4：43－47.

但在先秦时代,“黄泉”尚没有“冥府”的意味。地府、黄泉、冥界这些观念到了汉代之后才发展成为民间信仰中主要的死后世界,与佛教带入的地狱观念相结合,成为中国民间信仰重要的观念。

对中国人而言,真正的超越世界不在天上或黄泉,不在彼岸或冥界,而在于世禄相承的不朽,宗族相承的不朽,人文成就于人类历史中的价值的不朽,对此世,立德、立功、立言的不朽追求成为新的精神力量。春秋战国时代,百家争鸣,思想的交辉碰撞让各学派都形成了自己的系统理论。然而有意思的是,几乎所有的学派,儒家也好,道家也好,墨家也好,都指向了一个“道”的超越世界。

中国的超越之路,除了不约而同地指向了“道”,也不约而同地指向了“心”。无论是孔孟从内心直达天命还是老庄所认为的超越的精神领域都是“道”,也都必须经历内求于心的过程。他们依靠自己的力量,依靠人本身,与整个宇宙相映照。

有意思的是,我们依旧在神话的土壤里开出的这一条新的“道”。人们对巫与神的通而为一印象深刻。“巫必须时时和拟人化的‘帝’或‘天’进行交通,以争取‘天命’的延续。在新系统中,思想家作为个人也必须努力攀登‘道’的精神领域,以寻求生命之源与价值之源。”①

在《九歌》中,巫与神交通的场景描述得很详细。从《东皇太一》迎接神灵的场景到最后《礼魂》送神的场景,充满了人与神相处的欣欣之意。

“吉日兮辰良,穆将愉兮上皇;

抚长剑兮玉珥,璆锵鸣兮琳琅;

瑶席兮玉瑱,盍将把兮琼芳;

蕙肴蒸兮兰藉,奠桂酒兮椒浆;

扬枹兮拊鼓,疏缓节兮安歌;

① 《论天人之际》,余英时,中华书局,2014.

陈竽瑟兮浩倡；

灵偃蹇兮姣服，芳菲菲兮满堂；

五音纷兮繁会，君欣欣兮乐康。”

在一个吉祥而美好的吉日良辰，人们恭恭敬敬地迎请天神东皇。手抚着镶玉的长剑剑柄，身上的佩玉和鸣叮当，精美的瑶席玉瑱四方，摆设好的祭品四散芳香，蕙草包祭肉兰叶为衬垫，献上桂椒酿制的美酒浆。鼓点铿锵而庄严，疏节奏缓拍节声调安详，吹竽鼓瑟放声歌唱，巫女舞姿美服装更漂亮，芬芳的香气溢满大厅堂，宫商角徵羽五音齐合奏，神君欣欣而乐康。在《礼魂》篇中："成礼兮会鼓，传芭兮代舞，姱女倡兮容与，春兰兮秋菊，长无绝兮终古。"祭礼完成一齐击鼓，传递鲜花轮番来跳舞，美好的女子歌声安舒，春兰与秋菊常供奉，祭礼不绝传千古。

孔子行教图

楚地的巫凭借这样的仪式与神共处，而今天的祭祀同样也有迎神、神降、飨神、送神这样的还原原始神巫相通的场景。比如中国传统的释奠礼，这是古代学校的祭祀典礼，是"三礼"中的"君师"之礼。直至民国时期，中国历史上几乎每朝每代都曾举行。虽然各朝所用乐章有所不同，但释奠礼大体流程基本相似，都脱不了迎神、求神、往迎、神降、行三献之礼、彻馔、饮福受胙、辞神、送神、神去这样的过程。不但这样大型正规的礼仪如此，一般人家家祭也不外请神位、奉馔、拜神、享馔、送神这样的流程，所有的迎神之前都需要打扫神台，需要沐浴更衣，清洁身心，行沃盥礼，所有的请神也必有所献，或馔或乐或酒或告，仪式有始有终，迎来送归仿佛重演上古时代人神相处的情节，而在整个的文化历史时空里，神都从未离去，这些仪式永远都在，但这些有着深厚文化记忆的仪式已经不再仅仅是对人与神相处的回忆，而是直接被用来转注心与道的关系。

《管子·心术上》:“心之在体,君之位也,九窍之有职,官之分也。心处其道,九窍循理。嗜欲充益,目不见色,耳不闻声。故曰,上离其道,下失其事。虚其欲,神将入舍。扫除不洁,神乃留处。”

心在一个人的身体中就相当于人世间君主的地位,我们的耳目口舌,这些五官九窍都相当于分管某一部分职能的官员。君臣配合,这个人的行为、状态、气象也就出来了。

心处于什么状态,人就处于什么状态。如果心被“嗜欲充益”,那么五官九窍所追求的也就无非是耳目声色,这个人也就只是个物欲主义的凡俗之人而已。

如何让心通向那个超越的所在,让心与道合一呢?《管子·心术上》说“虚其欲,神将入舍”。

这和祭祀里迎神之前,先要沐浴敷香,清洁自己的身体,打扫好神坛,摆好祭品,让整个迎神的场地保持洁净神圣是一样的,一个人要想体会到道,自己的心也要先打扫干净,身体可以通过沐浴敷香,神坛可以洒扫布置,心怎么沐浴?如何洒扫?

去欲。

“去欲则宣,宣则静矣”。(《管子·心术上》

“宣”就是通的意思,欲望是遮蔽内心的,只有去除了欲望,一个人心里的道路才能打通,一旦打通,人就可以静下来,而静则是心,洁净神圣的第一步。

“不洁则神不处”,心没法洁净就不可能迎来神,这里的神实际就是道的意思。只有“能正能静,然后能定。定心在中,耳目聪明,四肢坚固,可以为精舍”。《韩非子·扬权》篇也说“故去喜,去恶,虚心以为道舍”。一个人内心的虚静是可以和巫一样,迎来神的,这个神不是鬼神之力的神,而是有着超越意义的道。

人如何知“道”呢?

北齐壁画

荀子说："人何以知道？曰，心。心何以知？曰，虚壹而静。"这里的心不是一般意义生物学上的心，而是能够做到虚一而静的心，一个人想让自己的心虚一而静，则必通过"治气养心之术"(《修身》篇语)才能修成。这就是后世所谓"功夫论"的渊源，这进路显然是从巫传统中移形换位而来。

上文提到，巫自称其通"天"的功能出于专业训练，因而取得一套"事神"的"技能"(或"艺")。我相信，这便是"心"必须经过修养才能知"道"这一新构想的原型。"新天人合一在思想内涵方面推倒并取代了旧天人合一，但在结构和模式方面，新旧二系之间却仍多一脉相承之处，这是中国轴心突破的大特色。"①

如果说巫与神的交通是一种外向超越，人们通过祭祀、仪式、媒介寻找上通于天，通鬼神的通道，那么春秋战国时代的思想家走的则是内向超越之路，人们只能通过自己的心，找到这条通道，走进那个超越的世界。

第四节　内求于心的儒家文化

孔丘之前，万古不是如长夜，但孔丘之后，万古却有了来自人性深处的光。他将外求于天的巫文化彻底转化成内求于心的儒家文化。他懂得礼仪更深层的含义，他相信，礼仪如果得到恰当的诠释，我们就可以找到"天道"。

他用自己的力量，人的力量让内心与宇宙相映照，让我们看到了人人皆可成圣贤，看到了下学而上达，看到了人生光明的进路。

神话时代的世界，人是完全受控于神；殷商时代，人依附于神；周朝，人不再依附于神，而相信仪式带来神圣超越；春秋时代，仪式开始混乱，礼

① 《论天人之际》，余英时，中华书局，2014.

崩乐坏,仪式本身的神圣感与对秩序的维系作用亦不复存在。

孔子与他的儒家学派在人的情感与内心中找回了这种秩序,我们可以信任自己,而不是鬼神,更不是带有盲目性的数。我们应该,并且唯一应当信任的就是我们自己的心,我们内在的修为、情感的真挚,我们对仁与德性的跟随和实践。思想史的舞台上,虚渺的鬼神被抛弃,人则以独立的姿态站立于天地之间。

两千多年间,孔子所构建的这种士与君子的精神,往往让中国人在国家危难之际,挺身而出,挽狂澜,担大道。这种担当的背后有着对士的精神的深刻认同,对天道的深刻信仰;这种信仰并非简单认为会有一个来自彼岸的得救或灵魂的永生,而是一种深挚的精神力量,这种精神力量不亚于任何一种宗教的虔诚。

一、敬鬼神而远之

孔子对鬼神的态度,其实非常明确,"敬鬼神而远之"①,他对于鬼神及死后世界基本上采取了不可知论,他说"未知生焉知死"②,他从来不讨论神秘现象,"子不语怪力乱神"③,这样的孔子,很难说他会信仰鬼神,也很难认为他会有某种人格神的存在。

但不相信人格神的存在不代表对超越世界的否定。孔子本人,对所谓的鬼神,采用了非常理性的态度,他从未直接否认鬼神的存在,但他并不依赖鬼神,他在所有神秘主义的事情上都有着相当的理性态度。他说"非其鬼而祭之,谄也。见义不为,无勇也。"④樊迟问知。子曰:"务民之义,敬鬼神而远之,可谓知矣。"在孔子看来,鬼神也许广泛存在,但与你无关的鬼神,祭祀只是一种谄媚,他要求人们的情感从自身开始,由孝自己

① 《论语·雍也》:樊迟问知,子曰:务民之义,敬鬼神而远之,可谓知矣。

② 《论语·先进第十一》:季路问事鬼神。子曰:"未能事人,焉能事鬼?"敢问死。曰:"未知生,焉知死?"

③ 《论语·述而》:"子不语怪力乱神。"

④ 《论语·为政》:子曰:"非其鬼而祭之,谄也。见义不为,无勇也。"

的亲长而推至其他，由祭自己的祖先来体会敬的本来，甚至于所谓的鬼神在这些语义下更像是一种修辞手法，他用春秋时期普遍的鬼神祭祀来阐发他所要说明的“义”。他认为一个人对待鬼神正确的方式应该是敬而远之，他用温和的方式，对待他并不完全信赖的传统。

他不急于推翻或否认鬼神的存在，鬼神祭祀，既然已经是一种民间风俗，并且似乎也并不能真的证明鬼神就没有，所以基本上，孔子用了“阙疑”的态度，对鬼神之说存而不论。他用譬喻、阐发、价值转化的方式在传统文化的土壤里建出一个新的世界。

从前的祭祀大多是一种人与神之间的交易，人供奉神，在打扫干净的祭台，给予丰盛的祭品，祈求神满足自己的期望，由此而衍生出的种种赦罪或得福的仪式实际上是将人与神放在了一个互惠的关系上。孔子所改造的祭祀，则是根植于人本身的情感，将生命的报本反始与自身的诚敬仁爱之德联系在一起，儒家的祭礼为的不是从鬼神处求得福报，而是为了尽一己之德，在祭祀的过程中体会对先人、鬼神的感恩报恩，自修己德的情感，所以孔子说“祭神，如神在”，神是否真的在这里并不重要，重要的是我们内心中有这种神圣感，这是一种通过祭祀的仪式而让人的内心可以得到澄汰与纯化的过程。

儒家有一句经典的话叫“知其不可而为之”①，其中的知其不可，知的是不可求的命运，比如生老病死、贫穷富贵，孔子对这类的命是听其自然的，而“为”这个字则是儒家对自己的行为要求，这个“为”是“克己复礼为仁”②的“为”，也是“为君子”的“为”。命运不可知，也不必知，就像鬼神，敬而远之即可，作为人，则要以敬畏、担当的精神以“克己复礼”的功夫去到“仁”的境界，这才是真正的天道所为。这里的天道并非是一个抽象的

① 《论语·宪问》：子路宿于石门。晨门曰：“奚自？”子路曰：“自孔氏。”曰：“是知其不可而为之者与？”

② 《论语·颜渊》：“颜渊问仁。子曰：克己复礼为仁。一日克己复礼，天下归仁焉！”

存在，而是人的内心情感与宇宙天地相应和的实体的存在，是仁也是德，有着永恒的超越性。

一个人只有对自己的心性有了彻底的知道，通过不断的求仁的功夫与努力，不断的“下学而上达”，不断的修养自己的内心才会感受到这种实体的存在，感受到天道的普遍性、超越性。这种最高的道德情感与虔诚的宗教情感几乎如出一辙，只是对于孔子，对于儒家而言，我们并没有对具体某一个人格神的崇拜，我们有的只是对内心德性，对仁的体会这种无限深的要求。

孔子深挚的信仰源自他始终坚定所维护的“天道”。他相信天命在自己的身上，“天生德于予”①，他相信人的内心是可以有一个超越的世界的，他对这个现实的世界，明知其不可而为之，他一生奔走，传承天道，这与一个布道者的虔诚并无二致。

二、内在的超越世界

《礼记·檀弓上》：“丧礼与其哀不足而礼有余也，不若礼不足而哀有余也；祭礼与其敬不足而礼有余也，不若礼不足而敬有余也。”对于孔子而言，他所追求的就不是礼仪细枝末节的精确，而是内心对这种精神动力的深刻认同。

这种深刻的精神动力就是敬，周代敬的思想在孔子这里得到了继承与深化。礼虽然在仪式上仍然保持了与神的关系，但根本上已不再是外向的祈求，而是内向的超越，孔子更在意的就是这种内向的情感。

对孔子而言，这种内在的情感来自于诚敬的内心，也来自于一个人的内在的人格世界。一言以蔽之，这个世界就是“仁”。

孔子在《论语》中多次谈到“仁”。“苟志于仁矣，无恶也。”②“人而不

① 《论语·述而》：子曰：“天生德于予，桓魋其如予何？”
② 《论语·里仁》：子曰：“苟志于仁矣，无恶也。”

仁,如礼何?人而不仁,如乐何?”①“仁者先难而后获,可谓仁矣。”②一个人做到仁的境界才能谈得上礼,否则礼做得再标准又有什么意义?真正有意义的是我们内在的这个人格世界,怎样达到仁的境界,这个过程“先难而后获”,需要经过艰苦的磨砺。

春秋时代的思想家们已经发现人的欲望是无限的、沉沦的,人们渴望救赎时,普通人会期望通过求鬼神、求吉凶、求盲目的数与命去何趋利避害,可以有一个重新来过的彼岸,但真正的强者,是求自己,在欲望中开辟一条通往生命本源的路,用发轫于内心的情感,诚敬以及仁的修养重回天道。

一个人的情感是天生的,我们生来就有爱与被爱的需要,我们需要体会到自己内心就有的这种情感,然后推己及人。但“仁”不是天生就可以得到的,是需要时刻提醒、约束、要求自己的,为什么颜回“其心三月不违仁,其余则日月至焉而已矣”③。只有颜回可以做到他的心三个月都可以不违背“仁”,其他的学生就只能短时间内做到而已,说明仁不是心,仁也不是得到就可以一直在的,仁应该是一种很难到达的状态,是必须通过内心高度的自省、自觉与对仁的正确理解才可以得到的。可是为什么又“我欲仁,斯仁至矣”④呢?明明很难到达的一种状态,为什么只要一个人想,仁就会来呢?因为仁和心虽然不是同一样东西,但仁同样是存乎己身的,是不可以外求的,正是因为仁是要从自身求得,所以仁并不远,但是仁绝非能如禅家的顿悟,一瞬间开启,彻悟,仁的境界一定是需要切实而不辍的实践功夫,才能真正成为生命里超越的所在的。

---

① 《论语·八佾》:子曰:“人而不仁,如礼何?人而不仁,如乐何?”

② 《论语·雍也》:樊迟问知,子曰:“务民之义,敬鬼神而远之,可谓知矣。”问仁,曰:“仁者先难而后获,可谓仁矣。”

③ 《论语·雍也》:子曰:“回也其心三月不违仁,其余则日月至焉而已矣。”

④ 《论语·述而》:子曰:“仁远乎哉,我欲仁,斯仁至矣。”

三、得到仁的方式

我们需要不断地反省自己，觉察到自己内心是否偏离了仁，我们需要通过高度的自觉来体会到仁，并将这种体会用于生活的实践中。

就仁自身而言，它只是一个人的自觉的精神状态，但这种自觉的精神状态，可以有许多层级。简单来说，我们可能都认为伤害他人是不对的，但是我们是否在每一个当下都能意识到，我们对待他人的方式是温和的还是失当的，是否能让这种精神的自觉状态转而为日常行为，直而温，如同一个君子。这同样是下学上达的路径，一个人不知道什么是仁，那知不知道什么是孝呢？孝这种发乎内心的情感，我们都比较容易体会和理解，那么深化这种情感，推而广之，也就是仁。

然而一个人孝顺父母难不难？其实是很难的，赡养父母是一件比较寻常的事，孔子说赡养这种事犬马也都能做到，难是难在哪里呢，子曰"色难"①。人类爱自己的孩子无需指点，是人的天性，这种天性里带着温柔，带着耐心，带着无限的爱。但人类爱自己的父母，却有着很多表达、行为上的难处与障碍，比如我们很难永远对父母和颜悦色，我们会有不耐烦之心，会有原生家庭的伤害而带来的怨憎，省察这种内心当下的状态，调整这种状态，做到孝，这就是仁的一种历练。

仁这种精神状态是有很多层级的，简单对父母的和颜悦色并不是仁的高级形态，在孝这一点上能把对父母的孝敬推而广之，"出门如见大宾，使民如承大祭"②，这才是修己的功夫。能从对父母的孝中体会到一种对万物的报本反始之心，知恩报恩之心才是孝的真正意义。

人是有无穷的欲望的，五官百骸都希望能满足自己声色耳目之欲，这是"己"，和弗洛伊德所说的"本我"有相似之处，孔子认为人的私欲是遮

---

① 《论语·为政》：子夏问孝，子曰："色难。有事，弟子服其劳；有酒食，先生馔，曾是以为孝乎？"

② 《论语·颜渊篇》：子曰："出门如见大宾，使民如承大祭。己所不欲，勿施于人。在邦无怨，在家无怨。"仲弓曰："雍虽不敏，请事斯语矣！"

蔽仁的精神的最主要原因，克制这种私欲，突破自己形气的隔障，“克己复礼为仁。一日克己复礼，天下归仁焉。为仁由己，而由人乎哉”①。能克己复礼，让自己的生活和礼的精神应和，那么我们就可以回到仁的境界。仁也实在只是自己的东西，而不是别人的东西。

孔子讲学图

但克己功夫是要有一个具体的方向的，颜渊“请问其目”，孔子说“非礼勿视，非礼勿听，非礼勿言，非礼勿动”②，这就是给出了一个非常具体的对自己隔断私欲膨胀的方式。孔子在教育弟子的时候，也往往针对学生精神世界的某一个点，作为仁的起步功夫，不断引导深入，比如司马牛问仁的“仁者其言也讱”，答樊迟问仁的“仁者先难而后获”。子贡说：“贫而无谄，富而无骄。”孔子便说：“未若贫而乐，富而好礼者也。”③都是针对司马牛、樊迟、子贡不同的性格特征所给予的不同精神进路，让他们能从各自的层面里不断向上走，不断扩展深化下去。

可以说仁不是一事一物，而是浸润在各种学问知识行为中的，仁不仅

① 《论语·颜渊》：“颜渊问仁。子曰：‘克己复礼为仁。一日克己复礼，天下归仁焉！为仁由己，而由人乎哉？’”

② 《论语·颜渊》：颜渊曰：“请问其目。”子曰：“非礼勿视，非礼勿听，非礼勿言，非礼勿动。”颜渊曰：“回虽不敏，请事斯语矣。”

③ 《论语·学而》：子贡曰：“贫而无谄，富而无骄，何如？”子曰：“可也，未若贫而乐，富而好礼者也。”

贯彻于所有的事物中，也赋予了世界以意义与价值。一个人能找到自己精神世界的切入口是求仁的第一步，第二步就是内省，深刻的内省。《论语》中关于自省的章句很多，“见贤思齐焉，见不贤而内自省也”[①]，“君子日三省乎己”[②]，“内省不疚”[③]，等等，一个人只有积极地内省，坦诚面对自己，“知之为知之，不知为不知”[④]，有过勿惮改，不在外，而在慎独，才是真正的内省，也只有这样，才会有自己人格世界的建成，才会进入到仁的境界。

然而仁的境界不是一劳永逸的，仁的追求是无限的，所以孔子从来不说自己做到了仁，他深刻地理解仁的无限性，理解人格世界的无限超越。

四、文化意义上的理想中国

孔子曾说过“微管仲，吾其披发左衽矣”[⑤]，如果不是管仲的话，可能我也会和蛮夷之人一样披着头发，穿左衽的衣服了。这很可怕，对孔子来说，这就意味着华夏文化的衰亡，人们不再知道华夏衣冠的含义，不再束发知礼。

看起来孔子似乎对华夏蛮夷之别很在意，但实际上孔子还说过这样的话：“子欲居九夷。或曰，陋，如之何？子曰，君子居之，何陋之有？”[⑥]孔子要住在夷蛮之地，别人说那里太荒陋了，不能住吧，孔子说，君子所住的地方，怎么会有荒陋。言下之意，有君子的德行在，哪里都是华夏。

他对华夏与蛮夷的看法与对礼的看法其实是一样的，不在于地处何方，而在于我们在这里用什么样的方式生活，我们用君子的方式生活，这里就是华夏。韩愈后来在《原道》中说：“孔子之作《春秋》也，诸侯用夷礼，则夷之，进于中国，则中国之。”也就是这个意思。礼也是同样的，不是说一定要穿什么衣服，做什么动作，一丝不苟才叫礼，而是一定要因为内

---

① 《论语·里仁》：见贤思齐焉，见不贤而内自省也。

② 《论语·学而》：曾子曰：“吾日三省吾身，为人谋而不忠乎？传而不习乎？”

③ 《论语·颜渊》：司马牛问君子。子曰：“君子不忧不惧。”曰：“不忧不惧，斯谓之君子已乎？”子曰：“内省不疚，夫何忧何惧？”

④ 《论语·为政》：“子曰：由，诲汝知之乎！知之为知之，不知为不知，是知也。”

⑤ 《论语·宪问》：“微管仲，吾其披发左衽矣。”

⑥ 《论语·子罕》：子欲居九夷。或曰：“陋，如之何？”子曰：“君子居之，何陋之有？”

心有了这样情感,发之于外,我们自然而然就会敬、会诚,会希望席子摆得正,希望琴音听起来和,这些都是内心的投射,只有我们有诚敬的内心,深沉的情感,所做才是真正的礼,并不一定在虚文,也不一定在仪轨本身。

孔子从不教条,也不激进,他笃定地相信自己的内心,也笃定地相信来自人的力量。他用春秋,用微言大义的法子整饬他理想中的世界,用“仁”来解释秩序与道德最终的依据与本原,他要求一个人入则孝,出则悌,谨而信,泛爱众,要求人们亲仁,有余力,再学文。

孔子对秩序的思考已经深入到人的内心世界,他把不言自明的、权威性的律令由外在的礼乐转向了内在的情感。如果说周代,古代思想世界中的神秘意味开始淡去,道德色彩开始凸显,那么,从孔子为代表的儒家学派中生长出来的,就是一个依赖于情感和人性的自觉凸显出来实现人间秩序的学说。

在孔子看来,一个人拥有明澈真诚的性情,始终涵养自己的道德本性,不断地追求仁的境界就是一个能与天地合其德的君子。千百年来,我们孜孜以求的,不就是这样坦然于天地之间的君子人格么,惟其如此,才让我们在文化意义上成为一个真正的中国人。

可以说儒家代表的是一种类似人文主义的思潮,他们心里有一个终极的理想世界,又有一个先验的道德本原,他们对于过去的时代有着美好的想象,他们有内心深沉的情感,并希望通过“仪式”“象征”为中心的“礼”来保持自己心目中的理想秩序。他们笃信,礼乐以及人自身的道德意识与伦理信条可以拯救天下,这理想贯穿了数千年。

第五节　存养扩充内心的孟子

如果说孔子是一个敦厚的长者,温而厉,那么孟子更像一个战士,他有着当今之世，舍我其谁的英雄主义气概。

孔子的春秋之际不过礼崩乐坏，诸侯之间还是需要用礼仪做表面的维系，不管内心有怎样的私欲，人们还是认为克制、谦恭是值得尊敬的，德行是能够改变灾祸的，战国之际这些起码的维系也变得可有可无，最大的非礼就是三家分晋，臣子乱国，天下大乱，礼乐之世一去不返。

我们没有可能再重建周礼里的秩序，我们只能面对这个胜者为王的世界。于是愤世嫉俗的孟子一路狂突猛进，他要解民于倒悬，他要救天下于水火。

孔子的义正辞严还仅仅是"是可忍，孰不可忍"①，凛然正气里依旧有着敦厚为人的底色，如果道真的最后行不通了，他也不过是"乘桴浮于海"②。但孟子的愤怒是一往无前的，他激进、豪迈、自信，他说"富贵不能淫，贫贱不能移，威武不能屈"③，他说"民为贵，社稷次之，君为轻"④，他觉得"独夫"可杀，暴政可反，他充满了战斗性，也充满了至大至刚，塞于天地的浩然正气。

在孔子的学说里，深挚的情感与力量来源于天道，落实在人的身上就是"仁"，但是怎样得到"仁"，无论是"下学而上达"还是"日三省乎己"都显得有些大而化之。孟子则给予了更加详尽的解释，他继承了孔子的学说，又将这学说继续深化了下去。

在道与内心的关系上，孟子又是一个乐观主义者，他觉得一个人即便失去了自己的本心，也总是可以找回来。

事实上，整个中国文化的发展都是一个从外向内收的性格，宇宙最终都会回视到我们的内心，只要我们愿意，我们都可以从自己的内心中找到那个超越的世界。

---

① 《论语·八佾》："孔子谓季氏，八佾舞于庭，是可忍也，孰不可忍也。"
② 《论语·公冶长》："道不行，乘桴浮于海。"
③ 《孟子·滕文公下》：富贵不能淫，贫贱不能移，威武不能屈。
④ 《孟子·尽心章句下》："民为贵，社稷次之，君为轻。"

神话时代外在的神、殷商的帝、周代的天命到春秋时期的“道”，都是我们渐渐把人之外的世界收到了人之内的过程。人与宇宙直接的映照、交流是在心里的，“道不远人”，大道都在人的身上，不需要外求，只需要内视。

孟子同样认为每一个人都可以在自己的心里找性善的根苗，不需要向外去求索，如何在自己内心去找，这就是存养扩充的功夫。

人心固然是都有情感的，“人之所以异于禽兽者几希，庶民去之，君子存之”。[①] 人和禽兽不一样无非就是人类有恻隐之心、羞恶之心、恭敬之心、是非之心，就是因为我们天然的有恻隐之心、羞恶之心、恭敬之心、是非之心，但是人心又是很容易沉沦的，会受环境的影响，会被欲望所驱使，所以孟子特别重“养心”，要把心放在适宜的地方，像养一株植物那样，阳光雨露土壤，把心里的那些萌发的善念，当做种子，滋养荣发，壮大充实起来。所以孟子说：“故苟得其养，无物不长；苟失其养，无物不消。”[②]无论我们在心里养什么，都要明白，只要我们荣养它，它就会生长，不去滋养它，它就会消亡，养善端，善就会渐渐成为一个人的性；养欲望，欲就会渐渐成为一个人的质。《孟子·告子上》说“养其小者为小人，养其大者为大人”也就是这个道理。

养心的目的最终也还是落在天道上，“存其心，养其性，所以事天也”（《孟子·尽心上》）。我们养自己的心，养自己的性，都是为了能和天道保持一致，天道是我们最后的依据与根源。孟子并不从外面证明鬼神的有无，他只是以存心养性作为事天的方法，连仪式也并不需要，当然也不需要偶像，人们只需要存养自己的内心，“万物皆备于我矣”（《孟子·尽心上》），天道所应对的德性在身心中得以扩充，当宇宙万物都备于我，我们也就是万物了。中国人的天人合一是有着深刻的思想内涵与历史传承的。

---

① 《孟子·离娄下》：孟子曰：人之所以异于禽兽者几希，庶民去之，君子存之。
② 《孟子·告子上》：故苟得其养，无物不长；苟失其养，无物不消。

心要怎么存养呢？孟子说寡欲："养心莫善于寡欲。其为人也寡欲，虽有不存焉者寡矣。其为人也多欲，虽有存焉者寡矣。"（《孟子·尽心下》）

欲望是人五官百体的本能，孔子也从来不要求绝欲，孔子所要求的是人的欲望应该在合乎礼仪的范围内。"非礼勿视，非礼勿听，非礼勿言，非礼勿动。"不合礼仪的耳目声色，不要去做，合乎礼仪的，为什么不可以有呢？欲本身并不是恶，恶的是无度。超出节制的官能的欲望会遮蔽内心，让我们很难看见心的本体，所以孟子也说"寡欲"。在这点上，春秋战国时期很多思想家都是一致的，比如老子同样也说过"少私寡欲，绝学无忧"（《道德经》）。

如果我们能减少自己的欲望，让心处于一个平静的状态时，就可以显露出心的本性，心的本性是有恻隐、羞恶、恭敬、是非的，只要无限的扩充这些本性，一直扩充下去，就是"尽心"，就会形成一个道德的人格世界，这种扩充就是孟子所说的"凡有四端于我者，知皆扩而充之矣。若火之始然，泉之始达。苟能充之，足以保四海；苟不充之，不足以事父母"①。一个人能意识到在心中存养的善端，明白是非羞恶，恻隐恭敬，表现在行迹上，并推己及人这就是存养扩充。

这个存养扩充的过程会让人们打开层层向上的人格世界，孟子说："可欲之谓善，有诸己之谓信，充实之谓美，充实而有光辉之谓大，大而化之之谓圣，圣而不可知之之谓神。"（《孟子·尽心下》）

---

① 《孟子·公孙丑上》：孟子曰，人皆有不忍人之心。先王有不忍人之心，斯有不忍人之政矣。以不忍人之心，行不忍人之政，治天下可运之掌上。所以谓人皆有不忍人之心者：今人乍见孺子将入于井，皆有怵惕恻隐之心；非所以内交于孺子之父母也，非所以要誉于乡党朋友也，非恶其声而然也。由是观之，无恻隐之心，非人也；无羞恶之心，非人也；无辞让之心，非人也；无是非之心，非人也。恻隐之心，仁之端也；羞恶之心，义之端也；辞让之心，礼之端也；是非之心，智之端也。人之有是四端也，犹其有四体也。有是四端而自谓不能者，自贼者也；谓其君不能者，贼其君者也。凡有四端于我者，知皆扩而充之矣。若火之始然，泉之始达。苟能充之，足以保四海；苟不充之，不足以事父母。

值得追求的叫作善,善是人的欲,也是本心所在,每个人都会有;把心里这个善端发出来叫作信;这种善充满全身就可以到美的层面,充实指的正是个体的自觉努力,能扩充人内在固有的善良本性,把这种善良的本性扩而充之,充盈于人身才会让人看见一个由内而外散发的,真正的美的状态;而美只有照亮别人才能称为伟大;伟大只有化育万物普度众生才能称之为圣;圣达到不可测度的境界,叫作神。这是一条需要通过不断自省而层层递进,层层深入的进路。

人与禽兽不同正在于我们的内心本来就有善端,并且人有自我实现、提升的渴望,这就是欲,这种欲望是可以带领我们通往神性之路的。这种欲望的体现是我们能坚信自己的本心,通过深刻的内省、不断的实践、存养扩充的功夫,养自己的大人之气、本心之气,存养扩充的功夫之后是身体力行与仰之弥高的钻研境界,最终神而圣之。

在这条进路中,神秘实体的神不复存在,人类自我向上的最高峰就是神,每一个人的自身就是一个宇宙、一个普遍、一个永恒,人在自己的内心中就可以安顿自己,可以让自己得到圆满。既是“万物皆备于我矣”,也是“上下与天地同流”。这不是一般的宗教彼岸,而是人自身理性光辉的永恒。

第六节　与天地并肩的荀子

孟子相信人性是善的,他乐观地认为一个人只要存心、养心、尽心,便会感到人之性善。所以他会说:“人之性善如水之就下也,水无有不下,人无有不善。”(《孟子·告子上》)

荀子就不这么看,荀子是儒家学派中特别理性的一支。战国中晚期诸侯混战,尔虞我诈,人们普遍的功利主义、趋利避害让荀子表现出很强的经验性格,他只相信他经验过的。

他觉得世界并不存在于想象中，而是经验于现实的，我想他一定面对过无数人性的深渊，才会有这样人性本恶的论断。

在荀子看来，一个人之所以会求善，就是因为性本恶，一个本来就善良的人是不需要再去求善，正是因为本来恶，人们才会希望得到善的德行滋养，而这种求的过程，就是一种经验的积累。

他说："积土成山，风雨兴焉；积水成渊，蛟龙生焉；积善成德，而神明自得，圣心备焉。"①一个人只要愿意积累自己的德行，不断地践行，就会从一个小人进而为士君子，由士君子进而为圣人，这在荀子的学问里叫"化性起伪"②。

相比较孟子觉得礼义道德这种事是一个人内心本来就有，"思则得之"的观念，荀子并不相信普通人的心，比如一个人有七情六欲，这些欲望在孟子看来是五官百体的欲望，荀子就非常犀利地认为这不是五官百体的问题，而是心的选择，心是可以决定向善，也可以决定不向善。这即是他所说的有中理，有不中理。所以心的主宰性，对于行为的道德而言，并不是可以信赖的。

荀子觉得"礼义法度者，是圣人之所生也"③，"无师，吾安知礼之为是也"④，礼义法度，都是圣人做出来的，没有老师，一个人是不会知道礼义是什么的。普通人要想有，一定需要靠老师的教育。

"夫人虽有性质美而心辩知，必将求贤师而事之，择良友而友之。得贤师而事之，则所闻者尧舜禹汤之道也……"⑤一个人虽然天生就会耳聪

① 《荀子·劝学》：积土成山，风雨兴焉；积水成渊，蛟龙生焉；积善成德，而神明自得，圣心备焉。故不积跬步，无以至千里；不积小流，无以成江海。"

② 《荀子·性恶》：故圣人化性而起伪，伪起而生礼义，礼义生而制法度。

③ 《荀子·性恶》：故圣人化性而起伪，伪起而生礼义，礼义生而制法度；然则礼义法度者，是圣人之所生也。

④ 《荀子·修身》：礼者，所以正身也；师者，所以正礼也。无礼何以正身？无师，吾安知礼之为是也？

⑤ 《荀子·性恶》："夫人虽有性质美而心辩知，必将求贤师而事之，择良友而友之。"

目明,但耳聪目明并没有实质的意义,它们不会引导我们走向知的道路,想知道,必须跟随贤明的老师、志同道合的朋友,学习正确的道理,比如尧、舜、禹、汤之道,在老师的教导下,人们才能够理解谦恭礼让的原则,遵行社会法则与秩序。

在荀子看来,性恶的人去积善,并不像所有的水都会流向低处一样,是自然而然的事,相反,人性可能并不是积极愿善的,人只有知道了正确的道路才有可能走上正确的道路,“善”一定是一个人自觉努力的结果。所以荀子说:“故心不可以不知道。心不知道,则不可道而可非道。”①在这种理念下,荀子当然会认为教育是要带有强制性质的,并且他还认为即便是积极跟随老师学习礼义道理,也是有智慧的人所做的事,缺乏智慧的人是不能理解的,对于这些人,唯有法度。

他真的是一位特别理性,也特别现实的思想家。

可是如果人类真的缺乏向善的动力,这个世界如何会好?

在荀子看来,这是一个伪命题,因为人类并不缺乏努力。

荀子一直在呼吁有为,他相信通过守纪而有意识的努力,足够的守纪而有意识的努力,这个社会是会被改变的。

文明如此伟大,以至于神圣而可与天地并肩。

“天地生君子”,而同样“君子理天地”②,人与天地的关系不是控制与被控制,上天只是自然本身,天道让人们根据这样那样的秩序与规律去发现自己的路,这才是文明。“无君子,则天地不理。”③没有君子,天地的秩

---

① 《荀子·解蔽》:何谓衡?曰:道。故心不可以不知道。心不知道,则不可道而可非道。人孰欲得恣而守其所不可,以禁其所可?以其不可道之心取人,则必合于不道人而不合于道人。以其不可道之心与不道人论道人,乱之本也。夫何以知!心知道然后可道。可道,然后能守道以禁非道,以其可道之心取人,则合于道人而不合于不道之人矣。以其可道之心与道人论非道,治之要也。何患不知?故治之要在于知道。

② 《荀子·王制》:天地生君子,君子理天地。

③ 《荀子·王制》:无君子,则天地不理,礼义无统,上无君师,下无父子,夫是之谓至乱。

序与规律也没有任何意义。荀子是一个经验主义者,他不相信一切感官经验不能触及的事情,所以,他不相信鬼神,他觉得天地对人是没有意志与要求的,天只是自尽其职,荀子的"参天地"只是指我们要如何学习、参照,领会天地所生万物的道理,为我所用。比如圣贤为百姓们所做的规则就不是凭空想象的,而是对人性的分析,对天地生万物、四时相交替的自然规律的参考。

"凡礼,天地以合,日月以明,四时以序,星辰以行。"[①]礼仪所参考的、学习的正是这样天地宇宙的秩序,宇宙本身是有规律的,天体和四季在此消彼长中和谐共存,礼正是要求宇宙万物遵守其固有的位序,失去礼就会混乱,无论是宇宙还是人世。

人们不是在天那里寻找根据,而只是在这里寻找参照。天象的异样在荀子这里只是天地阴阳的变化,没有神异,也不昭示未来。他说:星坠木鸣,国人皆恐。曰:是何也?曰:无何也。是天地之变,阴阳之化,物之罕至者也。怪之可也,而畏之非也。[②]

尽管荀子是一个非常理性,经验主义的学者,并对天地有这样理性的看法,但我们依然要知道,他严谨的理性主义思想仍旧是建立于神秘的静默基础上的。

道还是自然本身,这一点,他与道家有着相同之处,他们都相信人应当"虚一而静",认为只有如此才能"谓之大清明",他们从来不逆万物之所好,他们追求的始终都是内心与万物的契合。

---

① 《荀子·礼论》:天地以合,日月以明,四时以序,星辰以行,江河以流,万物以昌,好恶以节,喜怒以当。以为下则顺,以为上则明。

② 《荀子·天论》:星坠木鸣,国人皆恐。曰:是何也?曰:无何也。是天地之变,阴阳之化,物之罕至者也。怪之可也,而畏之非也。夫日月之有蚀,风雨之不时,怪星之党见,是无世而不尝有之。上明而政平,则是虽并世起,无伤也。上暗而政险,则是虽无一至者,无益也。夫星之队,木之鸣,是天地之变,阴阳之化,物之罕至者也。怪之,可也。而畏之,非也。

第七节　寻找天地本源的老子

宇宙拱默无为,世界广袤无垠,物类浩瀚多样,我们永远无法穷知,也并不知道是否可以顺其自然,从心而动,不逆万物所好。

在对秩序的崩溃感到沮丧之后,老子用朴素的天道对世道进行了无情的批判,他瓦解了理性的束缚,以精神的超越去寻找天道的本源。

在老子这里,万象纷纭的宇宙被归纳到道与阴阳的规则之中,人应该像天一样,不自见,不自是,不自伐,不自矜。在他看来真正澄澈而透明的思想和永恒而崇高的境界是像天一样无为的。

出于对社会、理性、文化的失望与恐惧,他们注意到个体生命的价值,他们希望我们回归朴素与安宁、柔弱、安静。

自然、天道被推衍为世道与人道,他们认为人可以与宇宙一样永恒,这种以内心体验为中心,直探神秘的终极境界的思想在老子是读之不尽的五千言,在庄子笔下则是纵横磅礴、汪洋恣睢的新世界。

一、天道

《道德经》成书的年代一定是一个异常混乱与苦难的年代。

人们即将被命运抛掷的恐惧感如影随形,这本书就是一本对当下最好的抚慰,他平静地告诉人们——无为。

实际上老子究竟是谁并没有定论,他未必叫老子,也未必真的骑着青牛消失在边关,这些都不重要,重要的是他为我们留下了五千字,这五千字抚慰了一代又一代中国人的心灵,让我们在绝望中复归于平静。

他觉得一个人如果能摒弃思虑,把自己从看待世界的常规方式中解放出来,让心灵扎根于静与虚之中就是最安全的方式。

他只改变自己的内心,他遵循无为的原则,他希望问题自然而然地解决，他认为我们都应该回到“天道”，而天道是拱默无为的。

老子所回溯的依然是上古神话时代那种神秘的力量，古老的仪式给了这一时代思想家们丰富的启发，他们用自己的方式将这些仪式内化，让“天道”从一个彼岸的神转为人类内心的灵性。

道是自然的、谦逊的、拱默无为的，而人们总是有为、自傲、充满了目标与导向。人们总是宁愿选择狂热的行为，追求所谓的知识，喜欢更强壮，占有更多，得到更多，在无穷无尽的欲望里耗费一生。而生命的秘密恰恰与之相反，“夫将不欲，不欲以静，天下将自正”（《道德经》），如果不再有无穷尽的欲望，人就会静下来，一旦静，就回到了道的本来。但做到这一点并不容易，这需要长期的、坚定的训练。

老子相信物极必反，他说“将欲歙之，必固张之；将欲弱之，必固强之；将欲废之，必固兴之；将欲取之，必固与之”（《道德经》）。想要收敛，必先张弛；想让敌人毁灭，就先让其疯狂；想要废弃的，必先兴起；想要夺取的，必先让与一点，任何事物都必会在高处跌落，这就是自然规律。天地能长而且久，就是因为天地是不自生的，所以天地才能长生，天地本身没有任何主观意识要求与目的，天地是虚无的，如果人也能和天地一样，内心虚无，那么他会变得平静、自在、强大。

无为正是一个人谦逊对待世界的方式，当我们能温和、谦逊而自发听任生物自然而为的进程时，我们就已经合乎道了。

但老子也深感语言的无力，因为语言是没有办法确切地揭示更深层的现实的，丹麦语言学家叶斯柏森曾说，当处理语言上的问题时，决不可忘记，人仅系部分的是理性的生物，及普遍的人的要素，大部分是不合理的是非理性的。

中国的汉字则更是一套象征系统，字原本所能表示的意义，是有障碍与限制的。

我们首先一定要能理解在理性之外的那个世界，语言所无法穷究的地方，有一种深层的无名与不可见，缺乏很深智慧的人是意识不到这一点的，所有能领悟到这个维度的都是没有自我欲望的人。

万物的本质玄而又玄，语言是很难去命名的，老子也只能“强为之名”（《道德经》），他一开始就提醒我们“道可道非常道，名可名非常名”。

如果一定要用文字来阐释，那么老子认为宇宙的根源是道，人的本质也应该是道。

他把人之为人的本质与宇宙的根源相提并论。

这和儒家思想里的道不同，儒家所说的道是天地运行、四季流转的法则，他们仰察天道，俯观万象，将这种法则赋予了道德意义并深植人心。老子的道不是法则规律，而是“万物之所然”，是创生天地的，是因为有了道才有了一，有了一才有了天地万物，道本身就是一个无限的存在。

“视之不见名曰夷，听之不闻名曰希，搏之不得名曰微”（《道德经》），人的感官并不能直接感知“道”，但人的内心是可以体会到“道”的。

二、道家的宇宙观也就是道家的人性观

如果说人的本质与宇宙的根源是一致的，同属于道，那么宇宙的根源是什么，人的根源也应当是什么。

老子认为宇宙的根源是道与德。

“失道而后德，失德而后仁，失仁而后义，失义而后礼，夫礼者，忠信之薄而乱之首也。”（《道德经》）道慢慢地丢失以后，才有了德，德的衰败出现了仁，每一步的衰落都是对原始精神的偏离、遗忘。

而追根溯始，所有精神的本源，应该是道。老子所说的这个道不是儒家认为的万物运行规律，老子认为的德也不是一般人所认为的德，他很不希望人们误解这一点，所以他特别地用不同的名字来界定德。

老子说：“载营魄抱一，能无离乎？专气致柔，能如婴儿乎？涤除玄鉴，能无疵乎？”（《道德经》）这里所表达的都是一种生命根源的德，人在婴儿时期，是载营魄抱一的，也就是魂魄合而为一，身体与精神是一体。

但渐渐有了知,也就有了成见;有了成见,内心也就不再虚空,身体与精神也渐渐分离,不再合一。老子说“虚其心”(《道德经》),就是要把心的成见,知的壁垒给消除掉。最终能够“致虚极,守静笃”(《道德经》),复归于朴,回到身体与精神合一的状态。

然而人有了知,也就有了欲,五官百体的欲是无穷尽的,这种欲望会驱使人们不断去追逐,以至于迷失了道路。他希望人们能够“少私寡欲”,注意老子用的是寡而不是无,老子并不主张人们去除所有的欲望,他从没有否定人的自然生理之欲,他只是对人的心并不信任,他认为心有了知就会把知贯注在欲望中,为人增加了许多并不必要的追逐、争斗。

所以他所要求的无知无欲,说到底,只是要求无知,而这种无知不是通常意义上人们认为的无知,而是一种累积了成见、固见、累见的知,驱役人们生出无穷欲望的知。如果能摆脱带来无穷尽欲望的知,那么人们就会回到生命本身的德中,这就是老子所谓的“归根曰静,静曰复命”(《道德经》)。一个人可以从无穷尽的欲望中解脱出来,回到生命本身的德当中就是归根,归根的标志就是静,一个人能静下来,也就能回到生命的本身中,听任自然的本能,没有计较、追逐、争斗,保持柔软的状态,如同婴儿、赤子,以柔弱胜刚强,不去争,“夫唯不争而万物莫于之争”。当然,最彻底的不争是无欲,而真正的无欲只能是无身,所以老子也知道“吾所以有大患者,为吾有身;及吾无身,吾有何患”。一个人有了形体,总会有欲望,如果不以心知的固陋去发展、驱役这些欲望,而是能够“载营魄抱一”“专气致柔”,那么实际上也就是到了婴儿、赤子的状态,婴儿、赤子的状态是一个比喻,他们的状态是物我不分的,换言之,老子所真正要表达的那个精神境界,道的状态实际上也就是万物的玄同一体。

第八节　庄子的道与超越世界

庄子和老子在心知的观点上是一致的，他们都认为文明带来的未必是圆满，反而可能是欲望和毁灭。

庄子书中有名的混沌之死："南海之帝为儵，北海之帝为忽，中央之帝为混沌。儵与忽时相与遇于浑沌之地，混沌待之甚善。儵与忽谋报混沌之德，曰，人皆有七窍，以视听食息，此独无有，尝试凿之。日凿一窍，七日而混沌死。"（《庄子·应帝王》）

这个寓言就是典型的用心知待万物的后果，老庄都认为人们只能复归于自然才能得到彻底的自由。

老子认为："失道而后德，失德而后仁，失仁而后义，失义而后礼，夫礼者，忠信之薄而乱之首也。"（《道德经》）道被慢慢地丢失以后，才有了德，德的衰败出现了仁，每一步的衰落都是对原始精神的偏离、遗忘。庄子则告诉我们如何在衰落之后找回道德方向，他让人类看见了一条自我救赎之路。

数千年来，中国人进则儒，退则道，庄子给了我们精神最后的归宿与自由。

面对原始精神的衰落，庄子反其道而回之，如果我们丢失了道才有了德，丢失了德才有了仁，丢失了仁才有了义，丢失了义才有了礼，而礼，是所有忠信之薄而乱之首也，那么我们能不能从"忘礼乐"开始？

忘记礼乐，然后再忘记仁义，最终"堕肢体，黜聪明，离形去知"（《庄子·大宗师》），以回到大道。庄子所说的仁、义、礼、乐是人们在丢掉了道与德之后的拘限，只有忘记这些拘限，找回心、性、德原有的位置才会"同于大道"。一方面，庄子在这里否定的几乎是整个自夏、商、周遗存下来的人类文明，另一方面，庄子非常清晰地提出了超越世界的存在，不是鬼神，是道。

一、守形而忘身

两千年前的一个秋天，庄子到栗树园散步，正是栗子成熟的季节，果实累累。庄子信步走来，从南边飞来一只大鸟撞到庄子的额头上，庄子仔细一看，这只鸟翅膀很宽，眼睛很大，但“翼殷不逝，目大不睹”，翅膀这么宽却飞不远，眼睛这么大却看不见，庄子准备用弹弓把这只鸟射下来，却忽然发现大鸟注目的方向，有一只螳螂，正准备扑食鸣蝉，正因为它是那样投入，所以完全忘记了背后这只足以一口将其吞下肚的大鸟。而鸣蝉因为找到了一片浓荫，得意洋洋地趴在树身上，饱饮着树汁，也忘记了背后潜在的危险，大鸟因为专注地看着螳螂，也没有注意到后面手执弹弓的庄子，庄子不禁打个冷战：“噫，物固相累，二类相召也。”他收起了弹弓准备离开，这时，栗园的看园人看到他，以为庄子是来偷栗子的，就在他的背后追着喊着辱骂他。回去以后，庄子“三月不庭”，一连三个月闭门不出。弟子蔺且问他何故？庄子曰：“吾守形而忘身。”他说自己注意了外物，而忘了自己的本真。

栗园事件以后，庄子看待世事的态度发生了很大的改变，他曾经认为退出社会生活就可以得到宁静和安适，但“螳螂捕蝉，黄雀在后”让他知道，对世间任何一个生命而言，都不可能退而身全，不受伤害，我们注定会被摧毁或摧毁别人，我们无法逃脱命运的利害循环，所谓独善其身的安宁只是一种臆想。世事川流而不息，只有变化与相互之间的制衡才是永恒的，一个人妄想用不问世事来得到宁静，其实只是自欺欺人，因为这与自然是相违背的，宇宙本身就是循环相因的过程，而道也是。

这样的透悟让庄子不再畏惧死亡，在宇宙中，生老病死与四季交替是一样的自然，我们都不过是不断变换的宇宙中一个微小的程序。意识到这一点，庄子变得很超然，甚至于可以在妻子去世后鼓盆而歌，这是复归于自然，何悲之有？

庄子是一个直面生死的人，他觉得人们喜欢生而厌恶死才是人类精神最大的桎梏，庄子把生死当做了一个自然而然的过程，同时，庄子认为一个人不拘于生死，也不应该拘于形体，这就是“物化”。化成什么，就安于什么，在任何环境中都能游刃有余，明白生与死也都是一种化而已，安时而处顺。

可是怎么能化，怎么能安呢？庄子和同时代的思想家一样，将神话里的巫、神关系引入了内心。

“善吾生”，就能“善吾死”①。这个善就是一种从自己的内心里、本性里所透出来的一个以虚静为体的精神世界，在这个精神世界里，人们可以自由地生长，恣意地奔放，如野马，如尘埃，既超脱于世俗之上，又沉浸于万物之中，“独与天地精神往来，而不敖倪于万物”（《庄子·天下》），这与儒家“万物并育而不相害，道并行而不相悖”（《礼记·中庸》）是一样的自由。

如果一个人的心能不被欲望所左右，保持虚静的状态，这个人就是一个与道合体的人，道万变而不穷，与道合体的人，同样也是万变而不穷，归根结底，道家的虚无也是要落实进人的现实生活中，成为现实生活的实在与根据。

二、精神的自由

庄子是自由的，是逍遥天地之间，化同万物的自由。

逍遥不是空，也不是原始性的混沌，而是通过很多艰难、自觉的功夫才能达到的境界。和其他思想家一样，庄子也认为首先要减少人的执着与欲望。

我们首先应该明白我们的无知，一个人自以为知是生命回到道上最大的障碍，只有放弃这种自大的想法，才会发现自己内在的天性。“为道日损，为学日增”（《道德经》），求道的人不是去积累知识，而恰恰是要把这些后天的知识逐一忘记，最后留下来的就是真正的自我。

---

① 《庄子·大宗师》：“夫大块假我以形，劳我以生，佚我以老，息我以死。故善吾生者，乃所以善吾死也。”

人们只有不再把自己当做是不可替代的,比其他万物高贵的个体,不再奢望不惜一切延长寿命,也并不认为苦难是不应该降临的,那么人们就可以用一种超然的态度来面对人生,他们可以得到真正的平静,这种平静里不是悲观而沮丧的自暴自弃,而是带着愉悦、满足与平和。

我们不需要去和世界戕伐抵牾,我们只需要让自己的心"虚""静"。但是庄子对心,和老子一样,充满了警惕。无论是欲望还是知,也都是源自于心,但这是心的本来么?

庄子认为不是,"灵府者,精神之宅,所谓心也"①,人的心本来应该是精神之宅,充满灵性的府邸,本性应该是虚是静,与道、德合体的,但是"天下每每大乱,罪在于好知"(《庄子·胠箧》),这里的"知"指的是知识的知,对外物的分析理解之知,人有了这样的知以后就有了种种欲望,逐外物而驰,导致祸乱丛生,掩没了心的本性,不复虚静,但人不可能不知,就像人不可能永远是婴儿,人只能最大限度地复归于婴儿的状态。

心作为灵府的知应该是灵性的知,是一种精神生活的显现,这个心可以照物而不随物迁流,这个心不生是非好恶之心,可以随外物来去,而不去辨别声色美恶,不加上自己心知的判断。这种功夫,就是心本性的虚、静、止。心本性的虚就是去除了以自我为中心的成见,心本性的静就是可以不随外物迁流,能止于当下,能安于本心。

"惟道集虚,虚者,心斋也"(《庄子·人间世》)。庄子的功夫,自由的进路首先是内心的虚静,心到了虚静的境地,就已经超越了一切差别对立,有了涵容万有之心,也有了游于万物的自由。这种涵容万有与游于万物是一种以万物的呼吸为个人精神的呼吸,以万物的自由为个人的自由。

庄子的精神世界是透彻而自由的,也是灵性与光明的,庄子的自由是人生根本的逍遥,也是心上本性的虚静。

---

① 《庄子·德充符》:"故不足以滑和,不可入於灵府。"成玄英疏:"灵府者,精神之宅,所谓心也。"

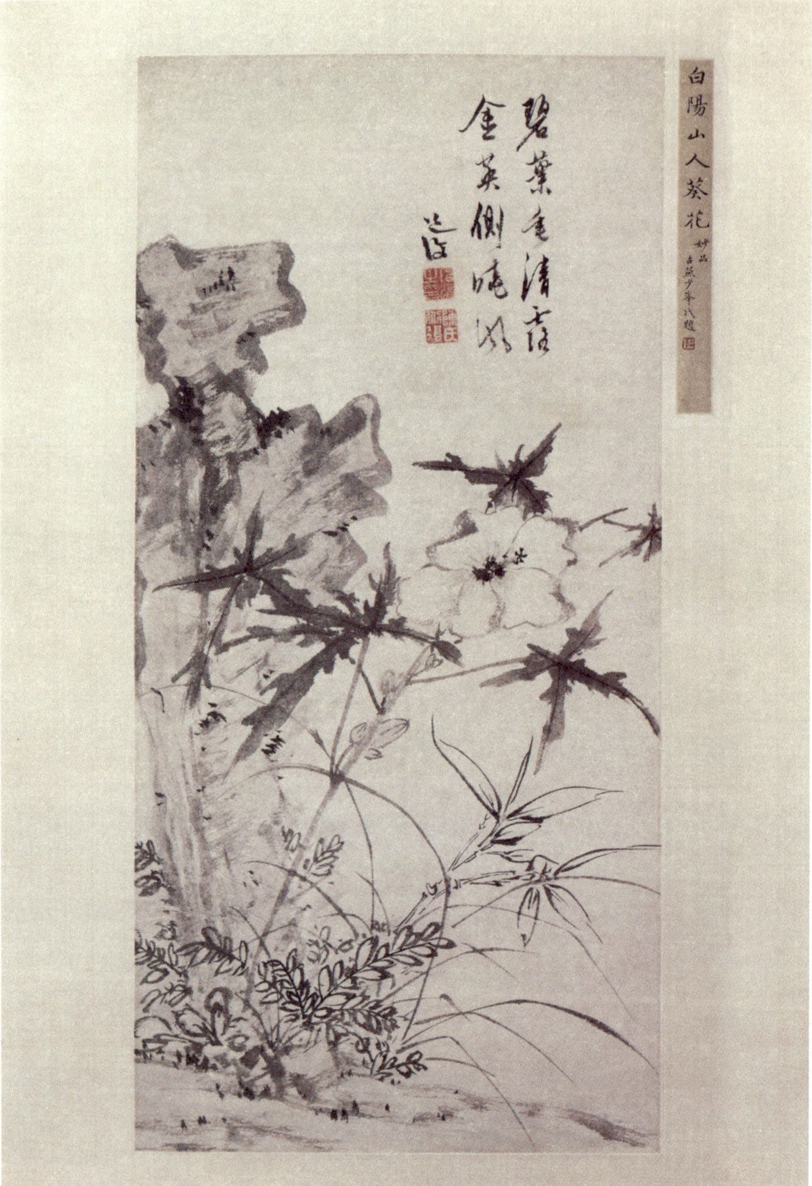

明·陈淳 《葵石图轴》

这种自由的状态在庄子《逍遥游》里，也带有明显的上古巫的色彩，比如“不食五谷，吸风饮露。乘云气，御飞龙，而游乎四海之外”等，对于庄子而言，“道”是流行在宇宙之中的精神实体，人通过“心”的中介求“道”，而有所得，此“道”便长驻“心”中，这个过程与往古的巫神之间的交通，也并没有太大的不同。只是我们不必再往外求，而只需要向内求，最终，我们可以得到道，也得到生命终极的自由。

第九节　理智昌明的年代

墨子是和孔子同时代的人，也是对孔子和儒家学派批评最多的人。

不得不承认，殷商、周代的礼仪文化给了后世无数乌托邦式的寄想，在那个已经结束的时代里，拥有过去的文化经验，熟悉过去的文化规范，并一直享受着历史遗留下来的文化优越感的人感到惶恐不安。他们对眼下这个礼崩乐坏的世界感到困顿与失望，他们总是在怀念，总是在追忆。

他们希望重建尧舜禹时代的理想世界，但哪怕是春秋时期，那种他们都不能容忍的仪式化的战争都即将一去不复返了，人们更不在意仪式的神圣意义，也不相信礼仪的现实功用，战争从一种文明的夸耀变成了赤裸裸的侵略与征服，墨子相信更古老的宗教，他认为祭祀的背后是有真实的神灵的，对于儒家既不信鬼神又要重视祭祀的矛盾，墨子毫不客气地嘲笑他们执无鬼而学祭礼，就像没有鱼在那里装模作样撒渔网一样。他痛恨礼仪里不必要的铺张浪费，他反感过度的情感，厌恶华而不实的繁文缛节，他觉得仁应该是富、是很多很多的人口、是安定顺当的社会。

他是十分坚定的现世实用主义者，据说他们都又黑又瘦，大腿上没有毛。穿粗劣的衣服，日夜不休，生不歌，死不服，自苦为极。

墨子是功利主义和实用主义的，但他的功力主义和实用主义是建立在一个乌托邦式的想象中的，他想象天下兼爱，他反对将“仁”的情感局限于家庭中，他觉得世上很多问题的根源正是因为偏隘的家族观念。墨子不信任这种带有指向性的情感，他觉得公平比情感重要，所有人都应该被关怀，都应被爱，我们建立的不应该是一个差序等级的世界，而应该是一个有着强烈公平、正义感的世界。

他试图用原始宗教的简洁性来改造礼乐，他的思想充满了先锋感，然而动荡的社会不是理想主义的温床，墨子们以近乎苛刻的朴素出现在历史的舞台上，自苦为极的他们昙花一现，过于执着于技、经验，放弃了精神和心灵的体验，使得这一系的学说很快消弭于历史的天空，随之一起渐远的是中国可能向技术与逻辑转化的思想之路。

在春秋战国的思想舞台上，还有很多的学派与思想，有建构宏大宇宙图式的阴阳家、有做逻辑思想探究的名家、也有兼儒墨合名法的杂家等等。

这是一个理智昌明的时代。

有人以人格修养为追寻目标的理智，它呼吁人们维护内心的尊严，平静和崇高，成了万古师表，贴上了道德的标签。

有人以利益实现为追寻目标的理智，它指引人们设法维护社会的稳定、生活的富庶和个人的生存，却行之无文，消弭于时空深处。

有人以反智倾向来表达理智，试图在社会压力下保护个体生存和精神自由，以精神超越和人生永恒为追寻目标，成了我们得以在尘世中寻回心灵安静的方舟。

他们所有人，都毫无例外地将神话时期的思维做了更深的阐述，他们在古老的传统里开出了新的世界，他们中绝大多数人指向了一个称为“道”的超越世界，他们让人以自己的精神力量站立于宇宙之中，并将道与人的关系引向了我们的内心。

多么精彩的时代，这是我们所有理想的源头。

第三章　文化传统的接续与变异

春秋战国时期精彩纷呈的思想滋养了几千年的华夏文明，如果说浩浩滔天，汤汤洪水，一部神话史就是一部对上古生活的理解史，那么礼崩乐坏，百家争鸣，一群思想家就是一川中国文化的源头水。

神话的遗存，天道的内化让人们拥有了独立的人格与精神。无论是仁还是道，君子或神人，银杏树下的讲坛还是藐姑射的溪泉，都是中国人数千年来不断回溯的精神家园。

儒家文化直接承接了巫文化，将祭祀中人与神的关系转变为人与德的关系。

在儒家看来，一个人拥有明澈真诚的性情，始终涵养自己的道德本性，那他就是一个能与天地合其德的君子，千百年来，我们孜孜以求的，不就是这样坦然于天地之间的君子人格么。惟其如此，才让我们在文化意义上成为一个真正的人。

儒家所构建的这个终极的理想世界，以“仪式”“象征”为中心的“礼”来保持其秩序，他们笃信，礼乐以及人自身的道德意识与伦理信条可以拯救天下。同时代的墨子则是十分坚定的现世实用主义者，然而动荡的社会不是理想主义的温床，墨子们以近乎苛刻的朴素出现在历史的舞台上，只是自苦为极的他们昙花一现，过于执着于技、经验，放弃了精神和心灵的体验，使得这一系的学说后继无力，但在墨子等学派的批判中，我们看到了另一维度的中国文化。

千里江山图全卷

在道家老子那里,他用朴素的天道对世道进行了无情的批判,他瓦解了理性的束缚,以精神的超越寻找天道的本源。在老子这里,万象纷纭的宇宙被归纳到道与阴阳的规则之中,人应该像天一样,不自见,不自是,不自伐,不自矜。在他看来真正澄澈而透明的思想和永恒而崇高的境界是像天一样无为的。这种以内心体验为中心直探神秘的终极境界的思想成了无数中国知识分子内心的逍遥所在。这是唯一一个,中国人曾这样深入地考虑终极与抽象的心灵和精神问题的时代。

此后两千年,中国文化思想再也没有脱出他们的框架,我们将匆匆走过接下来的秦汉到晚清,看一眼这天道、世道、人道的变迁与接续,通过这样一个梳理,我们实际上能看到的是我们的传统文化走过了一个怎样的历程,我们将看到作为中国传统文化主流的儒家文化是如何在成为权利的附庸后渐渐走向困顿、自醒与更新,也将看到道家文化对个体生命深远的影响。

在本章中,我从秦汉到晚清,用素描式的记述略述传统的"天人观""生命观""价值观"经历了怎样的持续与演变。儒家学说以宇宙自然法则为依据,以不容置疑的"天地君亲师"的伦理观念为系统,在汉代渐渐形成了一种"标准化"的强制性力量,对中国人的个人心灵开始了漫长的规范。隋唐的科举制度则进一步造成了儒家思想对权利的依附,经典成为装饰,祸乱起于萧墙,大时代的衰败让人们强烈渴望重新回到历史,回到传统,回到华夏民族的根底。这根底就是"道",而重回"道"的方式是"诚"。宋明之际,思想家们在原有的传统中发掘着历史记忆,他们接续了九世纪韩愈、李翱的道统思想,重新叙述历史,在皇权强大的时代发出自己的声音。这一时期,无论是理学也好,心学也好,都对人的道德伦理境界提出相当高的要求,要求人们对自己的心理与行为有自觉的认识与反思,他们希望确立一种符合理想的社会秩序,而这一切的努力在晚清灰飞烟灭,今天我们重新回到传统文化中来,在现代语境下重温天人合一的天道有着别样的意义。

如果我们可以理解的是面对纷繁变换的世道、诡谲多变的人心、无可克制的欲望与索求，历代以来，有志之士都曾用回归内心的方式来应对，那么今天，我们是否也可以找回这条问心之道，再一次用回归内心的方式找回中国人的天人之道。

第一节　思想一统的盛世

秦庄襄公元年，吕不韦任秦相。

那时，秦已雄视天下，只差一统。

吕不韦遍召宾客编写《吕氏春秋》，这个有野心、能远虑的男人希望在思想和知识上也能助秦一统天下。

没错，这本书确实成了先秦以来经典及诸子百家的大综合。《吕氏春秋》用十二纪的结构，依照天道循环变化，以十二月为纲，体验阴阳，包含天象、物候、农事、政治、人事，搭成了一个涵盖天地万物、古今之事的基本框架。

这里有孔门的儒者学说，有墨家的经验思考，还有老庄的瀚远哲思，遍及古今。

这套书让我们看到，先贤的思想还有这么多可以拓展的空间，看到天和人之间，终极的价值依据也是可以调适、贯通的。就这样，彼时的思想世界，在大一统的基调下一路前行。

《鹖冠子》、《管子》、《淮南子》……在对理想世界的追求中，人们论述宇宙本原与终极，寻找自然、人类、鬼神之间的关系，短暂的秦朝过后，大汉以一个雄睨天下的姿态，在扩张主义与集权倾向之下，让思想的世界渐渐成了国家意识的话语中心。

有人说汉文化就是楚文化，事实上，也的确如此，你看刘邦唱着楚歌，住进了秦宫。

在理性精神于中国的北方节节胜利之时，南地的楚国依然弥漫在一片奇异想象和炽烈情感的图腾之中。从南方世界的马王堆帛画到北国卜千秋的墓室，西汉展示给我们的正是《楚辞》《山海经》里的世界。

这世界鲜艳而又深沉，天地一气，寥廓荒忽，热烈的生活气息在神人杂处的想象中散发着混沌而热烈的光芒。

人世、历史与现实渐渐占据了重要位置，不同于后代佛教迷狂之时苦难的呻吟，这里的神仙世界充满愉快的渴望，人们对生活的兴趣没有因为向往神仙世界而凋零，反而因为对神的想象而更加快乐。

比如汉代有一个叫卜千秋的人，他的墓室留到了今天。

他的墓室里，卜千秋与他夫人形骸已朽，壁上，他与夫人颜色端正，他大约很爱与敬重他的夫人，跟随在夫人身后，在伏羲、女娲、仙子、持节方士、青龙枭羊的护送下，浩浩荡荡奔向昆仑仙界。

西汉洛阳卜千秋墓壁画局部

他们骑着赤色三头凤和腾蛇，波浪起伏，场面壮观，一个秩序井然、神秘奇异的虚幻世界就这么在墓室壁画之上徐徐展开，我们看见了汉代人幻想中那永恒美好的灵魂归宿。

那个世界里有不死之草、五色流水，有金乌、扶桑，昆仑蓬莱，玄虚恍惚，瑰奇不可方物。

这是秦汉时人的世界，他们生于现世，向往神奇世界，敬畏死后世界。这个时期产生了那么多的神仙故事、不老传说，现世生活的美好让他们开始渴望世俗的永恒。

西汉洛阳卜千秋墓壁画局部

和春秋、上古不同，秦汉留给我们的是充满生活气息的世俗感。

人们希望与神灵一起分享天地间的快乐，这看起来不像是神对人的征服，倒像是人对神的征服，与其说卜千秋们向往神仙世界，不如说那个世界只是人们幻想中的，对当下幸福生活的依恋与延伸。

西汉洛阳卜千秋墓壁画局部

铺陈的汉赋，琳琅的壁画，空前绝后的工艺，千秋万岁的渴望……几乎没有哪个时代的人们这么热爱着他们的生活，这个时代丰满朴实，既有天真狂放的想象，也有饱满实在的现世追求。

这是一个急需建立民族国家概念的时代，这也是一个最终成就了汉民族与中国人凝聚力的时代，理想主义的固执偏向了实用主义的理性，很多知识分子开始放弃理想主义的固执与昔日王者师的尊严，向政治意识形态倾斜。从荀子起，儒学已经具备了一种十分实用的入世倾向。

非常典型的例子是叔孙通，叔孙通是薛县人，在秦朝时因精通儒术被召进了朝廷，为待诏博士。陈胜起兵，秦二世问群臣对策，叔孙通巧言宽慰，秦二世大喜，不仅给他赏赐，还把他提升为博士。

叔孙通出了宫门后仓皇逃走，先后投奔了项梁、楚怀王、项羽、刘邦。汉高祖五年，刘邦统一了天下，废除了秦朝礼法，命叔孙通制定一套简单但不乏威仪的仪式。

叔孙通以“礼，时为大”(《礼记·礼器》)为依据，找了一群愿意听命的儒生，揣摩刘邦的心意，参考古礼制定了一套汉代仪礼，汉高祖七年，十月朝会的仪式就使用了叔孙通所定之礼，仪式庄穆，去繁就简，既凸显庙堂威仪也迎合帝王心意，刘邦非常满意。此后孝惠帝继位，又让他去制定祭祀宗庙的仪法和其他各种仪礼。

可以说叔孙通是个最知时务的人，因为他，儒生们开始明白，一种思想学说要想成为世间的制度法律或意识形态，必须借助策略而不能单凭理想。

他们自愿“往委质为臣”，知“当世之要务”，儒家的理想主义终于向实用主义靠拢，儒家学者叔孙通为汉代制定的这些礼仪，某种程度上不得不说，他用这样的方式实现了儒家礼乐建立政治秩序的目的。

于是，儒学成了儒术，将孔子儒学思想改建社会系统理论学说的是董仲舒，在董仲舒之前，子思、孟子、荀子、陆贾都曾有过不同程度的建设，而他，却是把天作为人间秩序合理性背景，解释自然与历史宇宙法则，论述最充分的一个人。董仲舒事业并不成功，为官不得志，死后方显荣。而他的学说却成为儒家思想转为民族国家意识形态的关键所在。

汉武帝建元六年,儒学渐渐进入思想世界的中心。

盐铁会议与白虎通义之后,整体民族与国家的意识形态在东汉最终建构完成。

儒家学说以宇宙自然法则为依据,不容置疑的“天地君亲师”伦理观念为系统,渐渐形成了一种“标准化”的强制性力量,对中国人的个人心灵开始了漫长的规范。

于是,思想一致的时代不期而至。

我们终于以一个整体的面目“汉族”,出现于文化历史的舞台,这影响至今依旧波澜壮阔。

然而思想成为权力的附庸之后会怎样?知识阶层就会被边缘化,权力意识形态对思想的控制是碾压式的。只是有压迫的地方就有反抗,士人们只能通过高扬一种强烈到过分的理想主义精神,以“君子”为旗帜,用相当高的人格、道德标准来抵御现世的黑暗,在普遍而永恒的真理中赢回自己的话语权。

他们坚守士人精神与道德的立场,顽强地显示着他们的力量,所以我们才能理解为什么在西汉会出现那么一个古怪的王莽,穿儒服,执古礼,却赢得那么高的声望与影响,王莽一度被推上权力的中心。无论他是哗众取宠还是故作姿态,他都鼓励了这种近乎苛刻的人格理想与政治理想。王莽的失败,也在一定程度上导致了这种理想的破灭。这之后的党锢之祸,则直接标志了儒家理想主义和永恒真理在权力话语下的完败。崇高的理想人格与道德精神在权力才是终极真理的世界里不堪一击,我们看到了理想主义悲壮的谢幕。

党锢之祸遭让我们看到权力是如何残酷地打击士人精神与道德的坚守。朝廷大规模的逮捕与镇压也让知识与权力相抗衡的理想彻底幻灭,一批士大夫厌恶了群体认同标榜的方式,转而寻求一种更人性的精神独立与人格自由。

从此以后，在中国的大地上，士人思想始终没有再重现与权力相抗衡或成为权力本身的局面，人们在躲进小楼成一统之后，只能于典籍、情操、意趣之中找回个人理想的风骨与退路。人们开始真正意识到真理的终极依据不在群体的确认而在于个人的体证。人存在的真正价值不在于社会的赞许而在于心灵的自由。

与春秋战国时精彩纷呈的思想碰撞相比，汉代的思想面目板正、冗长、天下一统，但这同样带来民间的安稳与国家的久长。这是个很有意思的现象，举凡中国社会思想大自由时期，也必定是社会动荡不安之际，比如春秋战国、魏晋甚至晚明、清末民初，而社会思想统一，缺乏批判力之时，反而是社会较为安定的时期，人们似乎并不需要思考终极的所在，人们只需要知道此世的安乐。

秦汉时期，那么多的帛画、壁画、铜镜铭文，秦汉方士，医家的遗训都告诉我们当时人对生命的期望与想象。他们期待是现世生活的幸福久长，焦虑忧患的是这多病之身如何消受大千福泽。春秋战国时期，对精神上的自由与超越的渴求已经不再那么重要，生理上的自由与超越成了世俗最重要的需求。

人们如此渴望子孙绵延，渴望大国一统、海内归心，民族国家的意识前所未有的强大起来，文化和习俗意义上的共同体成了文化意义上中国人的凝聚力。

此后可堪与之相论的便是隋唐，然而统一而强大的国家都有共同的问题，就是秩序的僵化、意识形态的统一，这未必不是百姓之幸，但也未尝不是思想之殇。

所谓“国家昏乱有忠臣”（《道德经》），当一个时代危机四伏时，终极理想与真理便会凸显出来，思想者们用深刻而尖锐的批评直刺时代之弊，欲挽狂澜；而四海承平，万民富庶，朝政清宁，一切都看上去那么完美时，思想的使命也结束了，它会迅速成为政权的附庸，成为急功近利者的捷径，变成标签式的模板，渐渐没有了波澜。

隋唐时期的科举取士让知识阶层进一步放弃了士人的独立人格追求，“学成文武艺，货于帝王家”成了读书人的安身立命之道，所谓的批判精神与高扬的理想旗帜都渐至沉默而无声，人们在现世的满足中沉溺。隋唐两代也确实是让人们感觉到满足安定的时代，生活富庶，帝国强大，人们对外在世界的表达既不用如汉赋般铺陈夸张，也不会如魏晋深思玄远，这里有的是对现世的体会，流淌着的是青春、自由与欢乐。

虢国夫人游春图

思想与语言成了装点门面的技巧，知识不再意味着真理或道理，经典成为士子进阶的工具与筹码，时代在平庸的思想空气里失去了自我诊断的能力。这个时代有最伟大的诗篇与文辞，却没有中国自先秦以来贵族式的庄严与自重，华丽的文字与澎湃的想象编织成盛世的霓裳，而自汉代以来被完整地构建，依凭宇宙天地空间象征拥有着一切合理性的礼乐秩序在这个眼花缭乱的世界茫然失顾。

中宗复位时，恒彦范说：“以阴乘阳，违天也，以妇凌夫，违人也，违天不祥，违人不义。”①可是那又怎样呢，天地已经倾覆过了，秩序已经颠倒过了，天经地义的东西，已经被掀翻了。

终唐一世，人们始终未找到有效的药方，霓裳惊破，盛世终了。

中唐之际，皇权萎缩，四夷傲慢，阉竖擅威，天子拥虚器，缙绅道丧。

① 出自《旧唐书》卷九十一，列传第四十一，桓彦范、敬晖、崔玄暐、张柬之、袁恕己。

只有当时代如此混乱之时,人们才会强烈渴望重建一个时代的思想秩序,重建一个辉煌大唐的国家威权。

然而过去统一的话语秩序和清晰的知识世界已经不再统一,不再清晰。从中央到地方,从前所谓不登大雅之堂的异端邪说也都露出头角,怪而不怪,诞而不诞。时有所谓“贞元之风尚荡,元和之风尚怪”,虽然说的是文学,但离经叛道的倾向却不止是在文学上,在各种知识、思想与信仰都相当活跃的时候,思想世界真的权威失坠,边界模糊了。

元和末年到会昌年间,朋党之争,皇位之逐,愈演愈烈,然而大唐终究还是有过一道回光返照,趁着回纥衰微,吐蕃内乱,大唐一举收复河湟四镇十八州,倍受鼓舞的人们迫切渴望重回盛世。可惜,公元820年,中兴之主唐宪宗驾崩。

中兴之梦再次粉碎,衰败的大唐一路凋零,而强烈的渴望让人们开始重新回到历史,回到传统,回到华夏民族的根底,希望能找回真理的边界、知识的谱系、思想的秩序。我们会屡屡发现,当我们这个民族需要某种大的变革或秩序清理时,总是会重新回到经典之中去,寻找思想的承接与接引,我们需要回到本来,这个本来是从神话时期一以贯之的世界。

儒家传统的礼乐之道,在这样一个皇权萎缩,缙绅道丧,秩序混乱的时代里当然已经不再有任何实际意义,人们并不相信这种揖让进退之礼、人情往来之节可以序人心、正风气,那么,当礼仪已经成了表象,失去了根底里与天地宇宙之间秩序的应和,真正的秩序又在哪里?

士人们再一次认为,真正的秩序是道。

韩愈在《原道》中说,博爱之谓仁,行而宜之之谓义,由是而之焉之谓道。博爱就是“仁”,用恰当的方式去实现“仁”就是“义”,沿着“仁义”之路前进便为“道”,他们把道当作一切的根本,希望以这种根本性的道重新规范秩序、建立知识的体系,思想的深度,信仰的超越性。

但是道从何处来?

韩愈认为自己是儒家道统的继承者,“使其道由愈而粗传,虽灭死万万无恨”,但他所谓的道与传统儒家思想的道其实是有区别的。在韩愈的时代,很多原本被排斥的异端学说都以堂皇的面目进入过中央,韩愈本人在时代的浸染下对阴阳五行、谶纬神学之类的思想并不是完全否认,然而韩愈在鬼神上又持坚定的反对态度,追其根底,无非是一种实用主义的妥协,从实用的角度阐释这类问题,这种实用最终归总于儒家道统的天命论上。

韩愈觉得人的本性由仁、义、礼、智、信构成,分上、中、下三品,人的情感也有上、中、下三品,其中具有上等本性的人就会越学越明,中等人会自觉修养道,下等本性的人则会畏威而寡罪。这种观念来源于孔子的“唯上知与下愚不移”,在孔子看来,人分为上知、下愚和一般人三类,只有上知、下愚的性情不会改变,而对于大多数的人而言,人性先天大同小异,但后天发展方向各不相同。到了韩愈这里,他觉得依靠教育,上等人会趋向道,中等人会修养道,下等人会遵守道。这也是直接承袭自董仲舒的性三品说,上品的人性则“善焉而已矣”;中品的人性“可导而上下也”;下品的人性“恶焉而已矣”,并认为“上之性就学而愈明,下之性畏威而寡罪,是故上者可教而下者可制也,其品则孔子谓不移也”。

对于想续接道统,重新整饬秩序的韩愈来说,他清楚地知道不言自明的天道已经不复可见,仁义说教和教条主义没有区别,面对这样一个危机四伏的大唐,只能教上者,制下者。他用了合儒墨,兼名法,以儒家为主,杂取先秦诸子的思想的方法,形成了一种全新的实用主义新儒学,既不一味法先圣,希望重回礼乐相让君子之世,也并不绝望。

显然这一说法源来已久,但在九世纪的中国,佛家认为人人皆有禅性的大背景冲击下,这种说法并不能得到普遍认同。

另一位学者李翱深刻地指出,人之所以为圣者,性也。

每一个人的本性都是纯正的,这种本性是天赋的,他认为性无不善,但是由于外界的影响,七情的遮蔽,才会背离,才会导致秩序的混乱,所以李翱说“要复性”。他以心通承接道统,以心性开经典,让《中庸》成纲目,以复性为工夫,把内心的修养当作是儒家最重要的进路。

李翱认为一个人只有恢复被昏惑之情所障蔽的明净善性,才能回归本心,也才能当起孟子所说的“人人皆可为尧舜”。

怎样脱离昏惑之情呢?诚。

《中庸》里有:“诚者天之道也,诚之者人之道也。”

诚沟通了天人,是天道与人道的统一,诚本身就已经是天人合一。在李翱的《复性书》中,他说:“道也者,至诚也。至诚者,天之道也。”“诚之者,人之道也。”“诚之者,择善而固执之者也。”把诚上升到本体的高度。

甚至于,李翱还认为“诚”是可以“广大清明,照乎天地”的,是指向了宇宙和人性的本来如实状态。这种状态如果落实到人心当中,则能通化万物,而这种诚的情感,每一个人都曾体会过,如果能尽诚,那么这种具有了普遍真理意义的道就可以从人的内在心灵而贯彻到社会的生活秩序中,成为不言自明的道德准则。

至此,上古时期神与巫的关系、先秦时期道与心的关系到这里,变得分外明确,心的力量开始凸显,这种力量超越了地域、宗族,甚至也不再是仪式或者准则,而是一种更加本原的思想与行为。

中国社会从以宇宙天地为依据,建立的人间宗族、伦理、秩序、礼法的这种由外而内的约束力量转为了由内而外的自觉。

在韩愈、李翱的时代,佛教与道教都已经有了相当深厚的背景与影响,相比较佛教与道教明确的谱系,儒家显得传承失序,韩愈、李翱们从心的层面,接续了儒家,构建一个儒家的谱系,最终,经由孔子、孟子而续接的道统成了象征与佛道异端泾渭分明的真理传统。

只是这一切,更像是一个新时代诞生前,黑夜里的炬火之光。

大唐三百年,终将落幕。

第二节　涵养心性的宋明

宋代是中国人的白月光。

仿佛气质素洁的月亮，文气诗意之美，独胜古今，然而北方有辽，西北有夏，后有女真与蒙古，战乱阴影如影随行，国家忧患唏嘘之叹亦始终不绝。

这个国家如何建立自己的威权？

陈桥兵变，黄袍加身，斧声烛影……一个靠兵变、权谋、疑谜建立起来的王朝看起来终归有些底气不足，但是恰恰是这样的王朝，为中国建立了一个士人的理想国。

我们历史上所有的王朝都曾借助一系列的仪式与象征，奉天承运，合理合法。宋朝也不例外，礼制的恢复与重建，知识、思想与信仰世界的恢复正在让久经割据、战乱，对命运失去信心的中国慢慢地缓过劲来。

大理寺丞孔承恭曾建议在两京、诸道，于各要害处设木刻，刻上“贱避贵，少避长，轻避重，去避来”，违者论如律，希望通过“兴礼让而厚风俗”。

如果这样简单的礼让都需要木刻而告知，我们可以想象当时社会的秩序已经混乱到什么程度。这种混乱不是靠训诫、要求、惩治就可以纠正过来的，这是人心，必须有文化上深刻的认同与教育上实际的支持。

宋朝给我们作出最令人向往的制度就是造就了一个庞大而充满影响力的知识阶层，我们通常会称呼宋朝为文人朝代，这个朝代不仅文化的庄严意义被重塑，几十年间，赵宋王朝对知识阶层的优遇和对文化的支持，也渐渐复苏了知识阶层的文化自信与生命力。

这自信是什么呢？

天下早已不是从前的天下，异族始终强大，中国不仅不再是空间位置上的天下之中，文明意义上的中心地位似乎也有些疑窦。

宋代的经史之学对正统论的重构，为这个“尊王攘夷”敏感而关键期的王朝，小心翼翼地诠释着这个民族历史上一以贯之的轨迹，凸显经典中来历久远的伦理道德，证明这个国家不仅承担着天地赋予的正当性，拥有历史传续下来的合理性，而且显扬着独一无二的至高文明。

只有文明的自信才是真正的自信，凭着这种文明的传续，我们足以维持一个帝国的自信，在这个时代，人们相信太平不仅是国家的富庶和强大，更是一种永恒的幸福与和平境界。

有宋一代，既是中国自然科学的黄金时代，也是人文精神旗帜高扬的美好年代。

以至于重新挖掘历史，有些学者甚至还将中华文化复兴、中国现代化或者中国民主政治改革的希望，有意无意地寄托于宋朝的经验传统。

在王朝兴衰循环的大视野中，宋朝并没有任何神奇独特的地方，既非贫弱，也不是真正的黄金时代，然而它的兴衰却有着深刻的寄寓。

这个被认为是最有魅力的时代，真正深刻的变革是从庆历四年开始的。

那时候，北宋建国八十多年，承平日久，各种潜藏的问题开始浮出水面。

官员众多而效率极低，军队庞大且慵懒无能。西北边患，阶层腐化，士大夫们开始渴望变革。

求变的思潮愈来愈强烈终于催生了熙宁年间宋神宗与王安石的激烈变法。

尽管人们渴望变革，但一旦这变革过于激烈，士大夫们又变得忧心忡忡，因为他们更希望看到的是一种温和的文化保守主义变革与高调的道德理想主义。

嘉祐二年，司马光、张载、苏轼、范纯仁、朱光庭等几乎当时政坛一批有影响力的要员都与坚持变法的王安石分道扬镳。

他们远离了汴梁，著述论说，在庆历年间，逐渐形成了一个庞大的以道德、知识、思想互相认同的阶层。

当时北宋言论的开放，让科考中应试考生也敢在试卷上直诋时病，无所顾忌。政治意识形态的松动，不仅形成了言论的空间，也让政见不同的士大夫们在各地重新构建了新的家族社会。

他们通过知识的学习经由仕进而获得权力，又依凭着权力成为家族的领袖，在北宋优渥的文官制度下，富贵润屋，成了中国自汉魏士族以来，又一个介于皇权与个人之间的阶层。

这个时期大量的族塾义学开始兴盛，家族祠堂林立，各种家训、家规流传后世。这个阶层历史上称之为“乡绅”，他们不愿意政府权力膨胀干预他们的家族生活，不愿意任何结构性的变化影响他们控制的社会资源，他们成了土地与生活的主人，追求幸福、平静与永恒。

宋代人物画

在他们这里，历史的叙述、伦理的解释以及宇宙论的重建，表达了来自民间乡绅社会的另一种声音，数千年的中国大地，以乡绅为主体的精英们，始终勉力维持着各自所在地区的生态。

无论时局如何纷乱，战争如何残酷，野心家的旗帜如何招摇，中国几千年文明顺延不绝，这很大程度上，得益于乡绅文化牢固而茂盛的生命力的滋养。

当十年动乱，乡绅文化坍塌之后，中国的文化就彻底被官府垄断了，中国的政治生态与文化生态终于堕落到了一个表面最强大、实际最脆弱的境地。

新的结构催生的是与权力相勾结的暴发户，缺乏文化底蕴的财团们对土地生态非但没有任何有益的建设，反倒是无尽的破坏与摧残。

思想世界的瓦解，伦理道德的模糊，道之不行，信仰缺失意味着生态彻底恶化，让人们失去了传统文化的承载实体，失去了祖先的佑护。

没有了乡绅，我们也失去了乡村。

当然，这在我们失去的众多事物中，仅仅是一小部分。

重新回到北宋吧，那个我们回不去的文化巅峰。

当时的洛阳离京师不远，里巷有鸿儒，共坐多清谈，我们会在这里找到文化与理想的伊甸园。

一大批没有职权的士大夫，在这里高趣逍遥，独善其身。

思想在没有权利也不必承担责任的时候，很容易演变成一种高调道德的理想主义。

自北宋初期以来，知识、思想与信仰世界的重建就从未停止，孙复、石介、欧阳修都曾呼吁民族正统的确立，更多的人则通过对道德伦理的凸显，从心性本原一直推衍到宇宙终极，以绝对理想的原则，试图重建思想的风气。

他们在原有的传统中发掘着历史记忆，他们接续了九世纪韩愈、李翱的道统思想，重新叙述历史，在皇权强大的时代发出自己的声音。

他们对人的道德伦理境界提出相当高的要求，要求人们对自己的心理与行为有自觉的认识与反思，并力图从这种本来只是历史构建出来的伦理规范的自觉与伦理观念的基础上，不通过国家法制的强制约束，就能确立一种符合理想的社会秩序。

李泽厚说他们把原来仅仅是社会规范的伦理提高到与“天地参”的超道德地位。一方面,他们在重视宇宙观念的同时,特别凸显的是道或者理,使本来仅仅针对人的伦理原则得到宇宙的支持,也使过去关于宇宙天地的时空原则与社会伦理共享一个终极依据。

这个终极依据就是太极。

我们看周敦颐的《太极图说》,他说“立天之道,立地之道,立人之道”上有一个笼罩一切的“太极”,太极是什么,太极就是终极原则。

邵雍、程颐、张载……他们所反复论述的就是这个终极原则——理。

邵雍说天下之物无不有理,这个理贯穿一切,不是现实,不是时间,不是空间,而是超越宇宙自然结构的理解原则,政治运作的根本规范和道德伦理的人性本原,听起来就像孔子说的“吾道一以贯之”的“一”。

他们要求人们把握这个“一”,通过穷理、尽性、达命,追问宇宙、社会与人类的终极真理。

在这里,古代中国阴阳、五行、九宫八卦之类的象征系统渐渐淡化了,邵雍说,天以理尽,不可以形尽。

他们不要复杂纷繁的解释,他们要这些有形的象术背后一个整体的理解,万物的根本,要推寻天地宇宙背后更超越的实在。

所以太极就是本原,太极之上还有一个象征着穷极寻源的追问的“无极”。

而“一”是宇宙未分时的混沌状态,是人心未动时的绝对寂静,“理”则是体验和理解天地之道的关键。事体极时观道妙,人情尽处看天机。传统阴阳五行仍然存在,但宋儒们已经开启了另一种观察宇宙万物的方式,举例说,我们看万物时,纷纭复杂的是个别相,山是山,马是马,只有上升到宇宙天地的角度才能总体把握,给予它们一个整体的解释。

这解释就是道的终极处,是心,也是理。

人们对理的态度应当诚,体验与接近理时应当敬,当理反过来指导社

李公主墓壁画

会时,就将确立一种有意义的秩序。

宋代理学认为读书讲明义理,论古今人物,别其是非,或应接事物而处其当,皆穷理也。

他们把对道德的提升作为格物的终极目标,让知识最终转化为了道德。他们认为每个人内在的人性中,都有确立生命价值的自觉能力,通过对宇宙万物的揣摩和分析,寻找与宇宙共通的普遍的终极的本原,就可以用反身而诚的方式,来体会它的意义。

这种高调的理想主义让没有权力的士大夫们始终保持了内心操守和道德的自信心,道学关于格物致知穷理尽性的方式,成了他们心目中一切行为的起点。他们用这样道德理想主义的真理来对抗膨胀的皇权与政府。

他们聚集于洛阳,遍及于天下,有着崇高的声望,为天地立心,为生民立命,为往圣继绝学,为万世开太平。

因为他们,中国数千年的宗族社会,士绅阶层有了道德理想主义的支撑,苟全了一个民族的薪火相传。

宋代出现一次被后世寄寓了很多意义的鹅湖之会,当时几位在后世都有着相当大影响力的思想家在鹅湖寺会面了。

那是南宋淳熙二年初夏,在理学大师吕祖谦的邀请之下,陆九龄、陆九渊兄弟来到了位于上饶铅山的鹅湖寺,与朱熹进行了一场文化史上最著名的大辩论。

此时,距北宋洛阳理学兴起已经有整整一百年了,离北宋覆亡还有差不多五十年,距理学成为主流政治意识形态,也还差不多有五十多年。

但其实除了深邃的思想家们,这次会面其实并没有太大的影响。他们在这里做了一次深刻的思想碰撞,随后各执己见,不欢而散。

本来具有同一性的理学出现了第一道明显的裂痕,而对思想来说,有裂痕和异见其实反而是思想走向成熟的标志之一。

陆九渊极力主张内心超越,在他看来人的本心就是天理,人心就是宇宙。学问的方向应该向内体察而不是向外求。

朱熹则把各种知识看做是体验真理的途径,他嘲笑朱熹:“大世界不享,却要占个小径子,大人不做,却要为小儿态,可惜。”

他认为简易功夫终久大,支离事业竟浮尘。

朱熹听了恼怒不已,沉吟不语。

因为辩论,他们难免语言极端,事实上,朱熹与陆九渊之间不过是五十步与一百步的区别而已。

他们都在追问宇宙、社会和人生的终极意义,都在提倡一种高调的道德理想主义和严厉的文化保守主义,都是站在政权的边缘希望通过道统来制约政统。

那一年,鹅湖之会,朱熹 46 岁,陆九龄 44 岁,陆九渊 37 岁,吕祖谦 39 岁,正是最富有思想活力的年龄,理学中关于宇宙、人心的讨论也恰在最自由、最富于想象力的时代。

据说鹅湖之会后,陆九渊给朱熹写信,也说自觉前说之误。他的哥哥陆九龄去世,他用了朱熹撰写的碑文。

他们的思想都将在后世续起深远的波澜。

这同样是一个思想碰撞精彩而深刻的年代,但靖康元年,金军南下,北宋覆亡,理想的温床又一次覆灭。

很长一段时间里,那些不切实际的性理讨论被搁置,高调的理想主义也不被重视。南渡之初,宋高宗也曾召用几个信仰性理之学的著名人士,但不久就后悔得跌足发誓:“朕今不用文华之士。”

脱离了实际的文华之士高谈阔论,迂阔无边,道德的修正是太平的点缀,国之积弱,定计建都,大起天下之兵时,思想的意义显得既苍白也无力。

然而经北宋一代,士人们早已成为新的知识界的领袖,书院之建,传道济民,家族之风,代代不衰。那时,士子们聚集于书院,这里传来的弦诵之声,灯火之光,编简之香,里巷传闻。

他们穿着不合时宜的衣服,怀着不合时宜的心情,讨论着天理人欲,理气先后,格物致知,义利之辩。这些辩论一方面培植了士人在道德方面的高尚人格,一方面也刺激了士人中间关于批评的严厉标准。

如果文化的复兴不伴随着对时代深刻的批评、没有高扬的理想主义、终极的真理讨论,那么所有的繁荣都不过是表象而已,这也是我对今天汉服运动以及一切文化复兴口号式运动的看法。

重新回到南宋,理学当时就在这样的语境下延续着,在士人阶层中,它迅速弥漫并形成风尚,但理学仍然不是主流,国家层面,并未接纳这来自民间知识界的舆论声音。

谈到理学,最无法避开的是朱熹。实际上,在所有南宋的理学家中,无论是当时还是后世,朱熹都占据了中心的位置。

朱熹集理气之学与象数之学之大成,构建了宋代新儒学体系,他通过经典诠释、历史重构,以及对思想世俗化的努力,再度确立了所谓道统。

道统这一说,自从韩愈拈出了传续真理的谱系后,经北宋程颐兄弟等人的大力传扬,在宋代已经开始为士人所接受。

到了朱熹这里,真理的传续则与学者的师承重叠起来,思想的薪火被描述为一个历史谱系,在这个谱系里,朱熹指示了理解经典意义的新的途径。

朱熹用著书立说的方式,在《伊洛渊源录》《近思录》《四书章句集注》里,完成了对道统、对理学、对经典的阐释。

中国文化所谓道统的接续,不同于历史实际的传承,它没有佛家的传灯,也没有道教的衣钵,它只是学者们想象出来的,关于儒家思想与真理的连贯性表述,只能靠后世的人们诠释、梳理、阐解先贤的典籍才得以传承。

骷髅幻戏图

朱熹的《四书章句集注》融贯了一个形而上与形而下的理学的思想。在朱熹的思想体系里，四书是通向最终真理文本六经的阶梯，他用这种方式指示了理解经典意义的新的途径。

除了著书立说，朱熹最值得被后人所尊崇的地方还在于，他通过思想的一系列具体化和世俗化的努力，也使得那些本来属于上层人士的道德与伦理原则，也渐渐进入了百姓的生活世界。

他说道不远人，理不外事。所以那些深奥的道理被他反复用于生活的实践。

一个人首先要有规矩，怎么有规矩，从小就要有规矩！

童蒙之学始于衣冠，一个人应该自小有洒扫应对进退之节，懂得爱亲敬长隆师亲友之道，这些都是未来修身治国平天下的根本。

朱熹也相当注意民间生活世界的种种规则和仪式，亲自制定《家礼》，将日常生活中的重要环节，出生、婚礼、丧葬与祖先祭祀都纳入了儒学指导的领域之中，影响巨大。直到今天，我们可能已经无法完全复原《周礼》里的祭祀，但我们依然可以复原《朱子家礼》里的婚丧祭仪。

正是这些儒学原则的世俗化、生活化，保证了理学所确立的原则。

而朱熹，不单是儒学原则的落地，他也在形而上做了诚恳的追问，地上是天，天上是什么？这里是宇宙，那宇宙外面是什么？他在追问之后，便开始寻找那种所追问的具体世界之上，根本的、超越的理，寻找可以一以贯之的终极解释，最终，他成就了他们的“理学”。

在理学家的话语中，这个终极解释被称为“理”“道”或“太极”的根本，是超越了有形有象的现象与事物的形而上世界的。

说到底，这个理学到底是什么？

朱熹在《答陆子静》中说：“凡有形有象者，即器也，所以为是器之理者，则道也。”

理是什么，理就是万物的道，是先于万物而生的原则，贯穿于万事的规则。理学家说未有天地之时，毕竟也只是个理。它是绝对的纯粹的本原，是形而上，纯明绝对的，当这个形而上的理构成形而下的世界时，就成为构成一切基本的气。气是形而下的，生物之具也。气分阴阳，生五行之质，阴阳五行化生万物，于是，统一的理在万事万物中就有了种种不同的呈现。心也如此，我们秉气而生，心灵世界一本万殊，有着种种不同的呈现。

你看，气有浑明清浊，心有思虑情感，所以我们有那么多纷纭心事，那么多纠结情感，我们只有在敬的心情下对心灵进行反省与涵养，才能做到古人所说的正心诚意。

那么如何涵养我们的心？

朱熹说，格物致知。

上至于无极太极，下至于一草一木一昆虫之微，都有它们的理。读经看史，应接事物，理会个中是处，就是格物。无论从哪一种知识的门径进入，只要精研得透，都是格物。

所以朱熹教导弟子读书，要穷究。什么叫穷究，就是看了又看，逐段、逐句、逐字去理会，参详解说，传释，说教通透，直到这个道理与自己心里相肯才算是看了书。

我看过一段，他说读《史记》，《史记》有几篇很经典，朱熹说，你看了一两遍，那书上的事在你心下，似有似无，模模糊糊地记得了，济个什么事？叫什么读了史？须是背下来，熟稔了，拈的出才叫看过了。

如果按他的学风与要求这样去做，知识学习与思想涵养才会真正打通，在读书观物中可以涵养出自己的心灵。

朱熹反感把经典知识仅仅当做背诵的文本，也不喜欢佛老一派专注于心灵涵养，把知识视为累赘，他努力在知识与思想之间寻找一个士人的平衡。

这平衡的最终，他还是把心灵涵养当做了士人的终极目标。所以那格物致知,知是道德理想境界;反观,观的是内在心性本原。

在朱熹看来,人的心,未发是性,已发是心。用功夫涵养,才可以使它们中节而和。

对于今天的我们而言,和所有时空里的人们没有任何区别,我们都是生存在时间和空间中的人,只有本然的性才可以天然拥有理,而我们生活在世间的人,本然的性早已熏染改变不知模样,只能通过种种修养的途径,才能去除人性里过分的欲,趋近于理。

听起来是不是很熟悉,没错,这就是存天理灭人欲。如此精微,也如此深省。并不是什么没人性,只是后世进入了官方意识形态,被扭曲而不求甚解罢了。导致人们只觉道学可憎,深究过去,其实不过是一段涵养功夫,成人之教。

说到"存天理,灭人欲",其实宋代以前的中国,关于女性身体和男女之事的禁忌其实并没有我们后世想的那么严格。

魏晋南北朝的时候,道教还有相当公开的以性事为中心的宗教仪式,唐代还有《素女经》,乱伦扒灰也似乎没什么大不了,离婚再婚更是一别两宽,各生欢喜。

哪怕是北宋仁宗时期,女子裸体相扑还是很正常的街头娱乐活动,嘉祐年间上元日,宋仁宗还带着后妃一起到宣德门广场很投入地看了一场裸女相扑之戏。参赛女子有全裸仅头上戴金步摇,云鬓花影,肉白脸红,滚做一团,也不知几多香艳。

这种两性关系的随意和公开,女子人身依附的松弛在宋代渐渐改变。在《礼记》的重新阐释和新撰的《居家杂仪》之类的典籍规定下,女性被迫退出了社会舞台,女子的身体诱惑因为有了严格的规定而不再能影响社会的秩序。

男女关系自由的取消,以及女子成为男子的附属物,传统的长幼有序,男女有别关系为特征的伦理再次得到了确认。

皇权所代表的国家与士绅所代表的社会双重支持下对违背主流伦理与社会秩序的异常活动予以排斥,这种强化国家权力和社会秩序的行为,包括了对异族文明的批判,对民间宗教活动的镇压以及对所有反社会行为的严厉限制。

两宋之际,异族的压迫始终如影随形,华夷之辨显得分外沉重与重要。宋代国家对异族文明及其影响相当警惕,而对异族文明的抵制最普遍的表现莫过于对固有文明的阐扬和夸张。无论是伦理、天理、道统都在重新构建着汉族中心的文明边界。

宋代士绅阶层的膨胀,为这种汉族中心的文明渗透的扩散起到了巨大的推动作用,他们的知识、思想、信仰成为影响民众的力量,由他们制定的宗谱、家礼、乡约、族规、童蒙读物的传播更是将上层士人及儒家经典的思想、规则以及历史和传统,广泛地传递到民众之中。在这种普遍的对文明的认同中,儒家经典的思想与规则变成了民众活动的习惯以及宗族共同生活与交往的规则。

在国家权力的笼罩下,一种伦理道德同一性被逐渐构建起来,一种普遍被认同的思想世界开始形成,并最终奠定了中国人的日常生活世界。我们开始认同家族是天经地义,那种理智、克制、和睦的生活规则不可或缺,汉族为主的中国文明慢慢沉淀于血脉之中。

但是和唐代一样,一种充满建设与批判里的学说进入了世俗以后,本来具有批评力和诊断力的思想,成为流行的时尚,官方的形态,往往就成了背诵的文本、模仿的道具,变得平庸、世俗、流行,看似是普遍真理实则已失去真正的生命力。

宋代终了,元取而代之,元大祖建国号为“大元”,取自《易经》中“乾元”之义。和汉族一样,蒙古人把建国的合法性建立在了汉族的历史与传统之中,历史总是有着惊人的相似逻辑,此后的清朝入关,同样把建国的合法性建立在汉族的历史与传统中。

而理学没有在宋代完成它与政权的结合，却在异族入主中原的元代完成了它的制度化进程。到了元仁宗皇庆年间，科举则正式规定了四书为课本，朱熹的《四书章句集注》为参考书。

理学至此得到了权力的支撑，给知识分子们暗示了知识与利益交换的方式。如果中国传统文化脉流不断，道不变，那么这片土地不还是中国么，由哪个民族来统治重要么？

知识分子们在这条知识道统进身之路上，早已不再把蒙古视作非我族类，他们觉得光景百年都是我，华夷千载亦皆人，政治的合法性从民族与地域转变成了文化和思想，那些激烈的民族主义情感终于平复了。

然而元朝立之为正统的理学则渐渐在俗化、政权化之后失去了对社会生活的思索，对心灵境界的涵养，甚至也失去了相对独立的，来自民间士绅阶层的批评立场，失去了终极关怀与超越意识，变成了空洞的教条，充满了各种世俗的欲念。

在真实的社会生活中，知识无法解释各种异于往常的现象，思想无以回应秩序的变动，士人所拥有的资源无以拯救变化多端的国家与社会。主流的知识、思想与信仰世界在平庸圆熟的套话与教条中延续，没有根本的药方，人们开始寻找与朱熹理学曾经对垒过的思想，作为新的资源。

与朱熹理学对垒的思想，争辩最激烈的当然是“陆学”。

理学与心学之间的结构变化的窗户纸终于被王明阳所捅破。

人们反感笼罩在社会生活之上的官方政治意识形态和始终控制士人知识与思想的科举制度。

心学的直指人心和王阳明的“致良知”，直接简明，很快激活追求自由的理想主义和超越的批判精神，为士人们所推崇。

万历年间，“王学”在社会生活中风靡开来。

虽然王阳明的王学基本的关怀、思路和语言仍然是沿袭理学，但其精髓却是吸取了“陆学”的，偏重于尊重心灵对真理和价值的判断，要求人们在生活中采用“反求诸己”的道德态度，并为实现这种纯净的心灵对道德的自觉认知而自有一套方案。

“程朱理学”的要义是把世俗的情欲与纯然的天理分开，在对世俗欲望和感情的克制中，使人渐渐提升到天理的高度，朱熹说此心之灵，甚觉于理者，道心也，其觉于欲者，人心也。在这里，道心是符合真理的，人心是始终沉沦的，从沉沦的世俗层次提高到超越的天理境界，需要一个相当艰难的学习过程。

一旦成为政治权利控制下的意识形态话语，天理这种绝对真理就会以权利的话语，成为严厉的制度和训诫的规则，成为对士人心灵的一种约束，而不是士人自由与批评的依凭。

活泼的想象与自由的思索在这种约束下渐渐窒息，王阳明首先要打破的是对心的定义。

他认为心即理也，此心无私欲之蔽就是天理，不分什么道心和人心。

王阳明把外在约束性的社会规则“礼”算成了超越于具体规则之上的理，又把理归之于纯粹内在的心，这个心中的良知自然发出就是道心。

一切在我们自己的心灵中就可以自我完足，心灵既是道德本体，也是道德的监督，不必外求。

这不是自由与放纵，虽然心如天体一样广大与无涯，但如果不能念念致良知，那还是会失去其本体，王阳明至始至终没有松弛这种约束，没有让心灵的自由以终极意义的丧失为代价。

但王阳明的“致良知”不是像朱熹那样格物，他是发掘内在心灵自有的灵明，讲究内在心灵的自我省思，反身去体验那个永恒的良知，体验那个澄明的境界。

如果有人有意的需要通过外在的东西来戒惧与约束，就是有意求宁静，是以愈不静。

王阳明认为一切外在的现象世界都是内心的萌动与呈现，所有的知识与感受都是为了确立这个纯明澄澈的心灵。博学是为了使心灵中事事存天理,笃信就是不断学习这种天理,让人的知与行都在一念之中,良知发动,知也就是行。

王阳明还是承认心有善恶的,人们有责任求知,致良知,追求回归本原清净无垢的心。

要慎独,要戒惧,要君子之学,事于无欲。

可是渐渐这心学就有了分支,王阳明身后,他的学生王畿把心意知物导向有善无恶,给心灵赋予了全部的合理性。

人心一旦追求完全绝对的自由、自然、适意,就会瓦解了儒家对于社会、伦理、生活的最后一点责任,成了随心所欲的自然主义,甚至让人有了放纵的理由。

诚然,物极必反,理学在长时间意识形态框架下,早已失去了当初那种拯救心灵,批判权力和建设秩序的意义,成了空洞苍白的教条。时代需要一种活泼的思想,应运而生的王学,以及比王学更超越的“泰州学派”渐渐引起世人瞩目。

他们把俗人和圣人,日常生活与理想境界,世俗情欲与心灵本体彼此打通,肯定日常生活与世俗情欲的合理性,把心灵的自然状态当做了终极的理想状态。

比如何心隐、李贽、罗汝芳,他们率性而为,纯任自然,非圣无法。

这种大胆的理想主义和激进的自然主义对于久处樊笼中的年轻人来说,格外有诱惑力。那个时代一批特立独行的文人,比如袁宏道、汤显祖、董其昌,高旷豪举,任性自然。

1579 年,何心隐被杀。

1602 年,李贽自杀,一个狂飙时代结束了。

王学始于扫闻以明心,终于任心而废学,始于扫善恶以空念,终于任空而废行。

山西高平开化寺壁画

第三节　传统瓦解的晚清

有清一代，思想上乏善可陈。

如果用孔子的观点来看，清代同样是不可置疑的华夏，因为用的是华夏之礼，但内核里早已失去了礼的真正生命力，看过去，三百年间，如一潭死水。

到了晚清，失去内在生命力的传统秩序遭遇西方文化与坚船利炮冲撞时，已经不仅仅是帝国崩塌之前的无力，是整个民族，五千年文化即将崩塌的巨大悲怆。百年的时间还不足以冲刷掉一个普通中国人对这种民族屈辱深刻的记忆。

每一个关心中国命运的人，可能都会被忧郁激愤的心情和耻辱无奈的感觉所笼罩，这种深入肺腑的耻辱与悲恸是中国人几千年从未有过的。

我们曾经被异族入主中原，我们曾经无数次战乱混乱，但我们从未失去民族文化的自信，现在，我们面临的是整体的传统中国知识、思想与信仰世界的瓦解。

中国这样一个拥有相当悠久历史传统与主体性格的文明，对待异文明进入，通常有两种反应，如葛兆光在《中国思想史》中所说，一是采用表面的普遍主义的态度，我们欢迎这些似乎不容置疑的知识、思想、技术，却在特别的解释中使这些新知转化为旧学；一种是特殊主义，坚决拒绝这些会瓦解和动摇固有知识，思想与信仰的东西，激起激烈的民族主义和保守主义。

我们首先接触到的是西方关于天体的知识，可是在中国，以天道为终极依据的知识系统，天圆地方与人伦行为的知识体系，政治权利合法合理统统相关，天不变，道亦不变。

天变了怎么办？

知识阶层首先是用西学中源的方式，在追溯历史中保持文化的自尊，缓解心理的震撼，把异文明当做实用知识技术来看，如果这招行不通那就整体排斥，把门关起来。

但是两种方法统统没有用，文明的进程总是残忍而前行的，当大炮洋枪的轰击终于惊动这个老大帝国时，人们才真正面对外面的世界有很多文明，那些文明也一样历史悠久，有体有用，甚至在某些意义上已经超越了我们的系统。十九世纪晚期，一贯被中国人视作倭寇虾夷的日本，接受了西洋文明，一下子成了先进国家，北洋之战，城下之盟，割地赔款，巨大的屈辱笼罩下来，本土文明的自信全面崩溃。

在中国古代思想世界中，自然的天体中心“北极”、神话的众神之主“太一”，哲学的终极概念“道”，万物的原始起点“太极”让古代的思想文化有了一个共同的渊源，强有力地影响了古代中国人的思维模式。

人们相信宇宙的空间是一层层的同心圆，天体围绕北极旋转而成一个圆，天地都有一个中心，这个中心是超越时空而存在的一个点，这个点就是太一或者道的象征。秩序的存在不仅在人，也在神，在万物，在我们头顶的苍穹与脚下的大地。

一旦被打破，人们不知所措，因为天不单单是器的学问，而是道，是我们的宇宙秩序，是知识与信仰。

而在“王学”“陆学”的铺垫下，“宇宙便是吾心，吾心就是宇宙，东海有圣人出焉，此心同也，此理同也；西海有圣人出焉，此心同也，此理同也”①。文明是一个绝对的普遍真理，与地域无关，只与体验到真理的圣人相关。他们相信普遍真理，这相信本来是对自己文化的自信，却无意间

---

① 《陆九渊集》：东海有圣人出焉，此心同也，此理同也；西海有圣人出焉，此心同也，此理同也；南海北海有圣人出焉，此心同也，此理同也；千百世之上有圣人出焉，此心同也，此理同也；千百世之下有圣人出焉，此心同也，此理同也。

瓦解了我们对真理的独占,打开了引进新知的大门。

世界的扩大和中国的缩小,使中国知识阶层开始思考和接受一个至关重要的新观念,也就是多元文明区域的存在。

十九世纪下半叶,人们终于痛苦地面对只有富强才是文明的现实。普遍的真理只有一个,就是我们曾经鄙夷的成王败寇与弱肉强食。

现代性的入侵,富强在理性的掩护下,以实用和有效的方式,被当做文明的标准,给中国人提供了一个源自西方的思考方式,一个一元的普遍的价值尺度。觉悟已晚的中国人开始意识到,简单的模仿西洋技术并不能自强,传统文明需要从根本上重建,这种想法的紧张迫切在四面楚歌、步步蚕食中越来越强烈。

传统中国知识系统以经学为中心,以理解和揣摩圣贤经典的真理为途径,培养自觉的道德修养为目的,所以这套知识系统的起点是语言文字学。西洋知识学科制度化有清楚的门类种属,是一个界限清楚的近代学科分类的知识世界,与中国的经史子集是格格不入的,中国传统知识系统在现代性冲击下几乎是根本性的调整和清理,导致的是传统知识系统最后的崩溃与瓦解。

中国人陷入了有史以来从未有过的文化困境与恐慌。每当我们这个民族遭遇到这样的文化困境时,我们总是用重回经典的方式,去寻找文化的自信与支撑。这为诸子之学的重新崛起提供了潜在的契机,比如曾经被认为是荒诞的《山海经》《穆天子传》,人们发现古书中荒远之地,竟然有数千年后远涉者亲历,证其不爽。墨子学说里关于点、线,小孔成像之类的描述让人们觉得原来西学似墨子。人们在诸子那些汪洋肆意的象征性譬喻、寓言中,找到了种种似是而非的对应资源,在这些似是而非里,一面寻找了理解的线索,一面寻找了心理的平衡。但很明显,这一次,对经典的重新诠释并没有建构起一个新的文化语境。

物竞天择,对中国人而言,回顾这段历史是痛苦的。但文明裹挟之

鹤瑞图

下,本来就没有田园牧歌式的缓步。我们的文化别说传统,就是现代性,也都是支离破碎,想在传统的经典里寻找支撑,寻找心灵安住往往是四不像,经不起时间。

光绪三十一年,梁启超开始了发现中国的努力。

人们开始重新寻找这个民族的定位与身份,寻找属于自己的语言与肉身。从前那种以语言文字学为知识系统的知识体系已经瓦解,而新的世界尚未建立。

华夏的古老常常使我们忘记,我们其实多么年轻。梁启超说他的时代是少年中国,这百年来,我们其实是以新民的身份走进这个拥挤的世界。

世界的规则与律法如同未知的漩涡,在痛苦的探寻与承受之中,我们一面去发现,一面在重建。

这是我们最需要智慧的时刻,但我们几乎找不到现成的语言来使用,神的天空变幻莫测,道的回响遥远孤独,我们没有家园,既抱着希望,也怀有恐惧。

往后是回不去的中华,往前是不知道将往何方的中国。

我们时常处于困惑之中,故纸堆除了让我们得到一些片羽吉光的慰藉,真的能重建一个信仰、思想的空间么?全盘西化又还能留有中国人的样子么?两者之间用什么来打通这个天下,让万物和而不同?

自"五四"以后,我们就一直在犹疑,在喧闹与狂热,极端与混乱,绝望与希翼中寻找要去的方向。甚至于"五四"塑造了反传统的传统,我们不再对传统深信不疑。

经历如此思想的震荡、毁灭之后,我们这一代正处于寻回与重建民族思想体系的启蒙阶段,我们已经全盘西化,再像清儒一样几乎是自欺欺人地从残编断简里寻找文化简单的印照,映射已经没有任何意义。

对于我来说,我所能做的就是一次次回到我所熟悉的语境当中,回到我深深迷恋的文化中去，回到我所希望的美与光明中。

我相信我们这个民族的智慧，相信有道，相信宇宙的秩序。

今天，我们会惊讶的一次次发现，所谓现代科学的新见不断地冲刷我们对固有文明的看法。

有一天，我们终究会回到我们的道上。

第四章 当下的心与道

在第三章中，我以走马观花的方式梳理了两千多年的文明，我们会发现文明的精神并非一成不变，从早期勃发的生命到渐渐的老成，直至一场兵临城下，轰然瓦解，我们经历的是一场文化精神的接续与变迁，但我们依然会发现，无论时代怎样更替，中国文化精神的本体其实一直都在，正如同上古的神话思维其实从未完全消退一样。

让我们再一次走马历史，重新看一眼中国传统文化精神的过去与当下。

早期的神话思维实际上深深地刻印在每一个时代的思想家对天道的理解与记忆中。但每一时期，时代的冲击都会给人与宇宙之间的关系带来新的思考角度。

两千多年前，孔子用内心的"仁"来解释秩序与道德最终的依据与本原，为这个民族建立了一个终极的理想世界，在这里，夏、商、周时期神的权威、外在的礼乐开始转向人们内在的情感，孔子从情感与人性中重新解释了我们与宇宙的关系。

他所创建的儒家学派其实是一个特别自信的学派，并不往外求，也不把希望寄托在缥缈的来世。我们认为人自身的力量是足够与天地平齐的。西方人物要想飞，很多是要有个翅膀或者光环、披风之类，中国神话人物要想飞，是什么也用的，此身缥缈随云霓。

我们认为我们就是天地宇宙，道不远人，道就是我们自己。

但是儒家学派思想经由子思、孟子、荀子一系构建阐述,到了董仲舒那里,实际上已经做了一些重建,这重建里,融入了先秦以来诸家经典的综合,而不仅仅是孔子的理论。大一统的汉王朝睥睨海内,雄加四方,它同样要求一个大一统的思想,在盐铁会议与《白虎通义》之后,整体民族与国家的意识形态在东汉得以建筑完成。儒家学派在时代的前行里放弃了理想主义的固执,经世而致用。这一时期人与宇宙的关系充满了阴阳,五行,九宫八卦之类发达的象征系统……

东汉以后,人们开始真正意识到真理的终极依据不在群体的确认而在个人的体证,人的存在价值不在于社会的赞许而在于心灵的自由。魏晋时期,一大批的思想家开始寻找人性与天道的本源,探寻宇宙与人性的深微大义,儒家学说的发微再一次成为人们的理想世界。

历史不断前行,大唐盛世,暗流涌动,自大周代大唐及安史之乱后,国运衰微,社会秩序与结构混乱不堪,经典成了漂浮在现实生活之上的文字形式,不针砭时弊,也没有救世之功,有识之士韩愈发起古文运动,与李翱等人一起接续传统儒家道统以期恢复天道与秩序,然而大唐终归是回光返照大厦将倾。

长久的割据、混乱之后,北宋开始恢复与重建礼制,对命运失去信心的中国慢慢缓过劲来。人们希望在国家力量支持下清理秩序,让礼俗成为思想、伦理和生活的规则。然而一个国家的权威与社会秩序、风俗是无法建立在权力的惩训上的,它必须要有文化和教育的支持。宋朝给我们做出最令人向往的制度就是造就了一个庞大而充满影响力的知识阶层,文化的庄严意义被重塑,几十年间,赵宋王朝对知识阶层的优遇和对文化的支持,渐渐复苏了知识阶层的文化自信与生命力。这自信依旧来源于经典,来源于经典中历来久远的伦理道德,独一无二的至高文明,更来源于深刻的天人关系。

他们在原有的传统中发掘历史记忆,他们接续了九世纪,韩愈、李翱的道统思想,重新叙述历史,他们对人的道德伦理境界提出相当高的要求,要求人们对自己的心理与行为有自觉的认识与反思。他们提出了一个终极的原则,就是理。

邵勇说天下之物无不有理,这个理贯穿一切,不是现实,不是时间,不是空间,是超越宇宙自然结构的理解原则,政治运作的根本规范和道德伦理的人性本原,就像孔子说的“吾道一以贯之”的“一”。

在这里,古代中国的阴阳、五行、九宫八卦之类的象征系统渐渐淡化了,邵勇说天以理尽,不以形尽。他们把对道德的提升作为格物的终极目标,后来,朱熹集理气之学与象数之学之大成,构建了宋代新儒学体系,通过对经典的诠释,历史重构,以及对思想世俗化的努力,再次确立了所谓的道统。他说道不远人,理不外事,那些深奥的道理被他反复用于生活的实践。儒学原则的世俗化、生活化,让数千年的宗族社会有了道德理想主义的支撑,也有了世俗可行的准则,保全了一个民族的薪火相传。此后心学,乃至民国初期蔡元培等人提出的“美学代宗教”无不是寄希望于从传统经典中接续力量以整饬当下秩序。

所以两千年看下来,一切都在变,文化怎么能不变?文化几乎每朝每代都在变。然而两千年看下来,一切都在这里,传统又怎么能变?传统几乎从来没有变过。需知传统与文化是两个概念,传统就像是承载着习俗、生活、时空的母体,而文化则是生长在这里的鲜活的生命,无论时局如何纷乱,战争如何残酷,野心家的旗帜如何招摇,中国几千年文明顺延不绝,很大程度上,就得益于主流儒家文化牢固而旺盛的生命力的滋养。

文革时期,传统文化最后的余留也涤尽之后,文化生态也堕落到了一个表面最强大,其实最脆弱的境地。

当然,传统文化不是完全在十年动乱里涤尽的,早在晚清,我们就已经经历了一次传统中国知识、思想与信仰世界的瓦解。文明的进程残忍地前行,原以为的宇宙秩序被打破,世界的扩大和中国的缩小让我们看见了多元文明区域的存在，甲午之战，城下之盟，巨大的屈辱笼罩下来，本土文明的自信全面崩溃。中国传统知识系统在现代化的冲击下几乎是根本性的调整和清理，导致的是传统知识系统最后的崩溃与瓦解。五四时期，陈独秀说："吾宁忍过去国粹之消亡，而不忍现在及将来之民族不适世界之生存而归消灭也。"同时期钱玄同提出"欲废孔学，不可不先废汉文"，他们用近乎悲壮的自戕推翻了传统文化最后的墙基，这种反传统的论调至今仍有回响。

但是传统文化真的是推翻了就可以了么？现代文明真的是全盘西化就有效么？全盘西化教育方式渐渐显现出来的水土不服，教育体制的不断僵化，传统思想世界的瓦解，伦理道德的模糊，道之不行，信仰缺失实际上都意味着生态的彻底恶化。我们失去过乡绅与乡村，失去过传统文化的承载实体，我们还要失去一个民族底色里最后的文化生命么？

但矫枉过正的反弹同样也只能是一出闹剧，所有极端复古主义、现象复古主义都在现代性上缺乏想象力的无能为力之举，比如将传统文化简化为服装、节日、诵读经典这样的表象，根子里还是对本民族文化的不自信。再如将一些传统文化的门类拎出来就认为是传承了，比如茶道、香道之类，这同样是对中国文化的曲解。此外需要警惕的还有一元化价值论，认为西方现代文明才是人类社会进化标杆等等。

在我看来，真正的传统文化不单单是一些礼仪制度，器物手艺，更是一种国民性，是一个民族的思维方式、审美趣味，是这个民族人们的价值取向、终极关怀与灵魂归宿。

真正的传统文化是生长的，千百年来，它影响着我们的当下与未来，是日用而不知的，每当我们这个民族面临绝境时，它总会成为凝聚的力量，比如抗日战争中，我们始终坚信中国不会亡，始终相信物极必反，多行不义必自毙，我们以千万人的舍生取义筑起这个民族最后的长城。

我们无法割离自己的语言、习俗，我们用汉语说话，我们必然会追思

春禽花木禽图

先祖，在清明与冬至时为他们烧一叠黄纸，即便时代变迁，我们再也不用烧纸的方式寄托哀思，我们也会用其他的方式表达我们的情感。

我们一直在用中国人的思维方式思考问题，直到今天，中医仍在，并被很多人信赖，端午、中秋也都成了国家公共假期。为什么？因为我们内心的文化传统是割弃不了的，这是我们生长的土壤，是我们血脉里回响的集体文化意识，是我们这个民族真正的生命力所在。

但裹足不前只能重回晚清天崩地裂，我们必须实现现代化，可是文化的接受不是简单的移植，真正的接受，还要在自己的知识背景中寻找资源，对这些新知作彻底的理解和诠释。比如在英国，现代化就是从本国的传统中生长出来的，我们周边的日本、韩国，它们的现代化也是本国的魂，日本还是大和民族，这个民族的传统并没有断裂，但日本已不是从前的大和民族，而是现代化的大和民族。

可以说历史上几乎所有的文化危机、信仰危机、精神危机都是文化传统发生了问题，危机的消除，靠政令、武力、经济都没有用，最终只能靠传统的重组与新生命的生长。我们能理解一个民族只能扎根于本民族土壤中，我们所要做的就是像两千年来，这片土地上，人们所做的那样，接续传统，重建与当下时代相适应的思想、信仰体系。勇于接受、吸收改造、同化外来思想，变成自己的血肉，但骨子里，我们仍然有着我们这个民族不变的文化精神。在本章中，我从中国传统文化的本体，天人合一，中国传统文化的大原则，自然重溯文化，我们会发现中国传统文化在节令民俗与文化精神的认同上，两千年来几乎未有改变，然而在现代性的裹挟下，传统文化的本体已然失落。如何重建传统文化的根基，我从五个方面提出建议，首先是理解传统文化的多样性，在士的层面重建传统文化的根基，接下来最重要的是礼乐的重建，这是儒家礼乐之制最重要的回响，而重建礼乐的前提是理解儒家文化并非礼仪进退之学，而是一门生命的学问，礼乐的审美意义也让我们感受到礼乐文化与当下并非格格不入，此后则是中国人的审美态度，审美的超越性很难说属于某一个思想流派，这里包含了数千年儒释道文化的交融与碰撞，最终，所有的重建都是我们当下的心与道。

第一节　中国传统文化的本体

一个民族的延续，实际上也就是这个民族文化的延续。

这种文化不单单是一些风俗制度，器物手艺，更是一种国民性，是这个民族的思维方式，审美趣味，也是这个民族人们的价值取向，终极关怀与灵魂归宿。

这价值取向，终极关怀与灵魂归宿就是我们文化的本体。

从早期神话时代的会同万物到神巫时代的系于天命，从周代道德礼仪的建构到春秋战国百家争鸣的天道，再经过汉魏各家传经解义，唐宋之际的道德文章，程朱陆王的心性学问，中华文明实际上一直是薪火相传的，我们内心的文化传统是割弃不了，也无法彻底割弃的。

追根究底，几千年来，我们文化传统的根柢始终是追求与天地合其德。

我们这个农耕民族从一开始，就与天地共生，在先民的理解中，“万物所出，造于太一”①，宇宙起源于一种有机的生成，整个宇宙就是一个不可化分的整体，所有的部分相互之间都是一个化生者的身份，互相影响，共同作用。

我们的这种宇宙观是直接承自早期神话时代，人们对天地宇宙的认识，我们相信有种超越的力量让宇宙得以有自然的呈现，生生不息，循环不已，而人类所要做的，无非是与这种力量相感应，顺应宇宙的大规律。

① 《吕氏春秋 · 大乐》：道也者，至精也，不可为形，不可为名，强为之名，谓之太一。又云：万物所出，造于太一。

上古时代,我们用巫的力量与这种力量相交通,当时,人们把这种力量称为鬼神。巫用特殊的仪式迎请神的降临,用占卜的方式得到神的旨意。周代,人们用礼的方式与这种力量相交通,那时候,人们认为这种力量是天道,是德,礼仪的纹丝不乱代表了天道的一以贯之,礼仪内里,对自我德性的要求,就是天道对人本质的要求。

儒家文化承接了周代礼仪的思想,儒家以其礼乐传统,浩然之气与天人同构的理念更深刻的塑造了这个民族生机勃勃的内在精神。中国传统文化另一个重要组成部分老庄思想则以其遗世绝俗的独立人格理想完成了个体精神的超越与自由,他们以精神的超越去寻找道的本源,他们认为人与宇宙一样永恒,他们与春秋战国时代的其他思想以及后来中国化了的佛家思想共同构成了中国人特有的人生态度与灵魂归宿。

儒家的先贤们认为,重视人生就必须热爱自然,热爱我们所生活的这个社会,热爱他人。儒家反复提起的“仁”的境界实际上也就是本于天理、至德和至善的境界,这境界里充满着向上的精神,洋溢着对生活、对生命的珍惜与重视,有着恳切的,执着于人生的实用理性。

儒家经久不息的教化努力也让即便是平民布衣,亦始终葆有积极入世的社会责任感,一个中国人,无论是在庙堂之高还是身处江湖之远,居于草泽之中,都可以心怀魏阙,以天下为己任。而老庄及其他一些思想的相互影响、渗透,则让我们在心怀魏阙的同时也可以身居江湖,逍遥归去,自由超脱,不为外物所累。

殊途同归,最终的根本上,中国古代的思想家们对感性生命的肯定态度却都是出奇的一致,都是在与天地合其德,这些思想指引了一代又一代中国人在人际关系、道德领域、精神超越上的自由之路,这是中国传统文化的根本,既导向了我们的价值取向,也蕴含了生命的终极关怀,指引了我们的灵魂归宿。

所有这些先贤们对自然、人生、社会的思考、探索、指引对今天的中国人依然有着深刻的影响，这种影响既体现在我们对君子人格天然的认可、对宗族家庭的看重、对人生起落的态度，也体现在人们对传统节令民俗的记忆中，日用而不知的生活中。

可以说我们的文化传统是一直生长的，千百年来，影响着我们的当下与未来，既是我们赖以扎根与生长的土壤，也是我们这个民族真正的生命力所在，是我们精神的元气。

一、中国人的节令民俗

节日还在，民俗还在，文化就还在。

即便传统节令民俗在现代化生活中已逐渐淡化，即便许多的节日习俗已经慢慢消失，但传统节日依旧是我们最容易唤起历史记忆和情感温度的时空标志。

可以说，节令民俗是通过民间文化表象的呈现，展示一个民族集体意识与精神世界的最直接的方式。今天的中国，无论已经丢掉了什么，春节、清明、中秋这些传统节日都是中国人不可能完全抹去的生活记忆。

今天的我们除夕守岁和魏晋时候的人们并没有什么太大不同，今天的我们清明追思完全可以上溯到春秋战国，甚至于今天的端午，其中祛除邪秽，五毒不生的神话思维直接上古。

清·升平乐事图册

这是我们中国人为时间打上的人文印记,如果说所有民族都会赋予时间以自觉的意义,那么中国人的时间自觉一定是与土地,与现世生活,与情感最紧密相关的。

比如春节,这个节日是我们这个民族生活秩序建立的起点与终点,年的甲骨文是“禾谷成熟、人负着禾”的意思,《谷梁传·桓公三年》“五谷皆熟为有年也”《尔雅·释天》里说“夏曰岁,商曰祀,周曰年”指的都是时间概念。我们是农耕社会,自然以谷物成熟为年,女真人以游牧为生,就以草一青为一岁,赫哲人则以第一次吃到巴哈鱼为新年。年对传统的中国人代表所有谷物的成熟,收仓以及新的一轮农耕活动的即将开始,循环往复,以至生生不息。

清·姚文瀚《岁朝欢庆图》

春节带来的明确送岁迎新的意味,周而复始的时间节律让生命有了神圣的意义,这些神圣的意义从何而来?从上古有记忆以来的繁复和庄重的祭祀活动,从无论官方还是民间隆重而热烈的民俗生活中来,从我们所知道的“一直都这样”,这种反复被强化的民族集体文化意识与生活哲学中来。

时间是庄严的,长了一岁的年龄是庄严的,生命是庄严的。

在渐渐失去了对年真实的敬畏与信仰之后,我们才会渐渐将年的来源虚构成一个年兽怕鞭炮的儿童故事。

过年的习俗也在漫长的历史生活中渐渐形成,比如魏晋时形成除夕守岁的习俗。晋朝周处所著的《风土记》中记载:除夕之夜大家各相与赠送,称“馈岁”;长幼聚欢,祝颂完备,称“分岁”;终岁不眠,以待天明,称“守岁”。现在我们则在形成一些新的年俗,但年俗里宗族意义的骨肉完聚，长敬幼爱，对生命周而复始的满腔热爱是千古如一的。

最早的压岁钱可以上溯到汉代，当时叫“厌胜钱”，或叫“大压胜钱”。这种钱是不能花的，而是为了佩带玩赏而专铸成钱币形状的避邪品。钱币上有一些吉祥语，如“千秋万岁”“天下太平”“去殃除凶”等；背面铸有各种图案，如龙凤、龟蛇、双鱼、斗剑、星斗等。

过年时送压岁钱的风俗源于宋代，《梦粱录》中有所记载。到了清代时方出现“儿童度岁，长者与以钱，贯用红绳置之卧所”。那时的压岁钱和汉代一样，上面不铸币值，以利于“压祟”，只有长命百岁、合家平安的吉祥字样，但外形与真的铜板无异。人们认为小孩容易受鬼祟的侵害，所以用压岁钱压祟驱邪，帮助小孩平安过年，祝愿小孩在新的一年健康吉利、平平安安。当然我们看《红楼梦》，贾母赏小子们的就是真的铜钱和金银裸子，确实自清末开始，人们已经用真钱压岁了，不过都是些面值很小的铜板或讨个吉祥的小元宝而已。这些民俗里包含的是长者对幼者的疼惜、关爱，对美好吉祥生活热切的期盼与祝福。

春节是不会消亡的，无论时代怎么发展，生活方式如何更新，只要属于我们中国人的血缘情感不变，年俗就不会远去。这种顽强的生命力是根植在一个民族的血脉中的。

如果说春节是有着一脉相承的庄严意义的，那么元宵就是中国文化的另一面，元宵节在早早成熟、中正平和的中国文化里让我们看到了生命的陶醉、自由的狂欢与苏醒的激情。

三千年中正平和，层级有序涵养出了理性而收敛的社会精神，个体生命恣意放达的本性却始终未曾消弭，在诗中、在酒中，壮怀激烈，任情江湖。只是这诗酒放诞，快意平生都不过个体生命的瞬间绽放，漫长而缓进的古老农耕民族，唯一能让我们看到的集体狂欢的放纵与燃烧唯有元宵。

元宵这个节日以其不可思议的狂欢精神消解了循规蹈矩的官腔与严

肃刻板的意识形态，淡化了家族活动的伦理与秩序。在这一天，没有必须要祭祀的祖宗或先贤，没有一定要回家的团圆或仪式，那些融在我们节日里的祛邪去晦，求吉纳福都显得不那么重要，我们既不去烧香也不用撞钟，这一天里，整个中华只有一个字"闹"。

清·冷没《闹春图》

正月十五闹元宵，这是中国人唯一的一个狂欢节，数千年来总是接近混乱的边缘。偷鸡摸狗和男欢女爱都是普遍现象，惊天大案那是常有。当春光渐近万物向荣，内心深处的狂喜与陶醉在这一天释放，没有等级、没有束缚，所谓的礼教和不可违背的习俗，那些横亘在人与人之间的藩篱，轰然倒塌，只剩陶醉、只剩狂欢，万盏彩灯里奔涌着生命丰富的意义。

在礼教还不那么昌明、虚伪的道德尚未固化成仪止的边界的先秦时代，中国的春天一直是有着狂欢的气质的。那时候的狂欢和天地、和春天、和桑林草木相关，春暖花开，桑间濮上，声色生焉，那时候的节日，上元、上巳、清明都有青年男女求欢的传统。

汉代以后，罢黜百家独尊儒术，文明渐渐抽离了原始而奔放的故事，但元宵依旧在每年的第一个月圆之夜，唤醒了大家的记忆。元宵来源传说较多，其中有一种说法是说源自汉代的火把节，火作为生命的表征，驱除寒冷，使人身心和暖，增添了闹的动力。宇宙中的月亮和民间的灯火共生并置，一时间汉宫灯火通明，民间连歌踏舞。

听起来很快乐，但在古代充满传统禁忌的社会，尤其是早早进入成年的中国文化，快乐并不是一件容易的事情，有三纲五常，有家风家教，但是到了元宵节，没有你我、不分老幼，笑成一团、共乐狂欢。女子可以"抛头露面"出来逛街。

这是一个属于城市的节日，虽然乡村同样沸地笙歌赛社神，但良辰吉日还是一线大城市，这一天，无论是民间活动形式，还是人们过节的心态状态，都更注重个人的快乐。

如果拿尼采的日神和酒神来比喻，那么我们生活的大多数的时间都是日神状态，礼节习俗、人际交往、道德礼节……长久如此，生命多么枯燥烦闷。所有人都会渴望某一时酒神的状态，打破禁忌，如同醉酒后心无遮拦的交流。比如元宵，古人在这一天做的特别疯狂，这是农事开始之前的最后一个节日，放纵与欢娱是如此的淋漓尽致！

明·《上元灯彩图》

你看灯火通明的夜晚，喧闹的户外游戏和娱乐打破沉静与束缚，万象更新之间的过渡和交替在锣鼓、乐队、游玩观灯的人声鼎沸中与天地庆祝融为一体。在这男女不禁，自由与狂欢的夜晚，元宵节绽放出耀眼的生命光彩。

作为中国文化中正平和的补充，元宵这一晚，可以说闹的不是花灯，闹的就是禁忌、刻板、道德礼节与蹈矩循规。

同样，清明节，也流淌着我们这个民族数千年来文化观点的碰撞与流变。

两千年前的清明，"令会男女，奔者不禁"，来自《礼记》的古老记述为我们缓缓拉开一场仲春之月里，活色生香的情爱大戏。

清明这一天杂糅了寒食与上巳两大节日。上巳这一天,“长安水边多丽人”,人们在水边举行祭礼,《太平御览》卷五十九引《韩诗外传》:“溱与洧,三月桃花水下之时,众士女执兰祓除。郑国之俗,三月上巳之日,此两水上招魂,祓除不详也。”手持的兰草是能祛除疾病和灾祸的,用香薰草药沐浴同样如是。

在我们古人的观念中水域一向被认为是阴界的入口,在这个亡者的魂魄如同春天的草木一般萌动苏醒的季节里,人们便在水边举行仪式,招魂续魄,祈求吉祥。

这种对死亡的认知并非撕心裂肺式的哀恸,它引向的是对生命延续的渴求。所以“祓禊”还包括了在水边“会男女”这一“求爱、求子”的部分。《诗风·郑风·溱洧》中描写的“维士与女,伊其相谑,赠之以勺药”,便是男女相会于水边、两情相悦的情形。这个日子是男女偶合生子的佳期,奔者不禁,郊野里散发着荷尔蒙的气息,只是祓禊这种带有浓烈原始巫术性质的活动,后来逐渐衰落。

虽然赤裸裸的生命冲动和生殖渴求被人类社会的礼法制度所改造。但是“到春天的水边去嬉戏”的核心仍在,春日里热切而勃发的情感并未压抑,许多缠绵悱恻的爱情故事,都是在清明节发生,比如著名的“人面不知何处去,桃花依旧笑春风”等等。

清明踏青的习俗扫墓,除了中国人自古以来报恩返本,怀念先人的感恩报恩之心,也折射出中国人的生死观,我们在清明从来不是一味的悲戚哀感,而是既有对先祖和血脉的感恩与追忆,也有对生的欢欣和珍视,可以说奇妙地糅合了“死感”和“生感”,悲欣交融。

北宋王溥所撰《唐会要》的记载来看,我们的扫墓在唐初年的民间形成了风气,扫墓之后通常还要欢乐地郊游踏青。这在当时的统治者看来,是对亡灵的不敬,伤风败俗,需加以禁止,所以唐高宗时期朝廷颁布过诏令，称“或寒食上墓，复为欢乐。坐对松槚，曾无戚容。既玷风猷，并宜禁断”①。

上有政策，下有对策，民间文化的发展遵循的是自身的逻辑与规律的，“生年不满百”，又何苦“常怀千岁忧”，不如行乐去！于是，在踏青郊游的基础之上，清明还发展出了蹴鞠、秋千、拔河、放风筝、斗鸡等一大堆老少咸宜的欢乐游戏，到最后连皇帝也跟着玩起来了。

所以我们对祖先的祭祀实际上是“事死如事生，事亡如事存”（《荀子·礼论》），我们的价值取向其实是重“生”。然而，“死”虽是个体之实体性生命的终点，但自然宇宙的背后仍然是四季更替、万物竞生、人类繁衍、绵延不息的“生生之德”，死亡只是在社会中消失，但依然在人世的情义里长存。这又让“死”成为另一种“生”的延续。在自然宇宙的“大生命”之中，我们是懂得及时行乐，也懂得所谓生命的永恒正是在这种更替与存在中。

汉民族对生活的热切还可以在端午节日中感受到，端午节日来源甚早，很可能早在夏、商、周三代就已有端午节日雏形。

中国人生活在一个和宇宙天地息息相感的世界里，时令对生活的影响超乎想象。《吕氏春秋·仲夏纪第五》称五月：“日长至，阴阳争，死生分。”夏至以后，白昼变短，阴气渐长，而阴气在中国古代文化中常与病、邪相关，《荆楚岁时记》也说“五月俗称恶月，多忌”，这一天蚊蝇繁殖，百病滋生，被看做恶日、死亡日，所以后世把很多传说人物的死亡日定在这天，比如屈原、伍子胥、曹娥等等。

但是恶日是不是就不能快乐了呢？恰恰相反，我们是一个对生活充满赤忱热爱的民族，凡有这样的邪门恶意，必敲锣打鼓，歌舞喧腾，草熏烟燎，除之而后快。

---

① 《唐会要》卷二三：或寒食上墓，复为欢乐。坐对松槚，曾无戚容。既玷风猷，并宜禁断。

所以我们用来辟邪的方式非常欢腾,比如吃粽子,今天的流传通常认为是喂屈原或鱼,其实早期的粽子是用辟邪功效的植物包裹,并用同样被认为有辟邪功效的五彩绳缠绕的黍或米来赶走邪秽,包括端午悬菖蒲、焚艾蒿、饮雄黄酒、浴兰汤,带五色缕无不如是,连赛龙舟最早也都是送瘟神禳灾的意思。我们对毒害,对灾难一直有着非常积极正面的态度,以至于端午一到,家家欢闹,毕竟辟邪的另一面就是祈福呀,庆贺也是理所应当。

古代端午节时热闹的龙舟表演,欢乐的美食宴会,什么苏轼《端午游真如迟适远从子由在酒局》中的“今年匹马来,佳节日夜数”,什么晏殊的“雕盘分楚粽,重重团扇画秦娥;宫闱百福逢嘉序,万户千门喜气多”。表达类似端午情感的诗词很多,足见端午在古人,并非一个悲壮的日子。

在这些节日里,我们充满了对时间与自然的感应,我们所有的节日都应于节气,感于时令,这些岁时行事成为中国人生活与自然之间的美好联系,而所有这些节日里,折射的,也都是我们这个民族自古以来,对生活、对天地、对生死的态度与情感,是我们的历史记忆,也是我们的文化精神。他们代代传承,历千年而不衰,直到今天,仍然是我们鲜活的记忆,有着强大的民族情感向心力与凝聚力,是我们中国人从未彻底遗忘或丢弃的文化精神。在这些节日里,我们一遍遍重温我们这个民族对先辈的知恩报本,对苦难的坚韧达观,对生活的赤忱热爱。

元·吴廷晖《龙舟夺标图》

然而时间是流动的，民俗也是一直在更新与发展中的，《荆楚岁时记》的节日与《岁华忆语》里的节日过法不同，宋时的新年与唐时的新年不同，明时的端午和宋时的端午又有不同，我们的生活方式已经变化，固守已脱离实际生活太久的民俗形式注定是枉自嗟叹，真正值得我们找回与深入的还是传统节日作为中华民族时空坐标的精神内涵、情感价值以及这些节日里神圣意义的回归。

二、中国人对文化精神的共同认同

如果说传统节日是文化精神的一种显性表达，那么我们的日常生活、行为方式，这些日用而不知的部分则更是我们民族文化精神的生命力所在。

我认为我们的文化精神和我们的传统节日一样，从未完全断绝。

我们今天使用的文字依然是数千年前中国人所用过的方块字，文字作为象征系统所代表的这个世界与之前并没有根本区别。人们是相信语言的力量的，至少在巫祝史宗把握了文化权力的时代里，语言是有一种神秘功能的，直到后代人们仍然喜欢用解释文字的方式占卜，解字的方式解释人生。正是因为中国的文字最早是用来和神沟通的，天然具有神圣性，与宇宙一直保持着深远的联系。

我们对文字本身的思考在春秋战国时期曾有过深入的辨析。儒家说“必也正乎名”，这种极端清醒、极端理智的现实主义让语言在沟通天地之外更有了清理世界秩序的功用；墨子则把语言当做是一种经验；老子就根本不相信语言，他说“名可名非常名”，他认为语言壅塞人智慧，钝化人的感悟，消解了我们对这个世界的认知，他说“信不足焉有不信焉”，他相信的是直觉的超验性。老子和庄子用无心的状态让我们看见意识的空寂寥阔，看见他们所体验到的自由与超越。他们以试图超越语言所能叙述的世界以抚慰精神，而像惠施这样的名辩家们则试图用名辩破坏语言，瓦解人们对理智和语言的习惯与执着。

敦煌壁画

春秋战国的烽火渐渐成了大一统的秦汉世系后,执着社会关怀的中国人不再习惯这种在现世中了无一用的纯粹语言思辨,追求心灵超越的中国人也不愿意沉湎于这种繁琐而细致的语言游戏,文字渐渐重回了儒家的名实,重回了它所代表的隐喻、象征、联系,重回了我们对这个世界推之至情达乎天理的理解,一路贯穿了几千年。

直到今天,我们认识的世界仍然是通过语言与文字所呈现出的系统。它呈现一个民族深层的思维和意识结构。每一种语言文字都以一种既定的方式来描述和划分宇宙,使生活在这套话语中的人在学会语言文字时就自然接受了它所呈现的世界。

作为象形文字的汉字使中国人的思想世界始终不曾与事实世界的具体形象分离,思维中的运算、推理、判断始终不是一套纯粹而抽象的符号,而一直是与事实世界有着千丝万缕联系的象征系统。词作为汉字的衍生和分类则显示了古代中国人对于世界知识的感知方式。我们注意一个现象、一个事物可以感知的表象,并以此为现象与事物分类的依据。这种归类的思路,常常从其可以感知的表象出发,产生相当广泛的联想,通过联想,借助隐喻,然后由表示同类意义的符号连起一批汉字,也常常可以由一个汉字的内涵延伸贯穿起一连串的意义,使他们之间似乎也达成某种神秘的联系。各种纷纭复杂的现象世界在思想上的分类,经过汉字的梳理成了互相贯通的隐喻系统。这也是为什么中国人的思维总会显得那么充满联系、互相贯通,我们总是会从很多事中得到启示,我们依然相信这个世界是一个不可或分的整体。

我们一直在使用这样充满联想、隐喻、联系、象征的文字系统,这就决定了我们的思维习惯将永远有着感性、具象与自然万物相关联的一面。

除了文字,要想让我们的文化历经千年而不衰,是必须有一套行之有效的行为规范的,儒家把这个叫"礼",儒家的礼仪教化是深入到中国人日常生活之中的。西方文化讲"爱人",我们中国人讲"爱人以礼"。文化是有着不同的特性的,“敬老爱幼”“自强不息”“海纳百川”“尊师重教”“宽容忍让”“厚德载物”等成语,不单单中国有,世界上绝大多数民族的经典中都有类似的说法。但中国人的这些德行背后是有着非常具体的礼仪行为做支撑的。

我们的祖先早已发现,文化与精神摸不着看不清,光靠文字是很难流传的,想要让它们流传下去、历久不衰就必须打造出具体的形态。我们的孝道文化、“仁义礼智信”这些,要想流传下去,还是需要依凭一整套可以实施下去的行为规范,通过一定的仪式进行半强制化的传扬。比如我们文化中特别讲究孝道,孝是个很空泛的概念,怎样孝,我们的文化里有相当细节的规定与仪式,细到“出必告反必面”“晨昏定省”“亲有疾,药先尝”等等,这些仪式让中国的孩子在很小的时候,就已经培养出孝的习惯,这才是为什么我们这个民族可以说尊老爱幼是传统美德,因为没有哪一个民族在尊老上拥有我们这样面面俱到的礼仪,在爱幼上有我们这样清晰明确的仪轨。

也只有礼仪在,规范在,里边所蕴藏着的文化精神才会存活。所以荀子说,“礼者,人道之极也”。意思是,礼仪是人文道德的根本。也正是因为先贤们的努力,中国在很多时候都被称为“礼仪之邦”。礼仪贯穿了一个中国人的一生,从出生、满月、入学、成童、成人、婚礼乃至丧礼,这些礼仪的应对里所蕴含的“孝亲”“知恩”“报本”“敬老”“尊德”的文化精神一脉相传。

除了文字、礼仪之外,我们这个民族主要的文化精神认同还有对君子人格的共同向往,对中庸之道的普遍认同,对超越之道的丰富体会。

中国文化受儒家文化影响很深,儒者的理想模型就是君子。把君子作为人格理想,是中国文化独有的特征。在这个世界上,有的民族把人格理想定为“先知”,有的民族把人格理想定为“巨人”,有的民族把人格理想定为“绅士”,有的民族把人格理想定为“骑士”,有的民族把人格理想定为“武士”或“贵族”，而中华民族的人格理想是“君子”，《论语》中有非常多关于君子的描述。

君子是一个什么样的人呢，“君子周而不比，小人比而不周”（《论语·为政》）。君子讲团结而不互相勾结，小人互相勾结而不讲团结。“君子喻于义，小人喻于利”（《论语·里仁》）。君子凡事是以义为准则，小人则只讲究利益。“君子坦荡荡，小人长戚戚”（《论语·述而》）。君子事事处处时时心地平坦宽广，小人常常局促不安而忧愁。“君子和而不同，小人同而不和”（《论语·子路》）。君子可以与他周围保持和谐融洽的氛围，但他对待任何事情都该有自己的独立见解，而不是人云亦云、盲目附和；小人则没有自己独立的见解，虽然常和他人保持一致，但实际并不讲求真正的和谐贯通。“君子上达，小人下达”（《论语·宪问》）。君子向上追求，以求通达仁义；小人向下追求，所求无非名利。“君子求诸己，小人求诸人”（《论语·卫灵公》）。君子遇到任何事情都是首先反求诸己，而小人遇到问题时先指责别人。

两千多年来，君子和小人的界限成了中国文化的第一界限。只要是中国人，即使失败了也希望失败得像个君子，而不希望转变为成功的小人，即使被别人说成是坏人，也不愿意被别人说成小人。古人认为，这种君子德行的教育，其实从胎教的时候就应该开始了。

先秦时期，从怀孕时，就要求母亲持有极其庄严的态度，举止合正，步步如礼。汉代尤其注重胎教，《大戴礼记·保傅》中说：“《易》曰：‘正其本，万物理。失之毫厘，差之千里。’故君子慎始也……凤凰生而有仁义之意，虎狼生而有贪戾之心，两者不等，各以其母……胎教之道，书之玉板，藏之金匮，置之宗庙，以为后世戒。”君子慎始，一个人的君子之德是从在母胎之中就开始培养的，可以说对君子人格的向往是中国人一生的文化根基与底气。

中国的文化很早就已经成熟，成熟最显著的标志是不会偏激。我们的文化在本性上就不信任一切极端化的事物。我们讲究不偏不过,最好的状态是合适和恰当。比如中国人的二十四节气里,有小暑、大暑,小雪、大雪,小寒、大寒,但我们只有小满,没有大满,因为对中国人而言,月盈则亏,水满则溢,物极则必反,所以小满刚好,大满则讳。

我们认为小满的状态是最接近完美的,因为中国人从来不认为有真正的终点或绝对的正确,大成若缺,真正的完满恰恰看似有缺憾,勉强求全,就是固步自封。

《易经》说亢龙有悔,乾卦爻位到了上九,以六爻的爻位而言,已于至极,无可再高,这时候如果再进一步,就是祸患。在中国文化精神里,刚刚好就是中庸,是恰如其分,是合适。农耕文明四季轮回、阴阳互生让我们习惯了万物中和,不偏不过。中庸思想的浸润可以说深入人们的日常生活与行为习惯中,影响了一代又一代中国人。

我们始终会相信阴阳互生的转换,相信反者道之动,相信黎明之前必定黑暗,这种文化精神的好处是我们这个民族始终会在绝望里保持信心,但另一方面也让我们始终可以忍受糟糕与更糟糕。当人们慢慢丢弃了这种中庸的精神,开始喜欢以最高级的方式表达他们的情绪,接受不问实质的浮夸标签,那才是我们将要彻底失去的开始。

如果说汉字思维带来的万物相关的通感表达、礼乐教化里孝亲敬老的伦理规范、君子人格的德行模板与典范和中庸思想的不偏不过是中国人在文化精神上的基本认同,那么中国人对“天人合一”的追求则是以上这些文化精神认同的根本所在。

古老中国农耕定居生活与自然之间息息相关的牢固联系,让中国文化的“实践理性”主义特征特别明显,我们对人生和世界是积极而肯定的,我们在四季轮回的生活中追求人与人的和谐共处、人与自然的和谐共处,我们用礼仪中的进退有度、井然有序让激越的情感不曾超出人际的界限,我们也不会用彻底消灭人本能欲望的方式来寻求彼岸的圆满,我们始终对现世生活肯定执着，我们懂得世俗生活里精神的平静幸福才是真正的圆满，我们在有限的此生得到无限的超越，我们把感性心理和自然生命合二为一，让人生轨迹与宇宙运转合二为一，让信仰与天道合二为一，我们以此作为中国人的人生极致，本体与最后的实在。

三、本体的失落

尽管文明并没有彻底断裂，我们仿佛还能在很多地方看到传统的影子，但这影影绰绰的记忆已经不足以成为今天我们安顿身心的家园。

在现代化的强势裹挟之下，我们仿佛已经抛弃了过去，然而抛弃过去并没有让我们更好，反而令我们渐渐看到，物质生活的极大丰富带来的却是更多的欲望与不满足，对传统一知半解的表象之下是现代人们的浮躁无根。偏离了过去，当代人在人生体会，道德境界与自由追求上，显得更加无所适从。

五四以后，我们几乎形成了反传统的传统，但一百年来，全盘西化的现代化社会之弊却积重难返，其实我们应该明白未来的陷阱不是过去，恰恰是对过去的不屑一顾，如果一切都变得可以被解构，那么一切也都失去了神圣与敬畏。

为什么我们今天很多看似美好的东西会让人觉得没有根基，而流于俗浅。比如说穿汉服，汉服本是中国传统文化浓墨重彩的一笔，衣冠华夏，本该是充满文化意义的一件事，但是否每一个穿汉服的人都能理解汉服所承载的礼仪文化要求呢，明白在什么场合穿什么制式呢。比如《礼记·深衣第三十九》有载："古者深衣盖有制度，以应规、矩、绳、权、衡。短毋见肤，长毋被土……制十有二幅，以应十有二月。袂圜以应规，曲袷如矩以应方，负绳及踝以应直，下齐如权衡以应平，故规者，行举手以为容，负绳抱方者，以直其政，方其义也，故易曰：坤六二之动，直以方也，下齐如权衡者，以安志而平心也，五法已施，故圣人服之，故规矩取其无私，绳取其直，权衡取其平，故先王贵，故可以为文，可以为武，可以摈相，可以治军旅，完且弗费，善衣之次也。”

作为礼仪之邦最重要的表征之一，华夏衣冠制度体现的是儒家深刻的宇宙观、自然观，展现的是对君子人格知规矩、直政方义、安志平心的追求。如果一个人穿着汉服深衣却并不以儒家的礼仪要求自己，一个人穿什么衣服却不能有相匹配的德行与修为，这在春秋的年代都是被墨子嘲笑的事情。

今天弹古琴的人也很少有以古琴中和雅正的品格要求自己的，很少有在琴曲中揣摩先贤的操守、以追求君子之德为目的的。古人常说的琴有七不弹，闻丧者不弹、奏乐不弹、事冗不弹、不净身不弹、衣冠不整不弹、不焚香不弹、不遇知音者不弹，为的就是琴是君子之器，娱己不娱人，是为修心不为媚俗，所以对琴的追求，也是对自己内心的追求，这种追求是高洁的。如今倒是附庸风雅寻常见，静室知己几人闻。

现在的师承和家学都变得可疑，枝叶就只是枝叶，失去了枝干与根本，仿如浮萍。没有思想可以继承的年代，学问的脉络混沌不清。假如我们可以理解今天西方的文明，这些声光电气科学的进益是扎根于西方理性文化土壤，理解现代文明的果实是需要根脉与滋养的，我们是否也能理解，传统文化的复兴不在穿汉服、行古礼，不在摆一些茶、香、古琴，诵一些经典辞章，而应在其根脉上求，真正理解传统文化的奥义，理解传统与现代化的接续点，理解对于当下生活，传统文化所能给予的源头活水。那么首先，我们应该追问，传统文化到底是什么？为什么会断裂？对于今天，传统文化的意义何在？如果真的有意义，我们又当如何去做，怎样复兴或重建？

实际上，当我们一遍遍地提起文化复兴时，我们就应该首先追问我们的文化究竟是什么，要复兴的是什么，以及到底是复兴还是重建。

比如西医看似是头疼医头脚疼医脚，但深究下去，我们会发现西方医学同样有着其深刻文化根源，有一整套源自于古希腊、古罗马的人文精神

挟弹游骑图

与哲理思考。某种程度上,这与中国的中医一样,两者都是根植于本民族文化土壤,有着深刻的思想渗透与文化演进的。

西方文化有一个理性的开始,也曾经历中世纪漫长的宗教黑暗。在文艺复兴重新挖掘理性精神,唤醒人文觉醒之后,西方文明似乎是以不可拒挡之势席卷全球。今天的文明,我们可能会更多的认同理性、科学、对人性的尊重、对权力的制约与公正。那么我们所要复兴的中国传统文化是否与此相同,如果相同,中国传统文化的根底是否与西方文明异曲同工?如果不同,我们所要追回的是什么,我们是否是要建立一种全新的文明价值?

如果说在梁簌溟先生的年代,他已经认为这是关切到当时的大事,对于今天的我们而言,这已是不得不抬脚去走的路。

这条路还未走通,很多人认为根本的原因是我们缺失了信仰,实际上我们缺失的是一种自古以来对待生命神圣的理性精神,更缺失了对"与天地合其德"这种感性情怀的孕育。

如果我们要走向未来,需要的不是和过去的一切彻底决裂,而是在过去的地基上重建新时代的大厦,在那个以往历史中已经形成了、铸造了过去,诞生了现在,孕育了未来的土地上接续我们的文化传统。

而任何信仰、价值理想、道德追求都不是凭空来的,都需要有一个丰厚的文化基础,我们今天所梳理的历史实际上就是我们这个民族用之不竭的精神源泉。所有的民族也都只能扎根于本民族文化土壤中才算是有生命的延续,否则都是徒有其表的现代化产物。

接续中华文化的源头之水,我们必须首先找回中国传统文化失落的本体,培根固元,解读、体悟中华文化的本根,恢复精神的元气,以期承扬一个民族的未来。

第二节　重温中国传统文化精神

一、理解传统文化呈现的多样性

即便我们有着共同的汉字思维，过着千年如一的节日，懂得礼乐教化里孝亲敬老的伦理规范、认同君子人格与中庸思想，也相信古老的“天人合一”是中国传统文化的精神本体所在，我们也应该理解，中国的社会、思想、审美、生活是分层的。

这种分层包括精英文化和民众文化的概念，也体现在雅文化和俗文化之中，有官方主流文化与民间生活信仰的区别，但任何一种文化都不是完全独立的，而是存在着极为复杂的对立、冲突、交叉、互文、互动乃至角色转换的张力关系。这种分层，早在神话时代就已经开始了。

最早是无区别的人人皆巫，世界的关系是每一个人与神的关系。

接着出现了王、巫与民，“绝地天通”之后，巫的权力已集中在少数人手中，而巫开始服务于王，代表王的意志，世界的关系就变成了巫与神的关系，巫将神的旨意传达给帝王，帝王以此治民。在这一阶段，巫的思想就是神的思想，统治阶层的思想则是巫的思想与治民思想的融合，而民的思想则受来自巫与来自王两者的影响。

周代开始，人文主义精神开始萌芽，出现了取代巫的士，阶层的不同越来越明显，从前学界一直认为中国分为贵族阶层与民间阶层两个阶层，我认为中国自神话时代以来就分三个阶层：王权、巫、民，并演变成之后的皇权、士、民。

夏，王可能就是巫，而商，已经比较明显，巫师服务于王的，王本人与神之间并不直接相通。而民从最早受统治于神，到受统治于王，实际上这三个阶层所对应的是制定规则的统治者阶层，对规则进行解读、理解、批评、建设的巫或士的阶层，以及遵守规则的民的阶层。

而因为上下阶层通道的并不完全通畅，民间始终保留了自神话时代以来的种种思维模式，并在一代代的日用而不知中深深积淀为各种民俗、禁忌、信仰与生活习惯。

我们会看到很有趣的现象，在各个朝代，官方和民间的信仰都是并行不悖的。比如秦汉之际官方信仰和民间祭祀之间，与农业活动有关的宗教活动中，民间信仰与官方祭典是基本重叠的，但与秦汉时流行的“五德终始说”等为主线的官方祭典则与民间关联不大，民间与生命循环有关的，比如择吉日、触鬼逢神、巫医并用则与官方信仰有些出入。

今天的阶层已经很难被非常明确地划线，但不可否认，不同的阶层是存在的。我们已经不能从身份上来划归阶层，但我们仍然可以从思想上感受到不同的阶层之间的壁垒与差异。

比较有意思的是，这些阶层的壁垒与差异让我们看到不同阶层的思想特征。中国的统治阶层自秦汉以来就有着做而不信的传承，统治者一边奉天承运，一边并不从内心真诚地相信礼乐神圣的力量，权力的角逐超越了天道的规则，甚至统治者可以重新制定规则、解释天道，比如秦汉时流行的“五德终始说”，五德的交替不像天道规律而像胜者为王的穿凿附会。

士的阶层是坚定的思考者，他们信仰终极超越的存在，并孜孜以求，在生命的长河里追求个体精神的自由与超越；而民的阶层受几千年神巫传统的影响，在各种民俗、禁忌、天然信仰里寻求对法、规则的适应。

基于这样的现实，我们所谓的重建传统文化的本体应当是对士的层面的重建，由士的层面影响统治阶层。就如同秦汉时期，官方对学者思想的纳入一样，也由士的层面辐射百姓。正如儒家学派千百年来以血缘情感影响君子人格的塑造和礼乐教化；道家学派个体自由与精神超越的方式浸润百姓生活一样。

苏轼画 1

二、重建礼乐

上古时代，先民们通过原始歌舞、巫术礼仪与神、自然沟通。中国古代最原初的礼就起源于史前时期的各种鬼神崇拜和各种巫术、禁忌、祭祀、占卜等巫祝文化。

如果说原始礼乐是为了沟通天人、服务鬼神，周公制礼制的为国家制度服务的礼乐，那么孔子所建立的儒家礼乐文化则不仅仅是为了维持社会等级秩序，更是以礼乐教化来建立理想君子人格、淳化社会风俗的根本方法。所以孔子说："移风易俗，莫善于乐；安上治民，莫善于礼。"[①]对于以孔子为首的早期儒家学派而言，礼乐是一种理想。

在儒家的礼乐文化理想中，礼是人伦关系层面，道德规范的美感形式；乐则是通过人类审美活动达到文化境界、精神境界、人生境界。礼乐本身也因儒家的继承、构建被贯彻于教育实践中发扬广大，拥有了巨大的文化意义和深远的历史意义。儒家让礼乐文明真正成为了中华民族公共生活秩序与教养生活的根基，奠定了中华民族人文精神的历史走向。

儒家礼乐文化早期的理想形态充满了生命力和对情感的尊重、认可。他们认为礼乐是有生命的，这生命源自于人类本身的情感与性情，是人类生命情感的一种外化表现形式。

《礼记》中说："凡音者，生于人心者也。乐者通伦理者也。德者，情之端也，乐者，德之华也。乐由中出。礼自外作，乐由中出故静，礼自外做故文。大乐必易，必简。乐至则无怨，礼至则不争。揖让而治天下者礼乐是也。"

"乐由中出"就是所谓"凡音者生于人心者也"，音、乐都是由人的内心里生发出来的，"乐者通伦理者也"。从内心生发出的情感、观念变成乐的形式之后，是通达伦理的。"德者，情之端也"，德是情感的发端，人类的

---

① 《曾子全书·仲尼闲居》：子曰："教民亲爱，莫善于孝；教民礼顺，莫善于悌；移风易俗，莫善于乐；安上治民，莫善于礼。礼者，敬而已矣。"

德行起源于内在情感的需要,乐就为这样的德行提供了一个外在表现的美好形式。

从孔子开始,儒家最关注的就是礼乐与情感、与性情的关系。儒家所提倡的雅乐,由情深之处向外发出,“乐自中出”,而道德之心也因情的支持而有了始发力量,成为生命里的自我要求。人如果能安于其所乐,久之则安,所以说“乐则安,安则久”,由乐得到生命中的圆融。把道德当做一个情绪中的享受而不是规范,这就是快乐,所以孔子说“知之者不如好之者,好之者不如乐之者”。

不仅乐是生于心、生于情的,礼的本质同样来源于情,是人性的外在表达。在论语中,这一段对话是比较直接的表达了孔子对礼的看法。林放问礼之本,子曰:“大哉问！礼,与其奢也,宁俭;丧,与其易也,宁戚。”《论语·八佾》中孔子以日常生活中礼的表现形式,铺陈规仪为例,告诉林放,奢侈虚浮的礼节还不如俭朴真诚的样子,铺排、缛节的丧葬礼仪还不如参加丧礼的人自己的哀戚来得珍贵。

此后的孟子、荀子等儒家学派继承人也对以内在性情为礼乐本原的思路做了延续和拓展。

虽然礼乐源自于人类的情感,但正如荀子所说“求而无度量分界,则不能不争,争则乱,乱则穷”(《荀子·礼论》)。需要用礼来治乱,让生命处于平和安宁的境界。礼乐恰恰就是对性情进行疏导与调节的制度形式,并且,通过这种疏导与调节,人之生命形态由一任自然变成合于一定的秩序与节度。

礼乐可以用以节度情感,那么这个节度的标准从何而来?这个标准的合理让礼乐文化有规律可循,也可成为万世遵依的规范。陆贾说:“周公制礼作乐,郊天地,望山川,师旅不设,刑格法悬,而四海之内,奉供来臻,重译来朝,故无也。”(《新语·无为》)在陆贾看来,西周的礼乐制度是从天地、自然万物运行规律中相应而来。

敦煌壁画 2

《礼运》上也这么说:“是故夫礼,必本于大一,分而为天地,转而为阴阳,变而为四时,列而为鬼神,其降曰命,其官于天也。夫礼,必本于天,动而之地,列而之事,变而从时,协于分艺,其居人也曰养,其行之以货、力、辞让、饮食、冠、昏、丧、祭、射、御、朝、聘,人之大端也。”

所以礼乐之制当然也是本于天道,首先是对天道自然秩序的遵从或模仿。《礼运》所举秩序原则包括天地、阴阳、四时、鬼神等,这些构成礼乐的基本创制法则。

《周礼》以吉、凶、军、嘉、宾“五礼”统摄周代礼制的全部内容,设官分职,三百六十官,分属天、地、春、夏、秋、冬六部,各司其守,国家制定的官职规度以天地四时的时序为标准,可见对人事与天道自然相应和的理想,也可以看出礼乐的本原是情感,而标度和秩序则来源于天道法象。

在《乐记》中,则有较多的段落记述了乐与天道的关系。“大乐与天地同和,大礼与天地同节。和,故百物不失;节,故祀天祭地。”大乐和天地一样协和,大礼与天地一样调节,因为那样协和,所以能概括一切事物的本质;因为那样调节,所以能够用来祭祀天地。

“乐者,天地之和也;礼者,天地之序也。和,故百物皆化;序,故群物皆别。乐由天作,礼以地制。过制则乱,过作则暴。明于天地,然后能兴礼乐也。”①

乐,表现天地间的和谐;礼,表现天地间的秩序。有了和谐,所以万物都能化育生长;有了秩序,所以一切事物都能有所区别。乐是根据天的道理而作的,礼是按照地的管制而制定的,制礼不合度就会引起混乱,做乐不合度就违背正道。明白天地间万物的道理,然后才能兴礼作乐。

《乐记》认为,宇宙万物是一个和谐整体,这个整体里包含着天人合一,礼乐则是沟通天人关系的桥梁。社会人群实际上也是天地宇宙的一

---

① 《礼记正义》卷三十七《乐记》,《十三经注疏》(影印本),孔颖达,中华书局,第302页,第302页,1980.

部分，要服从天地自然的运动规律，因此礼乐的制作，要按照天地运行、四时变化的规律。“过制则乱，过作则暴”，违反天地自然规律而制作礼乐，必然会给人类带来暴乱和灾难。所以当时的圣贤之人才会制礼做乐，以此来和谐人与天地宇宙万物。

在《乐记》的思想阐述中，不难看出天人合一绝不仅仅是人的一种主观愿望，而是一种客观规定，是天地与社会同构、人类与万物相感应的结果。

礼这样一种以仁为特征的制度，其合理性根据就在于天地万物的体性差异，这些差别、秩序、关系构成了礼乐制度的格局，也构成了儒家礼乐文化理想形态的依据。

来源于人类情感、天性，合乎于天道、自然的礼乐文明经过儒家的继承与发扬后，从社会制度转化为思想文化，积淀于中华民族的血脉之中，成为中华文化的本原文化，这文化里深蕴着儒家学派的对生命、社会的理想追求，而这理想的核心就是礼乐文化中的“仁”。

宗白华说：“孔子是中国两千年礼法社会和道德体系的建设者。创造一个道德体系的人，也就是真正能了解这道德的意义的人。孔子道德的精神在于诚，在于真性情、真血性，所谓赤子之心，扩而充之就是所谓仁。一切礼法，只是它寄托的外表。舍本执末，丧失了道德和礼法的真精神、真意义。”①孔子以“仁”为其思想体系的本体，用仁来统摄礼乐，使客观的礼乐原则向主体之仁或人本转化，从而赋予了礼乐以新的生命，并且这一生命的根基无比深厚。礼乐教化的理想也是在于通过礼乐的修养而能达到仁。

礼乐教养的首要目标在于追求成为君子：“质胜文则野，文胜质则史。文质彬彬，然后君子。”（《论语·雍也》）所谓“文”与“质”就是道德情操与审美修养，这里的道德情操就是“仁”。“君子去仁，恶乎成名？君子无

① 《天光云影》，宗白华，北京大学出版社年版，第64页，2005.

终食之间违仁,造次必于是,颠沛必于是。”一个人有了“仁”才能成为君子,离开了仁,君子也就是不成为君子了。

作为一种人生理想,礼乐文化为人们提供了个体生命完成与提升的生活形式,以文质彬彬的方式形成自然与文明在个体生命中的合一状态,这实际上是一种艺术审美式的生命与精神生活形态,故而孔子将人格教养的过程概括为“兴于诗,立于礼,成于乐”,以乐为人格完成之表征。

情与天性构成礼乐之内在心理本原,而天道成为礼乐秩序、法则的依据。两者的理想形态则成了礼乐教化的终极追求,代表了中华民族独特的社会与人生理想。这一理想的核心特质是追求天道自然与社会文明、情感生活与秩序法则、道德情操与审美修养的合一。

礼乐成就了中国文明,中国自古以来一直是郊祀与朝廷政事为一。《周礼》就是记的祭政一致,《论语》里孔子亦是讲的祭政一致,可以说礼乐的根本是我们对自然天道的体悟与感激。重建礼乐文明也就是重建我们民族的社会与人生理想,重建天道自然与社会文明、情感生活与秩序法则、道德情操与审美修养的合一。

自然天道就在那里,亘古未变,我们能把我们所生活的自然、宇宙当成是我们应该学习、敬畏的存在,而不仅仅是一种人类向之索取的资源,我们就会重建对自然天道的神圣感。我们能理解中国传统文化对人世与历史的信心,我们就能把生命放在文化的长河里,而不至于枯竭。

重建礼乐首先要理解礼乐对生命、情感的尊重、认可,理解礼乐的仪轨制度用以节度情感的本质是对天道自然秩序的遵从与应和,明白礼乐的根本精神在于“仁”的内核,其首要目标在于塑造一个君子的人格。

这与宋以后,把礼教弄成僵化死板的束缚是两回事,孟子说“理义之悦我心,犹刍豢之悦我口”①,礼乐是让人能感到愉悦的,世界上没有一个

① 《孟子·告子上》:“故理义之悦我心,犹刍豢之悦我口。”朱熹注曰:“草食曰刍,牛羊是也;谷食曰豢,犬豕是也。”

民族像中国的礼教这样普遍地、彻底地实行于民间。这正是因为礼乐本质中的顺人情、合自然。

从前,礼乐的教化是贯穿一生的,不论男女,不论是否读书,都知道天理人情、礼义廉耻,文明与道德单纯而广大,无论是什么人都可以懂得、知道应该如何去做,这仿佛是中国人自古以来统一的生活样式。礼乐也把人们的品格在寻常生活里拔高。因为礼乐,我们心怀天下;因为礼乐,我们心有光明;因为礼乐,我们大气而畅达。所有的生活都在自然之中,所有的生活也都在秩序之中。

传统礼乐的复兴应该从家庭开始,将人与天道之间的关系发展到人与人之间,上至于王制,下至于四野。今天的礼乐则应该首先复兴于人心,内在的礼乐是内心“仁”的体现,也是一个人君子人格的完善,是一种人生理想,也是个体生命完成与提升的生活形式。通过礼乐的个人化,我们得以用文质彬彬的方式达到自然与文明在个体生命中的合一状态,得以拥有艺术审美式的生命与精神生活形态。

对内心仁的情感的培养始于我们对万物的情意、对当下生命的珍重。在生活中,找回中国人岁时节气之祭是找回我们与自然之间的连接,找回我们与宇宙相感应的通道。

我们祭天地、神祇、祖先都在时间节令里,这个时间节令就是大自然的运转之息,人事应之,契于天地,可以说礼就是我们中国人的生活样式。礼让我们“与天地合其德,与日月合其明,与四时合其序,与鬼神合其吉凶”,成为了天地四时的一部分。

重建传统礼乐,我们需要复兴节气祭祀、践行君子人格,找回内心里对“仁”的体会。甚至于日常生活的动作姿势与言语之美,这都是中国人的礼。

礼乐文化代表了中华民族独特的社会与人生理想,从夏商周起,历经朝代更迭,思想碰撞、汇融,数千年绵延而下,中国社会以礼规范人道德行为，社会关系与秩序，以乐成就人生命精神境界，礼乐文化不仅是古代中国公共生活秩序与教养生活的根基，也是中华文化的原始精神。而今天，礼乐文化恰恰能为我们提供这样的道德社会的理想蓝本，用礼乐化的道德对失败的社会道德进行补救，这同时也是当代中国人重返自己精神家园的重要过程。

三、生命学问

新儒家强调心性之学是中国文化神髓，天人合一的思想也根源于此，一切外在的世界都可以收归于内在的本心，所有的事物也都可以纳入一己的道德实践，这也就是中国人常说的“德润身”，用德性去润泽人自然的生命，彻底变化我们自然生命存在的气质，融入整个宇宙的大生命中去。西方所说的道德规则、行为，从这个角度来看，其实都比不上儒家直接面对生命、通透心性。当代新儒家，比如牟宗三等，他们希望以道德为总网收摄生命、人格、文化乃至历史，他们认为中国文化所强调的伦理道德规范之后有一个宗教性的超越情感为其根底。由于中国文化的一本性，伦理道德、超越情感和宗教精神实际上是合而为一的，既是实践的学问，也是可以为仁义价值付出一切的宗教精神。

中国儒家的学问自古以来就是这样一门生命学问，是活泼泼的，与自然天地相往还的。晚清学者王国维说：“且孔子之教人，于诗乐外，尤使人玩天然之美。故习礼于树下，言志于农山，游于舞雩，叹于川上，使门弟子言志，独与曾点。……之人也，之境也，固将磅礴万物以为一，我即宇宙，宇宙即我也。”牟宗三先生也曾深情的回忆过自己 15 岁以前的教育，如柯小刚先生在《回归生命的学问》一文中所引，对牟宗三而言，春日沙丘，“不知不觉睡去，复返于寂静的混沌”，晚听骡马夜归的杂沓之声，感受“生命的苍茫和安息”，年底看戏，领悟“原始的人情、永恒的人情”“生命的风姿、人格的风采”，“这是最直接的人格，最直接的生命”。

这也是儒家情感、道德、伦理真正的来源与实在。孔子不诉诸神而诉于人,不诉诸外在规约而诉斥之于内在情感。如李泽厚先生所说,孔子把“仁”的最后根基归结为以亲子之爱为核心人类学心理情感,把这种人性情感本身当作最后的实在和人道的本性。这种人性自觉的思想深深影响于后世,超越了宗教使命感与历史责任感,具有一种深刻的生命动力。也因为此,两千年来,无论战乱、灾祸还是城头变幻大王旗,儒家精神始终在时代更迭、秩序崩塌之际得以接续,以其顽强的生命力重建道德世界。而中国人的道德世界,通俗地说,就是强调从内心自觉建立一种完美的主体人格。

完美主体人格要经由怎样的途径去建立呢?孔子说,“兴于诗,立于礼,成于乐”,一个人从学习包括古典文献、知识技艺等开始,得到语言智慧的启迪,接受礼仪规范的训练,最终得到内在心灵实在的完成。这种内在心灵实在就是一种人生的最高理想与人格的最终实现,是因为可以感受“随心所欲而不逾矩”的自由所获得的快乐和心灵成熟之后的美好。

实现自由的人生境界是充满快乐的,孔子多次说起这种快乐,“乐以忘忧,不知老之将至”,“饭蔬食饮水,曲肱而枕之,乐亦在其中亦”。叔本华也曾说过类似的话,他说人真正的幸福感来源自身才能的充分发挥。王尔德所说“恶莫大于浅薄”,其实也是表达这样的意思。一个人真正的自由是心灵的自由,而心灵的自由来源于对世间万物的深刻理解,这理解建立在广博与专注的学习基础之上。这是放之四海而皆准的道理,也是人类始终追寻的终极命题与理想世界。

很难想象这样鲜活而自由的学问之道要通过十年背书、收敛心志、闭关苦修来完成。阳明先生在《传习录》中已说过了:“古之教者,教以人伦。后世记诵词章之习起,而先王之教亡。”如果只教背诵书本,那么先贤的教化也就毁顿消亡了。《传习录》中详述了对于一个活泼孩童,应该怎样像春风畅达草木之萌芽一样循循善诱,使其开知觉、发志意,让他趋向鼓舞、中心喜悦,这样他自然日长月化茁壮成长。对于今天儿童教育而言，阳明先生所说的让儿童拥有人与自然相契合的感知力，葆有对学习的兴趣同样重要，同样适用于当下的儿童教育。

如果我们能理解传统文化对于当下的重要性，以及实际上不可割裂的生命属性，我们也应该能明白复兴传统文化、重建中国人道德秩序的重要性，更应警惕某些似是而非、戕害人性的"国学班"对于文化秩序重建的阻碍。一个民族的复兴离不开文化的强大，割裂过去也无法获得未来，死读经不行、极端复古不行、形式主义不行，我们应该做的是汉魂今体，而不是照搬硬套。打死传统活不下来一个真正的华夏民族。正如儒家学说中把人与宇宙、人与人、人与自己关系都看成相互的一样，我们今天所处的时空，同样是相互连接的关系，当引传统文化之活水，与现代科学精神，社会人文精神，共同形成一个兼容与阔大的人文世界，重建当代中华文明精神。

四、礼乐的审美意义

礼乐让我们知道美、追求美，并且美得自然。

"美"这个字，许慎在《说文解字》中说："美，甘也。从羊从大。"

这个字义，包含着汉代人对美的理解，也蕴藏着远古以来与美有关的起源与发轫。为什么古人觉得"从羊从大"就是美，除了味觉上的肥羊为美这种满足最原始口腹需求从而对美的定义之外，"从羊从大"还可以看做是头上戴着羊角做装饰的大人（区别于一般普通人，担负某种使命的人）。这类的"大人"通过原始歌舞、巫术仪式沟通、协调神与人之间的关系，通过礼仪活动一再重复，使理性与感性逐渐融合。慢慢地，原始的巫术礼仪变为道德、法律和礼义，而曾经用来取悦于神的歌、乐、舞则发展成赏心悦目、怡志悦神的审美活动。作为后世礼乐文化的发端，这里也蕴藏了礼乐文化中最为原始的，对美的追求。

从上古质朴无华的原始巫觋到夏侍神祀鬼，商尊而不亲过渡到周代的尊崇礼制，可以看到礼乐的最初形态与这其中对"美"的认识与"美"的源起。中国文化从原始巫觋时代经历祭祀文明进入周代时，已进入成熟的文明时期。这个时期的美，正是在礼乐教化之下与道德要求相融合的美。

周朝后期，礼崩乐坏，中国进入春秋战国时期。孔子对这一时期的礼乐做了两段有深意的评述，他说《武》这个乐“尽美矣，未尽善也”，而《韶》这个乐，则“尽美矣，又尽善也”。为什么孔子认为《武》乐就不尽善呢，因为武王伐纣、血流浮杵，这行为本身谈不上“仁”。而《韶》乐据说是舜帝时期的乐舞，《左传襄公二十九年》载，吴公子季札观乐于鲁，曾留下一段著名的季札评乐，他说《韶》：“德至矣哉，大矣！如天之无不帱也，如地之无不载也。”《韶》乐广博，浩浩乎涵养天地，体现了德的精神。

由此我们也可以看出，孔子所追求的、认可的礼乐的境界是一种形式与内容高度统一的尽善尽美的境界。至此，孔子也正式提出了儒家礼乐文化中的对审美境界的追求。礼与乐不再仅仅是一种社会制度和行为规范，礼的世界是由“仁”的内核化生开来的世界，在这个世界里万物有序。乐则润养着万物内在的和乐，礼乐并举，美善统一，这也是孔子对社会政治、人格修养所寄望的最高境界。

在这种境界里，政治风俗的理想境界变成了儒家在礼乐文化的实践中对审美境界的追求。追求合乎天道、秩序，合乎德行、仁善，合乎美的形式与意蕴。

在这场儒家礼乐文化的实践中，孔子重新构建了源自周代的礼乐文化，他把人生分成不同的境界：色欲境界、知识境界、道德境界、审美境界。

关于人类的社会生存需求，美国的心理学家马斯洛曾在其《动机与人格》一书中指出，人类的需求是阶梯一样的，从低级到高级分为五个层次。这五个层次分别为：生理需要、安全需要、社交需要、尊重需要和自我实现需要。人类作为文化的产物，社会性存在，对生命的不同层次需要古今中外皆同。马斯洛所划分的生理需要、安全需要、社交需要、尊重需要，在儒家的礼乐文化体系里都可以视作是其色欲(欲望及对欲望的需求)境界、知识境界、道德境界的不同层境,虽然没有一一对应的关系,但都是人类对生命不同层次的需要与追求。

人的社会性本质也决定了人类还应有超越这些境界的、更高层次的精神需要,这种精神需要的满足需要通过人的自我完善与追求得到。这种实现自我道德完善和审美塑造的需要被马斯洛称之为“自我实现需求”。对这样的需求,孔子则给出了“志于道,据于德,依于仁,游于艺”的成就方式。一个人有追求道的志向,这个道包括了天道和人道,是最基本也是最高的志向。所谓“据于德”则是追求的这个道必须从修养自己的道德行为开始。怎样修养自己的道德行为?这个道德行为的依据在哪里呢?在“仁”里得来。最终“游于艺”,“游于艺”不是简单理解成生活在六艺之中,而是孔子礼乐文化最终所到达的一种生活和心灵安顿方式,是具有超越世俗和人格的自我张扬的生命审美意识。

《礼记·礼运篇》中有这么一句:“饮食男女,人之大欲存焉。”人类本身所拥有的种种欲望是很难消除的,孔子就曾经感叹:“吾未见好德如好色者也!”这里的“色”指的就是人的欲望,可见孔子也知道“好德”是一件很难的事。怎样才能从饮食男女进入到儒家所追求的人生境界中去呢?孔子认为一个人应当:“兴于诗,立于礼,成于乐。”先通过对诗的学习,对儒家“六艺”——礼、乐、射、御、书、数,这样技能、艺术的学习、训练而达到的精神修养与知识技能的合一从而进入知识境界。由知识境界通过在“礼”和“乐”方面的修养达到“修身、齐家、治国、平天下”的道德境界。而所谓的道德境界其实就是“仁”的境界,“仁”是儒家学说的核心,怎样做到“仁”,孔子在《论语》中给出了很多具有实践性的规范和引导。从语言到行动都对“仁”作了细致的规定。比如“弟子入则孝,出则悌,谨而信,泛爱众,而亲仁。”(《论语·八佾》)就明确的给出了一个人在家里的时候要孝,在外要悌,为人谨慎守信,能爱众人,亲近有仁德的人等要求,《论语

·颜渊》当中,“樊迟问仁,子曰‘爱人’”,关于这一点,孟子更是继承与深化出“老吾老以及人之老,幼吾幼以及人之幼”的爱人之心。

“人而不仁,如礼何?人而不仁,如乐何?”以孔子为首的历代儒家学派从生命的真性情解释“仁”,使“仁”成为人类普遍性的美德。可是即便是“仁”的道德境界也并非儒家礼乐文化的最高境界,真正最高、最圆满的境界是超越了色欲境界、知识境界、道德境界之上的审美境界。

有这么一段关于孔子和他的学生们谈起人生理想的记载。暮春时节,孔子和他的学生子路、冉有、公西华、曾点等人谈论各自的抱负、理想。子路、冉有、公西华先后谈了自己在治理国家、处理政务的政治抱负与人生志趣,孔子听了以后都没说什么。曾点说自己的志向是:“暮春者,春服既成,冠者五六人,童子六七人,浴乎沂,风乎舞雩,咏而归。”孔子对此非常的赞同,他说:“吾与点也。”曾点的志向是什么呢?曾点的志向是当春和景明之时,与六七个志趣相投的人,在沂水河里沐浴,在舞雩台上吹风,唱着歌一路归来。

这样的人生是超越物欲名利的,孔子对此表示赞同,在儒家看来,人生最高的境界并非“修身、齐家、治国、平天下”这样“仁”的道德境界,而是在“乐”的审美体验中获得的自由感受和高峰体验。

孔子思想的继承者孟子曾说过:“可欲之谓善,有诸己之谓信,充实之谓美,充实而有光辉之谓大,大而化之之谓圣,圣而不可知之之谓神。”孟子在这段话里把人的修养分为几个等级。“善”是“可欲”,就是可以满足人的欲望,是一般道德而非高级道德;“信”则是个人的言行一致;“充实”才是美,所谓“充实”是指这些道德原则扩充到人的形容颜色各个方面,比这些更高的等级是“大”“圣”“神”,人格力量能光照四方的,可以化育天下的。

在这里,孟子把人格的美看作是个体人格中实现了的善,但并不仅止于善,这些道德原则充盈于人的外在形式所得到的美感,这种美感最终所散发的光辉与力量才是一个人修养的高级境界。同样把道德引到了审美的范畴。

此后的荀子也继承了孔子的礼乐文化学说,但是和孟子不同,荀子是一个理性主义者,他强调审美原则的客观性、社会性,荀子说:“性者,本始材朴也;伪者,文理隆盛也。无性则伪之无所加,无伪则性不能自美。”①在荀子看来,人的天性是天然的原材料,而后天的行为,是典盛的礼乐教化。如果没有这样的天性,那么人为的加工就无处可施,而没有人为加工,人的天性也不能自己完美。也就是说人必须运用礼乐的教化,才能进入美的境界。

在荀子看来,“圣人,备道全美者也”。圣人就是有着道德伦理的典范、圆满的美的精神的人,所以一个人仅仅停留在“色”“艺”“礼”“仁”的层次上,就都仍然还在一个凡俗的境界里。孔子说“兴于诗,立于礼,成于乐”,只有达到“成于乐”的境界,达到如孟子所说“充实有光辉”、荀子所倡导的“备道全美”的境界才是至高境界,在这个境界里,人是与天地合一、与万物相应和、真正得到自在、精神自由的人。这个“乐”里承载着中华民族的精神追求、情感寄托和终极关怀,是人最终获得彻底解放的世界。

儒家礼乐文化审美思想的演变与西方经典美学体系相比,并没有遵循严格的形式逻辑的程序和规律。比如孟子在《孟子·告子上》中就这么说过:“人性之善也,犹水之就下也。人无有不善,而水无有不下。”这是中国文化中典型的“比德”,用物的德(规律)对应人的德,这种论证方式缺乏逻辑性。为什么水都是朝下流的,人性就都是善的呢?两者之间没有必要的因果关系,然而中国文化中天人合一,万物相生的宇宙整体观,让“比德”这种论证方式显得合理且赋予了更多的文化内涵。

---

①《荀子·礼论》故曰:性者,本始材朴也;伪者,文理隆盛也。无性则伪之无所加,无伪则性不能自美。

也正是因为这种中西方思维方式的不同,儒家礼乐文化的审美思想并不像西方经典美学体系那样追求清晰的边界意识与严密的学问体系。中国思维是意象性的、实用性的,因为此,儒家礼乐文化的审美思想更多的是在为人的精神追求与理想社会秩序构建提供行动指南与实践报告。

比如孔子之所以推行礼乐教化,不是为了构建某种学术体系,而是为了追求某种理想社会秩序的构建和达到人作为个体存在的最大圆满。孔子礼乐文化的基石来源于周代,“周监于二代,郁郁乎文哉,吾从周”。周代的礼乐文化典章来源于夏与殷两代从巫觋文化到祭祀文化的演进,它在这两代的基础上产生,丰富而完备。

可是有这样一种高尚优雅、具有审美性的文明,政治为什么不能长久?礼崩乐坏之后虽然有儒家学派代代相因的继承、发扬、推进,但儒教即孔孟的德治政治实际上从春秋以降,无论是哪朝哪代,真正儒家礼乐教化的理想状态却是没有的。所以对一般社会而言,如果不能彻底地将礼乐贯彻于文化之中的话,这种政治蓝图、社会秩序的理想很难得到圆满的实现。这成为儒家礼乐文化的一个困境。

因为儒家礼乐文化从诞生之初就与道德要求相融合,追求一种形式与内容高度统一的尽善尽美的境界。儒家礼乐文化以周代礼乐文明、政治为原型而创作的审美蓝图就是儒家理想的政治、审美文化秩序。在这种理想中,儒家礼乐文化希望通过文艺审美内在提升人的精神境界,到乐的境界,依靠每一个到了这样“成于乐”的“大而有光辉”的君子的教化及影响来实现完美的政治、社会、文化理想。希望通过并没有标准化的审美境界来完成社会、政治、文化、风俗的一揽子教化与成就,这种理想很难实现,这也成了儒家礼乐文化审美思想的一个困境,但儒家礼乐文化对古代中国政治制度、美学意识形态的积极影响则巨大深远,铸造了中华民族的审美心性及建基于此的审美文化认同。

苏轼画 2

自汉代董仲舒“罢黜百家,独尊儒术”开始,儒家礼乐文化对古代中国政治制度的影响就开始逐步转化为国家层面的美学意识形态,儒家学者也因此成为国家美学意识形态的代言人。此后数千年间,儒家思想的国家化进程使得“上自朝廷的礼仪、典章、国家的组织与法律、社会礼俗,下至族规家法、个人的行为规范”,“凡此自上而下的一切建制之中则都贯注了儒家的原则”。

儒家教育的国家化使得儒家礼乐文化中审美思想造就了中华文化的审美性。礼乐教化的主张实际上也就是审美化生存、艺术化生存,是一种日常化的生活艺术。儒家学派强大的自信心也让这种审美化生存的主张代替了依赖宗教的对生命的超越性。

在儒家文化体系里,没有一个幻想世界可供人们寻求慰藉和解脱。儒家的祭祀文化不是源于对彼岸世界的幻想或寄托,而是“祭如在,祭神如神在”(《论语·八佾》),祭祀的目的是为了让在世的人感受到被祭祀者如同亲自在场的敬与诚,从而对自己的道德修为有所要求。

孔子曾说:“朝闻道夕死可矣。”如果在世可以通达了“道”,那么死亡也不算什么,因为生命在这里已经达到了最高境界的圆满。儒家的礼乐教化给人们现世的生活带来了精神上的平静,礼乐文化的审美境界也超越了色欲、功利,超越了成败、利弊、祸福、生死甚至时空,通过在世的道德修养、对美的体验与感受超越对有限生命、必死宿命的悲剧感,从而得到精神上的自由与圆满。这一思想也深刻影响了近代多位思想家,比如王国维、蔡元培等都曾提出过以美育代宗教的主张。蔡元培就曾认为,只有审美教育才能将一个处于现实凡俗境界,处于物欲羁绊中的人提升为摆脱物欲羁绊的自由人。

实际上,在西方美学思想中,康德、黑格尔、尼采等人也都强调过审美对主体自由人格建构的作用和意义,康德在其审美哲学中所追求的也是无功利的、自由的、带有乌托邦性质的先验审美理想。德国古典美学集大成者黑格尔曾说"审美带有令人解放的性质"。西方现代哲学的开创者尼采则把审美看作是人类的最高追求,在他看来,一个人从凡俗的物欲羁绊的世界里升华到自由的精神世界,只能通过艺术和审美。"只有作为审美世界,人类才有存在的充分理由。""审美是人的形而上的冲动。"这与儒家礼乐文化的审美境界不谋而合。

然而回顾我国当代教育,很长一段时间,美育的培养一直没有得到应有的重视,美育几经兴废,直到今天,虽然已经引起重视,但并未落实到具体的课程教育之中,华夏礼仪之邦的礼乐文明也与当下社会渐行渐远。

诚然,儒家的"礼乐教化"思想有其自身的困境。但它作为一种人类生命境界的修养,在传统教育方式、文化内涵、社会生活等诸多层面,都对后世中国教育文化和社会发展影响深远,尤其对当下民族复兴,构建和谐社会影响重大。礼乐文化在古代以祭祀、等级、秩序、人情等维系社会和谐,今天,等级秩序虽然已不需要礼乐的规制,但构建和维护各阶层、各因素之间以人情为基础的社会良好秩序、礼乐文化依然为我们提供了现代美学在制度、秩序等方面的范示。

比如礼乐的人性出发点为情,以人情,以仁为内核的对生命普遍性的美德追求在今天依然有着积极影响,礼乐文化的审美思想中对个体生活、精神层面的关注,通过不同层级的训练、修养达到内在的人格美的境界,将对美的追求融入到政治、宗教、学养、社会秩序等多方面的方式,都使得美育在当下社会语境中具有了普遍意义。我们的民族曾根植于礼乐文化之美,血脉里不曾断裂过对礼乐之美的向往。

今天,我们对当下道德困境进行反思和补救时,审美化的礼乐文化也为我们提供了一个道德社会的理想蓝本,用审美化的道德对失败的社会道德进行补救,这同时也是当代中国人重返自己精神家园的重要过程。

第三节 中国人的审美追求

中国人的审美究竟是什么,我们是否可以通过对美的追求重建传统文化的本体,这一眼源自上古、历经千年的活水是否依旧能流下去?

一、平和之美

对汉族人来说,美的起源来自一个模糊而尴尬的词——羊大。

无论是“羊大为美”,还是“羊人为美”,其实都带着极大的猜测性,图腾巫术的神秘与权威为什么要用羊头而不是别的什么头呢?也许是与别的动物头骨比起来,羊头不仅轻便而且有弯曲而又充满美感与神秘意味的双角,当然这也是猜测。

如果我们要穷追美的开始,可能我们还是要回到鸿蒙未开的原始年代。

李泽厚在《华夏美学》一书中曾指出:原始混沌的直觉经验一旦经过形式化、秩序化,我们就已经听到了文明的脚步,这些生存与意识的体验被以图像、符号的形式记录、沉淀下来。

新疆阿勒泰岩画

从那些最开始的打磨过的装饰品、岩画、陶罐上的图饰，到原始的图腾舞蹈、巫术仪式、与神灵的对话与崇拜，情感抒发与联想中，美悄然而生。

虽然这些实际上都只是美的萌芽，可能还谈不上是审美，更像是人类作为动物本身的情感与宣泄表达，但是在经由了图腾歌舞、巫术礼仪的秩序化转变、线条的创作与应用之后的感性积淀，这些情感与宣泄开始转向社会化。

今天我们看到的那些凝固的图画、冷静的天象标记与阴阳八卦，都曾是如火烈烈的狂热舞蹈、炽热虔信的巫术礼仪，有着与天地同息的神秘力量，既是符号，也是咒语，是歌唱，也是信仰。

那久远的仪式、遗存的文物浓缩着原始人奔涌的情感、神秘的思考与明确的期望。人类的观念、想象与理解使得动的巫术舞蹈渐渐升华成了静的祈祷默告，原始炽热的情感慢慢凝固与积淀在文明的开篇中。

图腾与巫舞转化为充满神圣感的礼乐，敬神的仪式甚至超越了神本身，儒家将礼乐定制成繁琐的仪式，规定了位序、方位、服饰甚至语言与神情，用这样的方式培育出人性，规范出中国人生活的样式，在儒家的礼乐中，也许没有真正的神，但一定有“神圣”。

这种神圣不来自禁欲主义，我们古人所讲的美，始终离不开感性。在我们礼乐文化中，礼是来自宇宙到人的统一体的各种制度、秩序、规范，包括生死、情感，是人的内在本体和个体修养，是内在人性心灵的形而上的发掘。

乐比礼更直接，是天地神鬼、人间世界的和，乐从和，音乐就应该与整个宇宙和人际关系的规律性相一致，和于万物。

文明如此早熟，以至于在老子的年代，就已然忧患深重，那些奔放的情欲、本能的冲动、强烈的激情、狂暴的欢乐、绝望的痛苦、难以接受的情感形式都被弃之于外。

我们的情感开始满足于相对的平宁和谐，即便有奔放潇洒也会致于中和，乐而不淫，哀而不伤，种种激烈的感受最后往往转变成乐天知命的自得其乐。人们在平宁的生活中，与天地相往还的那种朴素的满足感变得无比重要。

人们更加注重现世的生活，上启建安风骨，下至民国怒向刀丛觅小诗，这些文人们都表达出对现世的关注，比如杜甫创作出“三别”、《茅屋为秋风所破歌》。这些文字里对人生际遇诚恳而深挚的关怀，对苦难的切肤同受，情感的深厚表达每每令人感怀。不只是杜甫，中国文艺史上很多这样的文人，都曾对这当下的现实世界倾注过深情，他们在创作中执着于人间、关注于现实。

他们不求个体解放，不寻来世恩宠，他们把个体的心理沉静融埋在苦难的人际关怀的情感交流中，沉浸在人对人的同情抚慰中，彼此相濡以沫，把这现实人生的体验当做是至高无上的人生真谛与创作使命。

如果一路追溯，我们会发现这样的人道主义精神恰恰是儒家将远古礼乐传统内化为人性自觉，变为心理积淀的产物。

我们的儒家学派是最自信的学派，他们从来不把希望寄托在虚缈的来世，不向神求而向自己求，不诉诸外在规约而诉之于内在的情感。他们以亲情之爱生发出来的仁，把这人类自身的情感当做最后的实在和人道的本性。

这种不是追求个性解放，而是基于人际关怀的共同情感，成了历代儒家士大夫知识分子生活存在的严肃动力，具有着一种生命动力的深刻性。

他们泛爱众，亲仁，温情脉脉地留恋世间。他们将情感集中地引向现实人际的方向，不是人与鬼神的关系，也不是人对自然的研究、实践或斗争，而是亲子、君臣、夫妇、兄弟、朋友、同胞这种种的人际关怀，以及由此带来的种种人生遭遇和生活层面。

也正因为此，我们的美学很早就被引向了中和，在我们的诗文艺术中,一切都是可以理解的、平易近人的,没有强烈的情欲和沸腾的愤怒,各种方面都保持着严格的节制,不过或许正是这种节制,使得我们维持了数千年,绵绵不绝。

二、深情之美

如果说庄子是深情的,可能会有很多异议。一个对生死如此超脱的人怎么会是深情的?事实上,唯有最为深情的人才会将生死看成一物。

他彷徨尘域之外,逍遥无为之业,用审美的人生态度让生命充满了感情的光辉,成就了数千年中国知识分子的精神后花园。是的,每当我们在现实世界的苟且与跌撞中、在人性的深渊里感觉黑暗与绝望时,我们总会因为庄子的逍遥态度而获得心灵的平宁与安然。

这不是犬儒,这是道家给予我们超越儒家礼乐仁义之上的更高的人生境界与人格理想,是摆脱了以人际关系来确定个体价值的道德体系,是和自由飞翔一样快乐的精神上的彻底解放。

庄子是快乐的,他的快乐超越伦理,超越好恶,与天相和。他说知天乐者,其生也天行,其死也物化……通于万物,此谓天乐。怎样感受这样的天乐呢?一言以蔽之——“忘”。忘怀得失,忘己忘物,亡于江湖。

儒家的思想讲究一个“和”字,这个“和”主要是人和,即便儒家礼乐的情感秩序来自于天道宇宙,最后的落脚点也还是人际,是君臣、父子、夫妇、长幼友朋,是人际和谐。庄子的“和”就不同,庄子是天和,是人与大自然,与万物同一的“和”。他认为一个人情感,无所谓有或没有,好或者不好,自自然然的像四季那样凄然如秋,蔼然如春,喜怒通四时就好,一个人养生之道也一样,自自然然的就很好。他不是无情,他是有情,是万物复情,他将超越的存在寄存在自然感性之中,找到了另一个层面的天人合一。

在中国,因为没有宗教的灵魂归依,没有抽象形而上的哲学思辨,大自然消融了一切,我们最后的落脚点都是自然、是天地。我们最终的人格境界不是孤傲，不是清高，不是遗世独立，也不是抗争或愤怒，而是自然。

这自然是天行健，也是逍遥游。

另一个深情的时代是魏晋。

魏晋不仅有酒、五石散、宽袍大袖与诗文风度，更有深情。

古代的中国，几乎没有哪一个时代，能如魏晋这样人物精彩，也没有哪一个时代，能像他们这样一往而情深。

这深情里有着屈骚一而贯之的情感、九死其犹未悔的情操，既有悲愤与哀伤，也有因为死亡的锤炼而散发出来的，生的光芒。

我们读《世说新语》，那些风流品藻如在眼前，本来源自儒道的理想，在魏晋成了人世感怀的深情。李泽厚说魏晋整个意识形态的根本特征就是智慧兼深情，有玄心、有妙赏、有洞见、有深情。

这深情既不是庄子的忘情，也不是儒家的平宁，而恰恰是屈骚传统的深入融合，在这里，所有的深情都饱含着宇宙人生的苍凉悲怆，既有生命历经世事的慈悲也有对时空无限的感伤与智慧。

他们不再是汉代拘束于经学章句注释的小儒，也不是后世理学那样平抑忠厚的君子，而是风度翩翩、有智慧、有深情的精神贵族。

竹林七贤砖画

比如后世津津乐道的竹林七贤的高蹈，他们的洒逸并不像庄子那样高远，他们狂放不羁的外表下有着被勉强压抑下去的巨大的恐惧、愤懑、激昂和悲哀，满是对人世间的忧患、哀伤和沉痛，这些忧患、哀伤和沉痛与对生死存亡的惊恐、思索连一起。

太上忘情，太下不及情，我们无法超越而无情，也没办法麻木不知情，我们难以解脱对生命的叹息、对宇宙的感怀，甚至也不可能免除对死亡的恐惧。我们的魏晋不是情欲的狂欢，也不是本能的冲动，那些在大醉与狂欢之中的，仍然是现世生活的深刻眷念与执着。

他们不想毁灭，他们饮美酒、游四极。他们是那样含蓄温柔、深情脉脉的感受与探询这人世间。表面的颓废、悲观、消极的感叹中深藏着的恰恰是对人生、生命、命运、生活的强烈的欲求和留恋。

汉代的经术、谶纬，甚至节操在这个时代都遭到了怀疑和否定，这些高高挂起的规范、变换无端的标准、腐儒与霸权口中的价值哪一个是真实不虚的？哪一个又是真正有价值的？短暂的生命里，我们只有自己内在人格觉醒与追求，只有那么多的生离死别、哀伤不幸才是真实的，在觉醒的状态下，能否自觉而充分地把握着短暂多难的一生，才是真实的。

在魏晋，我们第一次发现了自己。

因为这种发现，我们有了深情，有了自我，有了情感与人格本体的结合。从此以后的中国，不再讲毁灭中的快乐，也不讲生命的彻底否定，我们也总能在儒学那种“温柔敦厚”“文以载道”“哀而不伤”“怨而不怒”之外葆有我们的深情。

一方面，我们可以冲破不偏不及的伦理束缚，能够续起蔑视常规，鄙弃礼法，走向精神高蹈的自由之路。另一方面，我们也不会走向空漠的残酷、虚妄的超脱或矫情的寂灭，我们始终保留了这智慧与深情。

三、自然之美

中国人最终极的审美态度是自然。

我想以本土化的禅宗来解释我们所理解的自然之美。

黑格尔在谈论欧洲中世纪宗教艺术时说,宗教把苦痛和对于苦痛的意识、感觉当做了真正的目的,在苦痛中愈意识到所舍弃的东西的价值和自己对它们的喜爱,愈长久不息地观看自己的这种舍弃,便愈发感受到这种考验强加给自己身上的心灵的丰富。

我觉得通过这段话可以理解很多的佛教故事,比如“舍身饲虎”“尸毗王本身”“五百强盗成佛”“须达拏乐施”这类的,这些故事里我最不能去想象的是须达拏,他把全部的东西施舍给了别人之后,两个幼子怕被父亲施舍掉就躲了起来,太子须达拏把这两个发抖颤栗的小孩找出来,用绳子捆绑好送给了乞求者,孩子依恋父母不肯走,乞求者用鞭子抽的他们出血,太子仍然让孩子被牵走,以达成他的施舍。

洛阳龙门石窟佛像

这令人不忍卒读的故事,不像是佛教,更像是现实人间。不像是施舍或是佛法,更像是悲惨残酷的剥夺与不得不承受的苦痛,生而为人,悲苦冤屈,乱世的共运,生灵的涂炭无可避免。宗教里的困难既是现实苦难的写照,也像是对这种苦难的抗议,是无情世界里的深情。

生灵渺小,佛陀的世容看起来那么高大、睿智、清冷、高超而宁静。仿佛肉体愈摧残,心灵愈丰满;人世愈低劣,神像愈高超。好在,在中国,我们始终没有产生过像印度教梵天、湿婆之类恐怖神秘的信仰,没有"割肉饲虎"或者"舍子成施"的故事和要求,我们的佛教走进了俗世。

魏晋的玄学,南朝佛学在细致思辨里找到了丰富的意味,信仰与生活的统一终于让禅宗成了绝对的主流,而禅宗由普通百姓的信奉而转向日益占据了知识分子的心灵,使这心灵变得更加深沉、超脱,则成了文化史上影响深远的事实。

禅宗说"担水砍柴,莫非妙道","语默动静,一切声色,尽是佛事",这和儒家所讲的道在伦常日用之中几乎是一个方向。禅宗不否定儒家所看重的现实生活和日常世界,也不否定儒道共通的感性世界,但禅宗突破了儒家世界的天行健与道家世界的逍遥游,它不落迹象,超越生长,动静,有无。

我在这里把禅宗归为哲学和美学的范畴,本书不讨论宗教。所有的哲学问题都是在探究永恒。儒家以"生生之谓易"来解释永恒,用人的情感、关系、与天地的联系来落实永恒,禅宗则把对时间的某种顿时的、神秘的领悟来感受永恒。在这一瞬间里,超越了一切时空、因果、过去、未来,越过一切界限,存在即成永恒。

为什么要静坐,为什么要破"我执",都是为了去掉这种现象世界的运动不息的假象,去接近和达到永恒不动的静的本体,进入佛我同一、物己双忘、宇宙与心灵融合一体的那异常奇妙、美丽、愉快、神秘的精神境界。

禅宗通由"妙悟"得到的"道"。这种"道"往往只能在顷刻间被抓住,难以久存。所以,禅宗并不十分执着于僧人的生活或教义本身,悟道倒更像是探索某种高层次的心灵意境或人生境界。

禅宗与人自然特别的亲密,它所追求的那种淡远心境和瞬刻永恒,经常通过大自然来使人感受或领悟到。

在禅宗看来,一朵花开、一处水流、云卷云舒这些自然本身都是没有计划、没有目的的,但这一切无意识里的意识,使得这一切能够这样舒卷循环不息的,才是真正的神之所在。

如果我们能在那些花开花落、鸟鸣春涧中,体会到自然之美,感受到瞬间与永恒,那我们也就能体会到禅。你看,王维的诗句就字字入禅,字字是自然。

比如他的"涧户寂无人,纷纷开且落",比如"人闲桂花落,夜静春山空",这些字句拆开来看,都非常平凡、写实、自然,但诗句所传达出来的意味,却是永恒的静。

中国自古天下名山僧占尽,似乎僧人天然就喜欢山水丘壑,因为这里是自然深处,也是禅性深处。

儒家学派强调人际关系,强调动、变化与人的努力,虽然儒家也有对时间和永恒的追问与感慨,比如"逝者如斯夫,不舍昼夜",比如"念天地之悠悠,独怆然而涕下",这些也都还是儒家的襟怀和感伤,是属于人世的。

庄子的空物我,齐生死,亲近自然就已经超越了凡俗的世间,看似与与禅很相似,但庄子所着意的,根本上还是一种理想人格。他所看重的是能作逍遥游的"至人""真人""神人"。而禅所强调的却是种具有神秘经验性质的心灵体验,庄子实质上仍执着于生死,如果完全不执着于生死,也不必养生,不必求成为与天地同在的真人了。禅则以参透生死关自许,于生死是真正无所住心的。

禅的世界里,物和我都是虚幻的,整个宇宙以及这种"真人""至人"之类的理想人格都同粪土一般,毫无价值。

对禅来说,真的存在只在于心灵的顿悟。它不看重生,也不轻视生,世界的任何事物对它既有意义,也无意义,过而不留,都可以,无所谓,所以根本不必去强求什么超越,因为对禅而言,超越本身也是荒谬的,没有意义的。

在禅宗里,我们看不到屈原那种强烈执着的情感操守,也看不到魏晋时期那种“木犹如此,人何以堪”的纵情感伤,对生的眷恋和死的恐惧,在这里也完全消失了。

但是唯独没有消失,甚至更加深化的,是对大自然的情感,禅宗以自己的悟,与庄周的人格追求、屈原的情操执着融合在一起,使得所有的情感变得更加飘渺、聪明、平和并淡泊,变成了一种耐人长久咀嚼的“韵味”、一种精灵透妙的心境意绪。

黑格尔那段关于宗教与痛苦,宗教与心灵的见解是黑格尔在谈论欧洲中世纪宗教艺术时说的,是对宗教艺术给人们带来的心灵丰富的感受与理解。

我认为这段话同样适用于理解一些佛教故事对我们心灵的价值。在中国,禅宗让我们的心灵变得更加深沉了,有了更多精灵透妙的心境意绪。这些都是针对于禅宗之于我们的审美与哲学思辨而言,在信仰的层面,都是浅的、着相的。我所谈的就是这个浅的、世俗的层面里我们所能感受的禅宗,以及禅宗带给我们的情感。

禅宗在审美取向上,不像儒家那样讲究气势磅礴的襟怀抱负,也不像庄子那样追求的是逍遥自由的理想人格,更不是屈原那种有着炽热情感和强烈执着的情感操守。如前所说,禅宗更着意的是一种精灵透妙的心境意绪,因为禅,古代中国在美上的追求变得更在意境界、韵味。

这种韵味不再是魏晋贵族们那种辩才无碍的雅致高谈、玄心洞见,也不再是文人名士风流洒脱的姿容状貌、伤感情怀,这是在瞬间的妙悟中,智慧与深情融为一体的自然之韵。

你看苏轼的诗词,屡屡感叹人间如梦,这种感叹和魏晋时期,或者《古诗十九首》中那种人生短暂、盛年不再的悲哀已经完全不同,苏轼感叹的不再是个人的生命长短问题,而是整个人生意义问题。这里的情感不是激昂、热烈的,而是理智而醒悟、平静而深刻的。

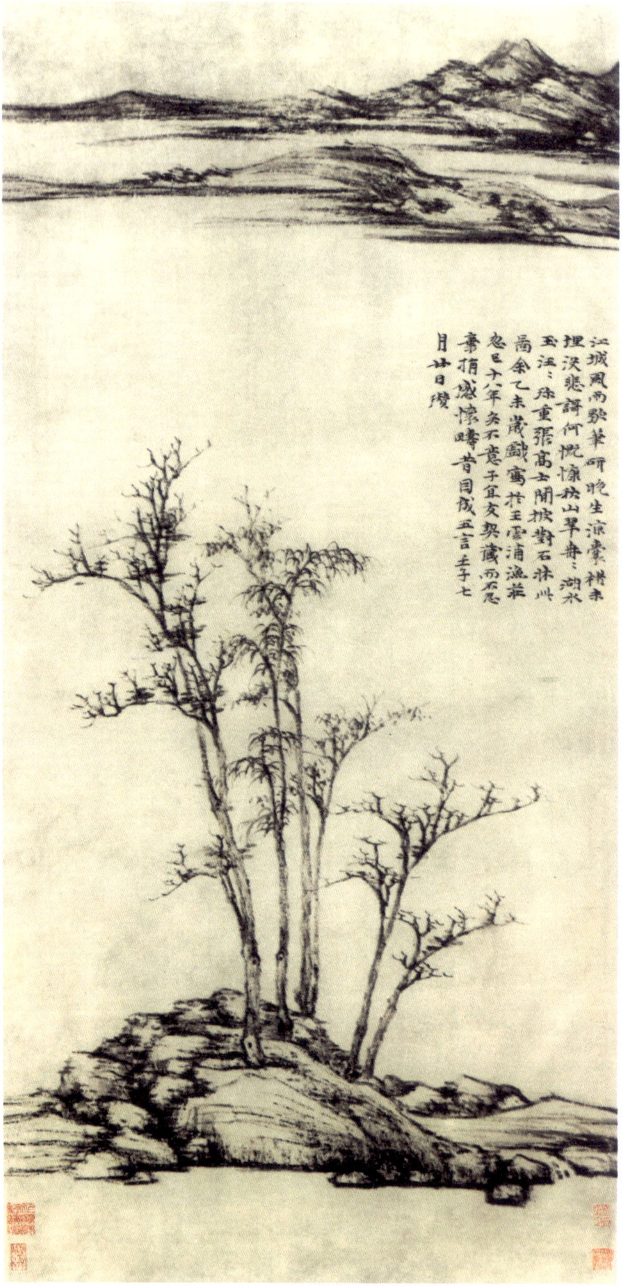
江城風雨歇筆研晚生涼囊楮未
埋沒悲歌何慨慷秋山翠冉冉湖水
玉汪汪珠重張高士閒披對石牀此
畫余乙未歲戲寓於王雲浦漁莊
忽已十八年矣不意子宜友契藏而不忘
感懷疇昔因成五言 壬子七
月廿日瓚

倪瓒山水图

宋人对人生的态度经历了由禅悟变为和自然相往来的智慧与深情，自然景色指向人们的心灵境界，如果说儒家是把自然变得人化，庄子是把人变得自然化，在禅宗这里，已经不再是儒家的人际之叹、庄子的人格之求，甚至也不仅仅是情感，而更是一种心境。

我们往往最能体会的禅境通常不是高山深壑，不是壮伟奇丽，反而都是非常一般的寻常景物，正是这些寻常的自然景色烘托出了人生的虚无空幻，使人玩味无穷。这既是天空初晴、幽鸟相逐，也是落花无言，人淡如菊；是与道俱往、着手成春、心灵妙悟，也是禅机妙悟；是审美意境，也是人生境界。

现在的我们，大抵沉沦于日常生活中，奔走忙碌于衣食住行、名位利禄，早已把这一切丢失遗忘，失去那敏锐的感受能力，很难得去发现和领略这无目的性的永恒本体。也许，只在写诗、作画、听音乐的片刻中，也许，只在亲近大自然的时段里，在追求灵性的生活里，才会重新找回我们对生命敏锐的感觉，对沉静与美永恒的感悟。

那么审美给我们带来最重要的东西是什么？

我想最为重要的，莫过于为庸碌的我们在这个世界里努力呼吸之后，所提供的那一处心灵栖息地。

我们需要不那么疲惫，需要领会与人世相关的世事、家园、人生、天地里那些本体的诗意。

审美领会对热衷仕途的积极者来说，它给予他们闲散的境地和清凉的心情，对悲观遁世的消极者来说，它又给予生命的慰安和生活的勇气，它是我们传统文化的生命所在。

在近代，有很多人提出以审美代宗教。

代表人物有王国维、蔡元培。

王国维追求境界，不管是“西风凋碧树”还是“望尽天涯路”，故国不再，对于他这样的士大夫而言，是有着巨大的痛苦的，他所提出的境界，他所践行的艺术追求,恰恰是希望在艺术中去寻找回避个体感性生存苦痛的栖息地。然而对感性个体血肉生存的回避却正好证实了这种个体血肉,生存苦痛的觉醒与存在。

艺术的境界是没有办法完全回避掉人生的痛苦的,我们只能在这里得到短暂的恢复。

最终,王国维像屈原一样,以生的毁灭作真正的回答。但是和屈原不一样的是,屈原死于深情,死于追问,死于对这个荒谬世界的抗衡,他的死是对生命的无比眷念与执着,有着无比理性与高德。王国维的死却是在故国不再、前景无望的悲观与传统儒家理想挫折之后的无可奈何花落去。

传统儒家学派没有建立超道德的宗教,但中国传统文化却有着有超道德美学。虽然我们没有建立神的本体,只建立着人心理情感的本性,没有去归依于神的恩宠或拯救,而只有对人的情感的陶冶塑造,但这种生命的超越却与宗教的力量无二。所以蔡元培取其一端,希望从宗教中抽取其情感作用和情感因素,来作艺术的本质,替代宗教。

蔡元培把宗教归之于情感教育,他撇开了伦理、意志等种种功能,强调"陶养感情",用情感的陶冶来达到本体的世界,这说明蔡元培仍然是完全站在儒学传统的无神论立场,来提出以美育代宗教的。

蔡元培实际上是以正面积极方式提出了王国维以消极方式提出的艺术让我们回避痛苦、短暂憩息的问题,他们都希望能够在艺术的审美领会中,达到宗教所带来的本体真实,超越道德、超越苦痛、超越有限的欲望、情思、恐惧、人我、利弊,直达人生最真实之境。

他们用传统的器,掘出一汪新的泉水。

这眼水,是可以流下去的。

第五章　中国传统文化精神重建与实践

中国传统文化精神的本体是天人合一，其大原则是自然。

数千年来，传统文化精神在儒家的礼乐、民俗、节令生活，道家的超越以及中国人的审美态度中得以流传，包括佛教在内的所有外来文化都曾消融在中国文化自然的大原则里，这种文化精神自上古神话时代开始即已一脉相承，虽然神与巫的关系在后世变为天道与内心的关系，但这条道，却始终未曾偏离过方向。

在今天，我们确实比以往更加充分地关注自己的内心，但也确实更容易失去意义与价值。因为天道的丢失、对自然的忽略，我们所谓对内心的关注其实都未曾真正扎根进历史文化的土壤里，经不起推敲。

如何找回曾根植在我们血脉里的诚敬、谦恭以及对天地生命的神圣感觉，如何回到天人合一的通达与自然状态，可能是摆在我们面前，最富有现代性的挑战。

是的，全盘西化不叫现代性，真正得以让本民族一脉相承文化在现代化角度得以实现才是现代性的高级形态，也才是一个民族真正的重生与强大。

在本章中，我从盛唐而下，遍览数千年文化气息，我们会看到那是一去不复返的中国，我们今天从传统文化里重建的只能是本体的回归，而不是枝节的复制，只能取其意，而不能守其形。这意，这本来就是表象之内，中国人对宇宙一以贯之的敬畏与神圣感。

找回这种敬畏与神圣感，我认为最直接而有迹可循的是礼乐。

礼乐给了我们生命的仪式感，在这种仪式感里重建对天地宇宙、对万物生命的敬畏与神圣感不仅有迹可循，也充满现代气质。这其中，最为重要的是我们自己内心的诚敬之路，这条路从专注、去欲、内心的安静开始，我们同样要把对世界的观照收回到自己的内心。这是天命、天道通过诚敬这样的功夫步步下贯，贯注到人的身上，作为人的本体，成为人的“真实的主体性”的过程。而生命的超越境界则来自审美，来自对自然的情意，来自顺乎天性的自由与快乐。我尝试以我自己对自然节令的感受，对内心的约束与专注，对“游于艺”的粗浅理解来构建一个传统文化精神大厦重起的草图，在天道与人心之间，搭出一条因为诚敬，因为对自由的向往与追求而造就的问心之道。

第一节　找回真正的传统文化精神

可能每一个中国的读书人都曾吟诵过《春江花月夜》。

“春江潮水连海平，海上明月共潮生，滟滟随波千万里，何处春江无月明……”

在永恒的宇宙面前，张若虚只有错愕，没有憧憬，没有悲伤[①]。这既不是魏晋时朝不保夕的哀歌，也不是盛唐之后，诗人饱经苦难的现实悲苦。这里只有少年的憧憬与叹息，只有在宇宙流转永恒面前的错愕与感受，是对生命存在的觉醒与珍视，也是对“人生代代无穷已，江月年年只相似”的人生有限、无可奈何的感伤与留念。

《春江花月夜》是唐诗的顶峰，是诗中的诗。

---

① 出自闻一多《宫体诗的自赎》。

盛唐之音如鲜花怒放，即便是陈子昂的"独怆然而涕下"，读起来也并不悲痛，开创者的高蹈胸怀，那种积极进取、得风气先的伟大孤独是如此豪壮。

大道如青天，功封万户侯，无数的学子寒士，在科考、军功中建功立业，为国立功的荣誉感和英雄主义弥漫于盛唐之际。即便是大漠苦寒、兵刀弓马，也壮丽无比；即使是出征、远戍，也爽朗明快，整个社会如深春草木，欣欣向荣，整个时代如奔流之水，恣意纵情，知识分子们"天子呼来不上船"，蔑视约束和羁勒，抱负满怀，纵情欢乐，傲岸不驯。

那些诗句如同黄河之水天上来，痛快淋漓，天才极致，似乎毫无规范可循，一切都是冲口而出，却又如此美妙，如此层出不穷，不可思议。

这是永远不可能再被模仿的时代，是永远回不去的少年的盛唐！

时代的原因，即便是顶尖的文人也缺乏庄周的思辨力量，再怎么顿挫也找不回屈原那样深沉的情感。中国，这个曾经蓬勃的少年，慢慢老去。

"渔阳鼙鼓动地来，惊破霓裳羽衣曲"，盛唐物类天成的浑然大气终成绝唱，神龙见首不见尾，不可捉摸，高华雅逸的贵族气派，让位于工整规矩的世俗风度。

比如杜诗、颜字、韩文。

有迹可循，律令可行，盛唐雄豪壮伟的气势情绪被归纳进了形式与规格中，天才之美成了人间字句，还是顶峰，但可仰止。

人们往往以为盛唐而下就是衰落，就像我们总是误会晚清一定积贫，实际上惊破的只是霓裳羽衣曲，彼时江南富庶，国库充盈，上层社会日趋奢华、安闲，一如我们看到的《簪花仕女图》。

孙棨的《北里志》里说"自大中皇帝（唐宣宗）以来仆马豪华，宴游崇侈"。杜牧也曾感叹至于贞元末，风流恣绮靡，这样的社会风气里最先磨损的是气节傲骨，是那种开拓者敢于冲破传统一往无前的气势。

在声色歌乐、舞文弄墨中，文人们用他们所擅长的华美文词、机巧聪

四仙供寿图

敏沉浸在繁华都市的声色之中。没有怒吼，没有蔑视，没有诗酒边塞、马上功名，没有天马行空式的飞逸飘动，也没有忠挚刚力的骨力潇洒，有的是春暮牡丹，浅斟低唱，有的是伤感、忧郁、细密的情思与心绪。人们不再着意于对人世的征服进取，而更多是退避进了自己的心境意绪里。

《诗薮》里胡应麟说："盛唐句如海日生残夜，江春入旧年；中唐句如风兼残雪起，河带断冰流；晚唐句如鸡声茅店月，人迹板桥霜。皆形容景物，妙绝千古，而盛、中、晚界限斩然。故知文章关气运，非人力。"

其实不是气运，而是时代的底色不同了。

如果说魏晋更多的是人的风神、哲理的思辨，盛唐是意气与功业，那么中唐到北宋则是心境和意绪的铺陈，细致、新巧、含义微妙，是寥寥长风，也是蓬蓬远春。

在这里，审美的意境有了动人心魂的情感、意趣和韵味，如同中年听雨客船上，红袖犹在小窗前，明日赶路，鸡声茅店月。

宋代的襟怀，意趣虽然多在心境，但仍然是高雅的、上层的审美。明清则真正从风雅走进了世俗。

这不是汉代的事功、征服，不是盛唐的意气与功业，而是市井百态，是世俗人情，是整个封建社会的老迈与速朽，以原五代十国京都为基础的地方城市，在当时已构成了一个相当发达的国内商业、交通网，近代气息不可抑制的喷发出来。

回光返照的三百年满清，在那几个勤勉的皇帝漫长的统治下，中国自然生长的更替萌芽被扼杀，我们重回了小农经济的封建时代，儒家正统理论显得那么沉重，与明代那种突破传统的解放潮流相反，清代盛极一时的是全面的复古主义、禁欲主义、伪古典主义。

晚明在突破僵化的封建老壳，试图寻找和重建一个新的秩序；满清把这一切打回混沌之中，竭力维护僵死的老的秩序，以保证一个可以长久统治中原大地。一百年后，全盘西化的新秩序同样渐渐显出水土不服的症状,人们开始渴望鲜活的生命力,但是往回走,是已经死掉的儒家正统,即便如此,这还是成了很多人的救命稻草,认为中国的出路在传统文化。

而实际上,在明代,传统文化的根底就已经开始萎缩。“从李贽到唐甄,许多进步的思想家,这是一股作为儒学异端出现,具有近代解放因素的民主思想。另一条线则是从张载到罗钦顺到王夫之、颜元,这是以儒学正宗面目出现,具有更多哲理思辨性质的进步学派。这两条线有某种差异甚至矛盾,但客观上却不谋而合地或毁坏、或批判封建统治传统,它们在明清之际共同构成了巨大启蒙思潮。”①

商业繁荣带给封建秩序的侵蚀前所未有,市民文学空前繁荣,尽管这里充满了小市民的庸俗、低级,浅薄无聊,不是汉代的铺陈,没有魏晋的风骨,更谈不上唐宋的文辞繁华,但他们有着新鲜生长的强大生命力,他们平淡无奇但是真实丰富,他们强烈地关注个人的命运,像欧洲的文艺复兴一样,他们要开启的是一个全新的时代。

明刊《万壑清音·西游记杂剧》插图

这期间《西游记》里的大圣形象天崩地裂,蔑视权威、规则,归服信仰与善良;《牡丹亭》的杜丽娘生死随人愿,情欲坦荡,个性解放的近代世界

① 《美学三书》,李泽厚著,安徽文艺出版社,264 页,1999.

呼之欲出。这都已不再是中国传统的理性主义，不再是儒家哀而不伤的中庸格调。可是多么令人扼腕，多尔衮的铁骑带着时代的回潮席卷而来。

在清代三百年固步自封、闭关锁国的压抑之中，现代性的火花全面熄灭，浪漫主义的狂潮变为无可救药的感伤。

《桃花扇》里不仅是家国大恨，更是前景无处的人生悲伤与幻灭。《纳兰词》中一个贵公子的哀怨沉痛，与对生活的厌倦与感伤实际上也是表面繁荣平静、实际颓唐没落的命运哀伤。

漫长的、黑暗的时代，最终催生了一部悲凉之雾，遍被华林的《红楼梦》，再怎么回光返照，也如百年的人参，迅速地朽烂了下来。

他们无路可走，哪怕醒了也无路可走。

今天的我们，从传统文化里重建的只能是本体的回归，而不是枝节的复制，只能取其意，而不能守其形。那些形是我们回不去的中国文化的童年、少年与一生。那是已经结束的过去，我们要找回的是永远不会结束的文化精神，要重建的是两千年文化传统的本体在今天的生发与未来。

比如我们对二十四节气的复建，节气是中国人宇宙观、时间观最好的注脚，得以生活在节令中也就是生活在自然中，然而城市化的生活里，久已离开了土地与耕作的人们，如果依旧生拉硬套耕作、驱虫、物候里的农作物，意义何在？这同样是对传统文化缺乏想象力的生硬模仿，这种模仿走不出一个有根底的中国，也找不回传统文化真正的生命力。

中国人所有的哲学观都来源于天地，中国传统文化所有的基础都是建立在对天地之道上的学问。

不懂得历法天文，是不能理解很多东西的，因为大道相通，而我们所有的道最终指向的都是天人合一。

中国的占人们对应天象，设置了地面上地理的分野区域，所谓“天有列宿，地有州域”，也根据天象运行规律制定了历法。《周礼·春官·大史》中说：“正岁年以序事。”这序事就是我们的节气、时令、时俗与行事，是我们数千年来生生不息的生活。

这同样是一个思维方式，中国古人所谓天人合一，其实就是指人与万物同，合于天道则生，逆于天道则亡，我们本身就是一个天地，带着所有生命最初的印记，绵延生息。

时令是中国人最朴素也是最深刻的哲学，除了秦王横扫六合，气吞宇内，自认以“水德”取代了周的“火德”重新搞了套历法，基本上两千年来，二十四节气的次序都是稳定的，它们的定位，来自于古人对天象的认识。

《淮南子·天文训》是按“斗转星移”的原则，根据北斗星斗柄的指向来定二十四节气的。古诗常有星辰明月之叹，古文总以天象开篇。

那时候风师叫飞廉，雨师是荓翳，羲和赶着太阳，望舒引着月亮……那时候，我们生活在天地之间，他们与我们一样，有名字、有性情、有故事。如今，我们生活在水泥里，每一样未知都有网络。

顾炎武说：“三代以上，人人皆知天文，七月流火，农夫之辞也，三星在户，妇人之语也，月离于毕，戍卒之作业，龙尾伏辰，儿童之谣也，后世文人，有问之茫然不知者。”如今别说七月流火，三星在户了，就是星宿四象人们也未必搞得清楚。

天文不知安知地理？地理不通何来书史？要知道中国的文化是扎根在宇宙之中的，连小儿的启蒙，也要从天地宇宙开始，无论是《千字文》的“天地玄黄，宇宙洪荒”，还是《幼学琼林》的“混沌初开，乾坤始奠”，一切的来源与根本都是宇宙。古人觉得恒星间相互位置恒久不变，所以观测日月五星的运行都是以恒星为背景。人们选定了黄道赤道附近的二十八星宿作为坐标，每一方的七宿联系起来想象成四种动物形象，成了四象，这四象就是东方苍龙、北方玄武、西方白虎、南方朱雀。

天上有星宿，地上有分野。《史记天官书》里说“天则有列宿，地则有州域”，古人把天地联系在一起，春秋之际，天上的星宿是指配地上的州国的，古人以分野观察天象，天象的变化应对着人间的祸福。今天很多研究

荷花水禽图

周易、玄学的人,如果不通天文,就实在不知道从何说起了。

在古代,每个朝代、国家都有其对应的星宿。商所对应的星宿与夏不同,天道运转,当一个星座出现在东面天空,另一个星座就会从西面天空沉入地平线以下。商的星宿是心宿,夏的星宿是参,参宿下沉,心宿东升,这也意味着夏王朝必将被商王朝所灭。

不同的星宿对应着不同的地理区域,夏的参宿后来成为晋国的星宿,大家知道三家分晋,最后继承的是韩氏,所以对于韩国来说,他们认为他们传承的夏的正统。国君生病,到夏王朝的郊外祭祀夏的开国之君大禹,国君的病就好了,我们今天觉得特别不可思议,在当时,这是他们与宇宙万物息息相关的生活。

不单夏,商也有国家继承,比如宋、陈、卫,他们的国家地域分野都与心宿息息相关,三代的更替成了一种自然循环,既然是自然,就是天道。

秦国把自己的地方称为夏,其他地方称为蛮夏,秦朝律法,秦国女子和外国人所生的孩子,全部是夏子,可见秦把自己当作了夏的脉流,天道循环,参宿又将升起。宇宙亘古不变,人间几度兴废,“子兴视夜,明星有烂”①,命运往复,循环不已。

可以说中国传统文化所有的基础都是建立在对天地之道的学问上。不懂得历法天文,就不能理解很多东西,因为我们所有的道最终指向的都是天人合一。我们需要在这些历史更替里理解的是古人如何看待人事与宇宙之间的关系,以及所衍生出的阴阳、五行、节气等等观念。我们不能照搬这些观念里因为不同时代的局限或特点而衍生出来的星宿祸福观、朝代更替观,节气坐标所指引的农耕观等等,这些都已变化,但万变不离其宗的是表象之内,中国人对宇宙一以贯之的敬畏与神圣感。

---

① 《诗经·国风·郑风》女曰鸡鸣,士曰昧旦。子兴视夜,明星有烂。将翱将翔,弋凫与雁。弋言加之,与子宜之。宜言饮酒,与子偕老。琴瑟在御,莫不静好。知子之来之,杂佩以赠之。知子之顺之,杂佩以问之。知子之好之,杂佩以报之。

盛唐而下，我们可以清晰地看到时代的气运已经不同，僵死的秩序不可重建，就像我们永远也写不出“春江潮水连海平”，永远也画不回《千里江山图》，我们要找回的不是“谷雨去吃茶，惊蛰看打雷”，我们要找回的是中国人对天地、宇宙的态度，找回的是我们与自然息息相关的实存。

第二节　重建礼乐的根本

神从未消失，先贤的典籍解消了大自然的神话，但内心深处神圣的存在一直都在。

山川、河流、星辰、动物、人类、昆虫和草木，宇宙万物依旧在一个共同的秩序里互相影响，包括神与人们死去的先祖。

一代代的祭祀活动也依旧在一遍遍重温神的精神，庄严的仪式让人类短暂而脆弱的生命注入某种神圣的力量，这种神圣的力量连接了宇宙万物，在祭祀的仪式中被人们一次次体验，并成为关照到生命的力量。

如果我们依然希望留住这种生命的神圣感，希望我们不仅仅是物欲状态的生物，而是富有灵性，可以连接超越世界的人类，那我们就必须重温这种力量。

两千年前，人们通过时时反省自己的行为、规整自己的行为，用精神上的诚敬、敛抑与集中所带来的虔诚重温神圣。

在谨慎、诚敬、修德的行为之中，人们将神引入了自己的内心，这种行为就是礼乐。

自始至终，礼乐里的人都是生在万物中的，在礼乐里，人的生命直接承接自天，这种承接自天，不是一种亦步亦趋的简单模仿，而是一种与天地并立的状态。礼乐的根本是让人摆脱一个桎梏的小我，让生命得到与天地同流的自由。我们所要重建的正是礼乐的大根本，而不是礼乐的小枝节。

我们不得不承认,生活是琐屑而杂乱的,人们很容易在重复而庸常的状态里失去对自己的醒觉,而传统中国人通过礼乐中身份的扮演,变得高尚、端正、严于律己、充满神性。仪式也让参与者们沉浸在一种美好神圣的状态中,这种美好神圣的感受会一直伴随着我们,即便回到琐屑而杂乱的生活中,我们也仍然能在混沌中重温这种力量,变得平静而温和。

一、重建礼乐的诚敬

中国传统文化有很多表现,但最大的特质是礼。

西方讲爱人,中国讲爱人以礼。钱穆曾说:“西方语言中没有‘礼’的同义词,它是整个中国人世界里一切习俗行为的准则,标志着中国的特殊性。”古代中国从家庭到家族、国家,都是按照“礼”的原则建立起来的。从国家典制到人们的服饰、建筑、行为方式等等,无不贯穿着礼的精神。

礼也是中国的天人关系,日月星辰、四季往复,万物周而复始、生命循环不息,这些规律与秩序就是礼的本来面目。所以《礼记》说:“凡礼之大体,体天地,法四时,则阴阳,顺人情,故谓之礼。訾之者,是不知礼之所。”人的一生应和宇宙规律,无论是人间五伦还是春生夏长、秋收冬藏,无论是孝亲之情还是男女之欲都是天地人事的本然秩序。礼只是顺应了这样的秩序,让我们“所以定亲疏,决嫌疑,别同异,明是非也”。

在中国文化中,“制礼作乐”是国家典章制度,礼是经邦治国的大框架、大原则,荀子说:“国无礼则不正。”一旦礼崩乐坏,则人们的行为准则、道德边界都会变得模糊。

然而一代有一代之礼乐,《礼记》里同样强调“礼,时为大”。宋代的礼乐和唐代的礼乐不同,明代的礼乐和宋代的礼乐不同,我们今天的礼乐也不可能以完全复古的方式再呈现,复古照搬只能沦为一场泥古之秀,而不是礼乐根本。

礼乐的根本首先是内心的诚敬,我们所要找回的不是三拜九叩,进退揖让,而是内心的诚敬,这种内心的诚敬会让我们再一次体会到生命的神圣。

"诚"对于儒家而言,就是一个近乎本体的存在,它不仅仅是一种真实无伪的心理状态与情感追求,也是儒家将人心与天道合二为一的通道。

如果这个世界礼崩乐坏、人伦失序、是非混淆、真理与逻辑似是而非、文书与行为大相径庭,我们要怎样找回中国人理想的秩序?

唯一的方法莫过于"诚",天道至诚,这是真实无伪的,宇宙不是虚妄的,宇宙没有表里不一,天道始终是至诚的,顺之则和乐,逆之则衰敝。天人合一的状态,首先在于我们能不能以天道为依据,让"诚"的情感体验普遍化。在人道的层面,"诚"引导我们内心的信、义、忠、守,让我们的行为不偏离我们的内心。

在古代中国,"诚"的思想发展非常深刻,比如汉代"精诚动天"的阴阳灾异说;唐中晚期,以韩愈等人为代表的新儒家进一步阐发了"诚"观念中所蕴含的仁、义、礼、智等实际的内容,根本上还是将诚与天道相连接;到了宋明,理学昌盛,"诚"的基本含义是真实无妄,它既指内心真诚无伪的状态,又因其作为"天道"的本质而与新的本体论结合了起来,"诚"的精神所代表的知行合一的精神让人们重新审视自己、审视生活。

但是"诚"的情感,一旦过于强调,反而会变得虚妄,"诚"本身会附着虚伪与欺骗的成分,如果将"诚"的情感神学化、神秘化,那么"诚"很容易演变为荒诞不经的迷信,如果将"诚"的行为教条化、框架化,那么"诚"的精神将堕于表里不一的虚伪,并且"诚"的精神与我们理性而适度的中庸思想似乎也有冲突。如果"诚"失去了原则,只会沦为人类欲望的出口,我们所要重建的"诚",一定是建立在主观精神和德性自觉基础之上的"诚"。

中国传统文化孜孜以求的始终都是天道与人道之间的贯通,天道生生不息、变化无穷、真实不伪,人道同样生生不息、变化无穷,能通达两者的唯靠这真实不伪的至诚之心。孟子说“反身而诚,乐莫大焉”,这两者的贯通,将是人生快乐的极致,并且,儒家的诚是建立在当下、此世、寻常生活、伦常日用中的,不高蹈、不虚妄,充满了人生情感与实在。

对于今天来说,重建礼乐的第一步,同样是重建礼乐内在的诚敬。《孟子·离娄上》云:“诚者,天之道也;思诚者,人之道也。至诚而不动者,未之有也;不诚,未有能动者也。”诚是物的始终,也是宇宙的天性,一个人的为人之道就是要努力达到诚的境界。《中庸》里面说:“诚者自成也,而道自道也。诚者物之终始,不诚无物。是故君子诚之为贵。诚者非自成己而已也,所以成物也。成己,仁也;成物,知也。”在这里,诚被上升到一个人存在的方式和道德修养的核心。通过诚这样的道德修养,我们才会进入到内圣外王,天人合一的境界,这是一个智慧境界、道德境界和审美境界的统一。是一个人的心、性、理都能安于所位时的状态,在这个状态下,一个人是内心澄澈而通明的,是“乐莫大焉”的。

《中庸》把“至诚”作为普通人修养的最高境界,一个普通人,如果能做到至诚,那就接近圣人了,所以《中庸》里面说:“唯天下至诚,为能尽其性;能尽其性,则能尽人之性;能尽人之性,则能尽物之性;能尽物之性,则可以赞天地之化育;可以赞天地之化育,则可以与天地参矣。”一个人通过至诚而尽性,通过尽人性而能尽物性,最终达到与天地参,也就是天人合一的大境界。

《中庸》里也有“至诚如神”这样的观点,这与《孟子》“夫君子所过者化,所存者神,上下与天地同流”,“大而化之之谓圣,圣而不可知之之谓神”里的神一样,都有讲人内心的尽性至诚的修为与天地大化相贯通的意思。这是上古以来神巫生活的遗存,也未尝不是人们数千年来内心真实的体会,中国文化的内收,收就收在了将宇宙天地合于一心。

对于今天来说,我们不能寄望于所有的秩序都可以得到自上而下、顺理成章的整顿,我们立即可以整顿的是我们内心的秩序,这也就是儒家所

汉代砖画

谓的修身。用什么来修身?用礼。

礼仪内在的情感、诚敬化而为外,成为一个人举止得当、中正平和、言辞优雅的表现,只有内心真正仁爱、真诚、中正、平和,外在的形象才会自然而然的端正起来。《礼记》说“内志正,外体直”,而外在的行为要求也会促使我们的身体、行为模式形成习惯,这种习惯对于内心德性的修养是有促进作用的。我们中国人从孩子尚在母腹中时,就开始要求母亲行端正的胎教,从孩子出生,无不是礼,人生的每一个阶段、生活中的洒扫应对,这些行为与道理奠定了一个人对礼、对中国文化天然的亲近与理解。

礼一定不是形式上的细节到位,《左传》中就有鲁昭公到晋国访问,到达郊区之后步步如仪,很规矩,一步都没有做错,中规中矩的,结果晋国有些人很感慨,说鲁昭公很懂礼,但是晋国有一个大夫就讲,他哪里懂礼,他根本不懂礼,如果这个人懂礼,他应该把国家治理得很好,可是这个人就把国家弄得乱七八糟,把主要的兴趣集中在并不了解内涵的仪式上,他懂得的是仪不是礼。可见古人对礼和仪就有很严格的区别。

对于今天来说,我们更要理解礼仪的根本不在清明扫墓的形式,而在清明对先人的追思、感恩,在报本返知并内化为对自己不断进步,不辜负先人期望的期许。不在春节团圆的酒肉,而在于对家庭宗族情感的理解,对长者的慰藉、幼者的期望,对时间循环终始的敬畏与珍惜。

礼仪的诚敬来自我们内心的状态,一个能做到诚的人,是一个对任何事情都可以专一以待的人。禅宗常说“喝茶担水,都是悟道”,这悟的也无非就是专注于当下的诚心。诚是真诚不欺,一个人不欺骗别人或者还可能做到,但一个人不自欺其实是很难的,不自欺就是知行合一,就是君子必慎其独,有一个可以时时内省的能力。

刘安世说:“某之学初无多言,旧所学于老先生者,只云由诚入。某平生所受用处,但是不欺耳。”刘安世说的老先生就是司马光,刘安世说:“安世从温公学,凡五年,得一语曰诚。安世问其目。公喜曰:‘此问甚善。当自不妄语人。’予初甚易之,及退而㯶栝日之所行,与凡所言,自相掣肘矛盾者多矣。力行七年而成。自此言行一致,表里相应。遇事坦然,常有余裕。”“诚”是司马光一生追求的一字。

刘安世用了五年时间明白了诚的重要,用了七年的时间,力行而成、言行一致、表里如一。可见诚并不是一桩简单的事,但只要我们开始了,总有一天,我们会逐渐接近这样一个状态。

孔子说:“闻道不能改,闻义不能徙,是吾忧也。”如果我们已经知道了道之所在,为什么不能开始去做?

朱熹说,做一件事,直是做到十分,便是诚。若只做得两三分,“今且慢恁地做,恁地做也得,不恁地做也得,便是不诚”。朱熹说读书也有这样类似的表达:“大抵观业,先须熟读,使其言皆若出于吾之口,继以精思,使其意皆若出于吾之心,然后可以有得尔。”读书是要读到“其言皆若出于吾之口”,精思到“其意皆出于吾之心”的程度,才算达到了要求,才能有所收获。他觉得一些人读书,影影绰绰地知道有那么回事,这哪里算是读了书呢?而且朱熹认为,即使做到了言若出吾口,意若出吾心,也并非就此而停止。他认为学习是无止境的,必须不断地“熟读”,不停地“精思”,才能不断地有所收获、有所进步。这是一个周而复始的循环过程,“又必疑不止如此,庶几有进”。这与一个人追求诚的境界是一样的。

诚与敬也是不分的,程伊川说:“诚然后敬,未及诚时,却须敬而后诚。”如果我们一开始很难做到十分真诚,那么我们可以先从敬畏一件事开始,有足够的敬畏,贯注精神去做,诚也随之而来。

《孝经》说:“礼者,敬而已矣。”从表象的东西深入进礼的内在,就是诚与敬。《礼记》开篇第一句话便是“毋不敬”。人类最大的偏执来自于对自我认知的严重放大,佛教把这个叫“我慢”,我们很难对身边所有事都保持敬意,很难对万物不抱任性的执念,而自谦敬人恰恰是礼仪根本的要求。这种谦、敬的根柢则是诚,真诚地保持对世界的尊敬,真诚地拥有来

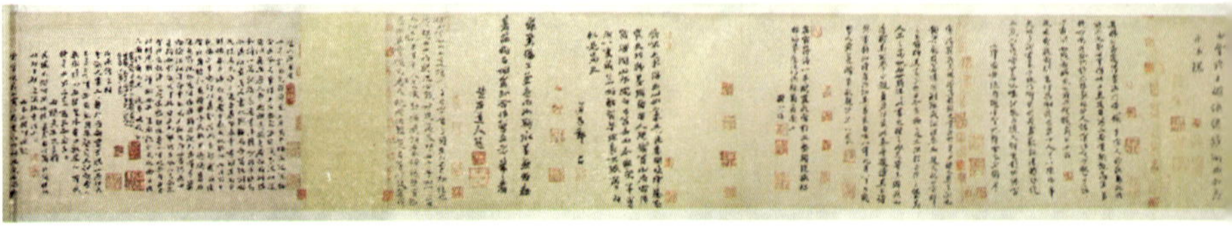

自内心的谦敬，消除任性的执念，那么一个普通人也能达到圣人那样的广阔视野。他就不会被局限于狭隘的自我观念中，而是对天地获得了一种更加深刻的领会。

二、诚敬之路

我的诚敬之路从专注开始。

专注地生活。

当下这个时代，我们总是会被各种媒介里零碎、没有任何营养的信息所吸引，一个人被浅薄、流行、快餐式的文化所包裹之后呈现出来的面目也会变得肤浅焦躁。

我在自己的脸上看不到任何的确定性，那种散发着深度、力量、平静与爱的情感所带来的确定性。

对很多修行者而言，最终所要有的内在的喜悦、心灵的开阔、不移的慈悲，在自然中得到的人格与感受状态的平衡都来自于这种专注的力量。

我们那么害怕与逃避积极而深刻的精神活动，害怕对内心的改造与践行。我们总幻想着，等手上的事情忙完，等到了什么层次，再认真地修行自己，再做想做的事，比如去山里居住、读书写字、与孩子常相为伴、关注节气与花草。

可是人生短暂无常，这一世到不了的彼岸，下一场轮回还是重头。理论的高度再华美，抵不过一须臾的实修。

浮玉山居图

所以，我从当下开始，将礼乐的精神内化为生活。顺应天时，在每一个节令里感受与自然之间的交互。当我们找回了时间，也就找回了身体里很多很多的感觉，找回了生命的自觉状态。接下来是专一而敬，比如打坐是一项太需要集中精神、关注自己、向内收敛、保持专一的精神活动。一个人心思太散乱，无法进入到这个“定”与“一”的状态。换句话说，“一”的状态是痛苦的。我们习惯了肤浅松散地活着，但心灵的训练和所有技艺的训练一样，都是持久、枯燥、磨难重重的，直到最后才会透出一束光，在不断的进阶里感受到光明、通透与自由。

如果我们做不到，那是我们对自己心的约束不够。

这种约束单靠一时的毅力和咬牙是坚持不了的，那只能叫间歇性自虐而不是持久的自律。对心的约束、一个人长久的自律、内心真正的诚敬只能靠持之以恒的训练，靠我们对自己心灵的坚定打磨，最终成为习惯，成为力量。

我学古典舞的时候，有一个动作是出胯，同时双手从身后绕一下伸向身体一侧，手指徐徐兰花般打开，看起来很妙曼，可是摆出来不容易。老师说，不要觉得“我知道身体这样摆好看，我知道手应该到哪个位置，这样不行，你们必须一遍遍的摆到这个位置，让肌肉形成记忆，形成习惯，才会真的成为那个样子”。

她说的是舞蹈，生活也一样。就像朱熹说读书，影影绰绰知道有那么回事，那能济得个什么，读和没有读有什么差别，做事诚是需要到十分诚才是真的诚。

如果我们不一遍遍地训练自己，就永远不会真正成为我们想象中的样子。这绝对不是你知道你要成为一个干净、光明、美好的人，你就是了。

古人清晨即起、洒扫庭院、插花焚香，一天有序而雅洁地开始，这是他们的每一天。儒家礼乐之道就是在行走揖让、进退回旋之间规定了身体的模样，形成习惯、形成记忆、形成了举手投足之间、不慌乱、不局促、气定神闲的君子气度，这些简单的事让心有了依凭，有了确定、向美、向平静的力量。

我们必须专注，不造作，真诚地做每一件事，经年累月，最终，深广而宁静，拥有纯净、慈悲与光明的力量。

再比如对待情感，爱可以说是人类拥有的最神奇的力量，它可以瞬间打通当下与永恒，每一句认真说出的“我爱你”其实都代表着当下情感的纯粹与永恒。

爱情中的专注、奉献、感觉圆满与知道自省的状态更是充满了神性，爱可以说是普通人最接近于神圣的内心状态，无分尊卑，没有界限。然而另一个层面来说，爱也是比较廉价的。任何人只要沉浸在爱河中，都会感觉到高尚、神圣。可是如果人们不能从爱情中让生命真正得以升华，将这种专注、奉献、自省与圆满的状态注入到长久的生命与万事万物中，那么爱情的神圣感也只会是瞬间开放的花朵，很快就会衰败并消散。

甚至于有些人会因为内心没有一个真正的实在，需要通过占有更多的爱来平衡这种不确定性，用这种看似深沉实则肤浅的情感证明存在，满足自己浅薄的欲望，这其实是对自己的大不诚。

缺乏自省能力的人、沉浸在欲望中的人，如果内心没有坚定的信念与实存，是很难从这种普遍的人类欲望中脱身的，在古人看来，处于物欲中的人其实与禽兽无异，而礼乐恰恰是用来让人区别于禽兽的。礼乐让人们的情感发乎情，而能止乎礼，最终我们所要秉持的，也无非是内心对于情感的诚敬，明白情感不是欲望的宣泄，不是肤浅而自欺的“付出感”“存在感”“神圣感”，而是值得我们真诚不欺，值得我们敬畏与尊重的。

卡夫卡说通向一切高度和深度的东西就是爱，这句话真正解释了爱的本质，爱的本质是通往高度与深度的，是引领平凡的人们体会真正的神圣与超越的，所以要真正地相爱，真诚地相爱。而真实的生活也必然是待人以敬、待己以诚，在诚敬中体会生命与天地自然的合流，最终得到“乐莫至焉”的大自由。

一个人散漫的心需要克制，沉浸于贪欲的心需要醒觉，过于随意、率性，会使自己成为一种任意糟糕的样子，一个人也必须通过内心的诚敬来肯定自己。根本上，这是天命、天道通过诚敬这样的工夫步步下贯，贯注到人的身上，作为人的本体，成为人的“真实的主体性”，没有这样的真实主体，人将流于物欲、散漫与昏沉之中。

中国文化的这种实践性让人们对当下的人生和世界持一种肯定的执着态度，让人们在礼乐的协和下既不会有过于狂放的、超出人际边际的情感，也不会有苦行式的禁欲与折磨。人们在人世的快乐中求得超越，在此生有限中去得到无限，在现实的世俗生活中取得精神的平宁和幸福。“这种极端重视感性心理和自然生命的人生观念和生活信仰，是知与行统一、体与用不二、灵与肉融合的审美境界。”①这种审美境界在中国哲学中，是天人合一的成果和表现，是以身心与宇宙自然合一为依归的最大快乐的人生极致，是巨大深厚的心理本体，也是那个最后的实在。

① 庞朴《忧乐圆融——中国的人文精神》。

第三节　审美与超越

中国人人生的最高境界是一个审美境界。

孔子的教化,最重要的不是诗书礼乐,而是根本的天然之美,他说"兴于诗,立于礼,成于乐",后人不懂,以为儒家就是礼教,不知道儒家所说的德,是用德性去润泽人自然身体的生命,用这样的方式彻底变化我们自然生命存在的气质,融入整个宇宙的大生命中去。

牟宗三先生在《五十自述》里说,春日沙丘,"不知不觉睡去,复返于寂静的混沌",晚听骡马夜归的杂沓之声,感受"生命的苍茫和安息",年底看戏,领悟"原始的人情、永恒的人情"和"生命的风姿、人格的风采","这是最直接的人格,最直接的生命"。

他说这以后所有的教育都比不上这一段生命的给予,以后所有的学问都建立在这最初的感悟之上。这是中国文化最显著的特点,源自生命,源自情感,源自天道自然,并且永远在自然天道之中,我们的生活、我们的学问也从来都是活泼泼的,与自然天地相往还的。

中国人的生活,哪怕一杯一盏,一灯一帘,都有着合乎自然的韵律在,有着万物的气息在,在这种秩序之中,我们感应到了自然,感应到天地宇宙,用这种感应,我们建立了礼乐之世。《郭店楚简》里说:"乐也者,动于内者也;礼也者,动于外者也。仁,内也;义,外也;礼乐,共也。"礼乐是我们外在的自律,也是我们内在顺乎自然,合于天地的韵律规矩,以礼自律,以乐自化,是中国人的君子风范。

这不仅仅是一个道德境界,而是一个超越的审美境界。孔子说"兴于诗,立于礼,成于乐",一个人最终的成就是超越了语言、智慧、德行、礼仪的心灵审美与自由,这种乐既是世俗人生的最高理想,也是人的自然心理情感。对于中国人而言，美的东西是蕴含着时间、智慧、德行，有着不朽的生的意义与价值的。

中国很多的传统艺术，最终讲的都是气。茶有茶气，琴是琴息，字有字意，内家拳、中医、绘画无不如是。这个气是什么？这个气就是合于天地之道的那个规律，顺之则美，逆之则败。

人一旦失去了对大自然的情意，也就失去了审美的能力。

我觉得中国的衣冠是美的，中国自古称"衣冠上国"，服饰的审美里充溢的是民族的情感与文化取向，中国的衣冠自夏商周至明末清初，从未断绝，一直有着自然之意。剪裁大气，一贯到底，随着人的行走举动而衣带当风，如同自然本身的韵律，这衣裳本身就是有生命的，静止美与行动美合而为一，变化无穷，妙不可言。中国的衣冠不仅仅是形态之美，更有着深衣之制，德养之美，和中国人用的那些小器皿、小物件一样，每一件方寸之间，却有无穷的阴阳变化，富蕴深刻的文化哲理，味之而无穷。

包括中国人的艺术，无论是琴棋书画还是茶饮园冶，这些技艺给了生命另一个维度的自由。孔子说，志于道，据于德，依于仁，游于艺。在这里"道"是一个人人生的意向，达到这个"道"的基础是"德"，而心的归依是"仁"，"艺"则是真正最后能让我们得到自由的方法。

一个人，即便是有了基本的道德，甚至于内心依于仁，这都是静态的，没有实现的人格。在传统中国文化中，从内心自觉建立一种完美的主体人格的人才算是个君子，才能有成为贤圣的可能。

这种完美的主体人格如何建立呢？通过对生活审美的态度，对艺术专注的浸入，对自然情义的感触。

当我们能游于艺，理解了自然宇宙的某种规律，而熟习之，了运之，才会获得自由，才会拥有具有时间力量的人格，才会从心所欲而不逾矩。

"不逾矩"这三个字，不是道德的教条，而是人生的自由，只有当我们在现实的人生中做到游于艺，才能在人格上从心所欲不逾矩。在传统儒学中，人格的实现与六艺的实践是分不开的，宋明理学过分强调心性，鄙弃博物专知，难免平时闲坐谈心性，临事只能一死报君王了。

除了游于艺，儒家还讲成于乐。如果说前者更多的是要求人们寻找钻研掌握客观规律，在技艺学问知识的途径里得自由，那么后者更多的是指一个人内在心理的自由塑造，一个人自身审美结构的呈现。在中国传统文化中最高或最后的人性成熟，只能在审美结构中，因为它超越了语言、智慧、德行、礼仪，是自由的感性，也是感性的自由。

而儒家与很多哲学或宗教不同，儒家以世俗生活中的情感快乐为存在的本体和人生的极致，成于乐让乐本身成了人生的最高理想和人格的最终实现。

所以在中国，我们的圣贤都是人间的，普通点的是有道德的人，达到圣这个级别的就不仅仅有道德，而是掌握了宇宙规律，并且与这规律同一，超越了道德，从心所欲不逾矩，实现自由的人生境界。

一个人到了自由的人生境界，就可以富贵威权等闲，春花秋月潇洒，不汲汲于欲望，不庸庸于俗世，自由做人，这是人生层次，也是审美境界。

中国人的彼岸不在来世，而在当下。在先秦，中国的哲人们从巫术舞蹈的原始宗教中早早抽身，他们没有去做形上而抽象的哲学思辨，没有狂热的信仰，也不去追问超越时间的永恒。子曰“未知生焉知死”，不懂得生的人不会明白死。他们把对永恒和超越的追求放在了生的价值与意义上，放在了当下的时间里。

如果我们生的价值是有意义的，那么死亡又算得了什么？我们的哲人对生死一贯坦荡而自然，庄子会鼓盆而歌，即便是执礼甚严的儒家也是事死如事生，他们把对死的个体自觉当做生的群体勉励。

无需哀伤，不必恐惧，作为还活着的我们，这世上唯一值得我们恐惧的事就是“吾生也有涯，而知也无涯”，时间太快，我们来不及对生的价值和意义感悟得更多。所以“朝闻道夕死可矣”，这是死的自觉，也是生的自觉。

明 · 徐渭　《石榴图》

中国人的超越与不朽不在来世，不在上帝的宽恕与慈爱，不在舍弃感性的空或觉悟，而就在此刻现世的人世中，在积淀了我们深厚情感的时间中。

如果没有情感，流动的时间不过是宇宙运行的框架、物理机械的恒长，有了情感，时间不再是本能或虚无，它有了期待、状态与记忆。

我们的伦理、道德，恰恰是超越了现实世界，属于精神世界的，是可以成圣贤，游方于内外之间的，而在我们的文化里，一个成了圣的人，也就是一个和宇宙合一的人。有意思的是，在西方哲学家斯宾诺莎的哲学思想里，神的含义就是宇宙。

我们的圣人是如此日常、真实，在我们的文化里，一个活生生的人是可以因为道德修为功业而建庙设供立牌享位的，在宗教世界里，神、佛、主则并不是现世世界里的人物，他们有他们的世界，他们站在彼岸，普渡此岸众生，众生需要仰视。

在中国传统文化里，人皆可成圣贤，佛教中国化后，也同样认为人皆可成佛，但佛与众生是不一样的，最大的不一样是认为成佛是脱离了现世世界。不管是现世世界的迷误也好，烦恼苦痛也好，圣贤则大抵还是众生，只是圣贤是人伦之至，他们“不离日用常行内，直到先天未画前”。既是理想主义，也是现实主义，既实际，也不肤浅。

可以说我们的彼岸从未脱离过现世世界，圣人们不以处理日常事务为苦，相反，他们从中修养性情，终生不懈地修习自己、超越自我，求得与天合一。

在中国传统文化中，万物不是某一个造物主造出来的，而都是宇宙本身流动不居的存在，包括我们人类。这有早期神话思维的影响，既是传统文化的根脉，也是生生不息的希望。

万物本有其意，不断变化，非干它力。所以圣人与宇宙同，也就是能知时顺进，合于天地。不是模仿古代典章制度，不是照搬什么夫子圣言。

老庄所说的无为其实也是这个意思,不是什么都不做叫无为,而是让天赋的才能发挥出来,就是无为,反自己天赋强行之,就是有为。庄子写《逍遥游》,是顺乎天性,直道而行,志无盈求,还是无为。

一个人到了这样无为的境界,就是自由和快乐的,很巧合的是,叔本华也曾说过类似的话,他认为一个人真正的幸福感来源于能尽可能的发挥自己的天赋。

但这样的快乐和自由也是相对的,只有当我们顺乎万物本性,超越了有限而融入无限,与万物一起得其所,才算是得到了真正的自由与快乐。

这就是中国人的彼岸。

附录 1　神话时代

一

上古之时，所有的陆地连成一片。

海水之南，流沙之滨，有座大山，方圆一万两千里，高入洪荒，仰无边际。

临海的山崖上，山峰如切，一只九头巨兽蹲立在峭壁上，吞风吐雾，无始无终。

从远处看昆仑，其光熊熊，其气魄魄，莽莽苍苍，林木巨大，有珠树、玉树、璇树、不死树、离朱、木禾、柏树……偶尔能看到冠羽上缠挂着无数红色大蛇的凤皇，鸾鸟在林间飞旋起落。

山中不死树下有泉水汩汩而出，绕山三周，山中称之为丹水，饮之不死。泉上有凉风之山，登之不死。再往上，叫悬圃，登上去，可以呼风唤雨。悬圃之上，就是天，隐隐宫阙，九重天门，人面虎爪的开明兽踞守在门前。

这是众神的居所，他们大多人面蛇身，也有一些是牛首兽足或长着其他模样。比如西王母，就是虎齿豹尾，西王母很喜欢带璇树上开的璇玑花，很久很久以后，她曾戴着璇玑花，化作雍容女子去见过两位人间帝王，不过现在，与其他诸神相比，作为一只潜龙勿用的老神，西王母显得尤为安静，终日穴居，据说这一次，她在这个洞穴里蛰修了一万年。

昆仑以北,有地名曰大荒,大荒中,群山相望,绵延不知所终。昆仑诸神的旁支,有很多居于此地,比如后土、夸父、颛顼等等。

每一个神从宇宙诞生之初就有了自己的神格,有些属于天神、光明神,比如伏羲、少昊、羲和;还有一些属于地神或水神、火神,比如女娲、炎帝。他们中,有些神有许多的法身,也有些神,因为通婚或战争而转变过神格,比如黄帝最终就从地神转为了日神。这些神话我们慢慢来说,此刻,昆仑山上建木的果子正结得汹涌,引来众神观看。

建木的躯干就像一头牛伏首于丹水之畔,叶子很密,翠罗一般,垂下许多缨须,果子和深秋的栾树一样,枝茎碧紫,通天下地。当建木结果时,也是下界即将有大澎湃之时,果子越汹涌,下界越鼎沸。

二

诸神时代,人们通过建木与神明相往来。

他们都是神的子裔。

伏羲与女娲在群蛇拱卫中保护人类族群繁衍生息,神权的分化与对能量和祭台的争夺也让更多神介入进人间的事务,整个昆仑如山雨欲来之前的天空。

太阳快要落回到羲和女神的甜汤里了,镶着金边的云层一浪浪翻滚过去,身穿金色长袍的伏羲在春神句芒的陪伴下乘坐马车在夕阳余晖里从悬圃飞过。句芒一身素服,鸟身人面,面庞方正,踩着两条龙盘旋在伏羲的马车之侧,看到众神聚集,句芒俯首朝伏羲小声说了些什么,伏羲撩起长胡子低头朝下看,眉间白毛紧拧成一处,龙吻一样的厚唇也抿成一条坚缝。

神与神之间没有高低卑尊,只有职位的区分与能量归属的不同,他们可以自由选择相近或相弃。

此刻,凉风山下建木红彤彤的果子像火一样烧在碧紫的枝茎上,群神正在木旁引首,下界,战鼓喧天。

烈山氏的农神炎帝与有熊氏的地神黄帝正在鏖战,地神系黄帝希望藉由此次战争打败烈山氏,获得更多光明的能量。炎帝的先锋祝融与黄帝的大将共工激水引火,大地骤黑骤明。

无数火龙与巨大鳌蛇胶缠在一处,共工眼看着渐撑不住,大水顺着山木颓然倒卷,一泻千里。祝融驭火龙在一团光明中越战越勇,共工连连被逼,一转身窜到不周山下,火龙巨大的火柱又喷烧过来,共工大吼,声震昆仑,在祝融逼来瞬间猛得一头撞向山岩,巨响声中,不周山轰然倒塌。

这山原是顶天的柱子,柱子一坍,天崩地裂,林木大火,洪水喷涌,昆仑万物摇坠,众神忙各驾坐骑,卷身飞归。

伏羲慌忙勒住马车命句芒前去探看,他的对偶神女娲本就是水神,此刻也急忙蜿蜒蛇身由建木而下,盘旋尾部,仰面撑住天角。

这一战,炎帝告捷,众神恶战的炎黄时代来临了。

三

神的子裔奉祭于神,与后世史书里面目端正庄严的三皇五帝不同,诸神时代,每一位神都有自己鲜明的神格、职守与索求。

换句话说,他们更像是一群生活在万物有灵的时代,拥有与天地相通,并能驾驭自然某种能量的人。

现在,他们为了争夺这种能量的支配正在进行殊死之战。

战败的神跌进深不可测的羽渊,永远无法再重来,死去的神能量消零,其中一些化为某种周而复始的季候象征,残留于世间的万物中,战胜的神则成为一种精神元素,渗透进万民的血脉里,经由生命绵延生息,传递能量,丰享供祭,成了正史中堂皇光大的始祖神。

不周山的坍倒让昆仑陷塌三分,许多神居的宫阙岩穴也受此灾,大量的树木枯萎,丹水之旁,一夜聚集了无数渴饮山泉的鸾鸟、龙蛇,黄帝驾着他的轩辕战车趁机游说了更多的支持力量,没多久,炎黄再度开战。

他们的战争持续了几代,神的背后是无数寿命短小的人类一代又一代高扬着神明的旗帜攻战，比如炎帝的部族，神农生子叫魁，魁生承，承生明，明生直，直生来，来生哀，哀生克，克生榆罔，五百年间，八代传序，我们可能对这些名字比较陌生，但最后一个炎帝部落的人王领袖，如果告诉你他还有一个名字叫蚩尤，就会面目清晰的多。

神与人不同，神是感生的，比如伏羲是华胥氏感应了青色的飞虹，履雷泽感生而来，人都是阴阳相合而生，孰优孰劣且不论，至少失去了得到天地间某种能量的天赋，这种感生的神迹在后世偶或有之，大抵是帝王或非凡之人，比如商的祖先后稷就是妈妈姜嫄踩了巨人脚印感生的，也许是附会，也许是返祖，在当下这个时候，轩辕黄帝的战车正以摧枯拉朽之势碾向烈山氏的阵地。

炎帝的子裔耕作于长江流域，文明炽热的光亮薪火未久，黄帝的游牧部族就已高举大旗攻进了烈山氏的咽喉之地阪泉，阪泉之战，炎帝落败，到了榆罔的年代，重整旗鼓的榆罔高举炎神的火红色大旗，坚定地捍卫自己的土地和生息家园，与信奉黄神的有熊氏再次展开殊死之战。

这一战，神也不能旁观，他们的能量同样来源于天地之间万物的匹配。

他们纷纷卷入战局，为各自代表的属性所战，火神炎召来了风伯雨师，一时间电闪雷鸣，暴雨如倾，地神黄毫不示弱，不仅邀来应龙用蓄水战术去淹灭敌手，还请到旱魔女魃前往止雨。

烈山氏的先锋大将巨人夸父和刑天，在阵前浴血，夸父身形巨大，双耳与双臂上各盘着两黄蛇，这黄蛇是他投掷的法器，应龙汹涌而来，飘忽而隐，夸父睚眦欲裂，疾奔尽投，无一得中，发力狂逐，夸父的部队也被黄神请来女神“旱魃”施行魔法，缺水乏匮，终被应龙所杀。

死后他被笑做是一个不自量力的家伙。

另一员战将刑天被砍去头颅后，以双乳为眼，肚脐为嘴，挥舞干戚，在炎帝战败多年以后，仍然继续他悲壮的与黄帝争神的战斗，人们说他忽东忽西，势态磅礴，疾时如雨，慢时如云，拒绝终止自己的抗争。

然而他只是一个亡灵。

秋天，烈山氏的首领，炎帝的子孙榆罔还是在宋山这个地方被抓住了。

巨大的木枷紧紧卡在榆罔的脖子上，黄帝从他的战车上睥了一眼这个耳鬓如剑戟，铜头铁额牛角昂扬，和他鏖战多年的部族首领，下命：“辱杀之。”

黄帝部族首领公孙氏心领神会，榆罔被改为诋毁性名称蚩尤，他的皮被从牛角处生生剥下来做成箭垛，头发被割下来做成蚩尤旗，胃被做成了皮球，身体被剁碎成肉酱掺和在苦菜酱里分发给所有的人们食用。

他死无葬身之地，巨大的木枷染满蚩尤的鲜血，跌散在宋山之上，化作了鲜红的枫树，在千秋万代的秋天里，层层殷红，遍染了山林。

在他身后，一个美丽的女孩追随蚩尤的脚步，以炎帝女儿的身份率民奋起反抗，战死于海上，死后，她化作一只叫精卫的小鸟，誓平大海，向黄帝部落复仇。

他们的故事残留于简牍，堙没于史章。

成王败寇，黄帝取代了农耕民族的真正先祖炎帝的地位，成为中华神系的核心，黄帝的神格也经由这场战场吞并了烈火氏的光明能量成为光芒四射的日神。

蚩尤死后，即便是飘扬的蚩尤旗也慢慢失去了颜色，叙事的黑白开始颠倒，战争的原因被归咎为烈山氏部族的凶残粗蛮，然而一个民族血脉相传的原始记忆却并不是那么容易完全消散，残留的象征与纪念始终涌动在一些部族的仪式里。比如苗族至今犹存的祭蚩尤的牛首舞。

四

尧舜禹的时代赤日作乱，黑夜长伏，洪水滔天。

水神系的力量泛滥而难以控制，地神崛起以应对，与此同时，光明神系与黑暗神系同样在进行力量的拉锯战,后羿就是一位典型的应战日神系的地神英雄。

他的对偶神嫦娥在经过一万年穴居修行的西王母帮助下,成为了新一代的月神,协助光明神系舜与黑暗力量的对决。

舜是光明神,母亲生他的时候感应了明亮的星光,父亲则感应了太阳鸟。光明与黑暗本就是如影随形,然而经过炎黄之战的尧时代,黑暗与光明的力量失去了控制,在舜这里,激化成猛烈的家族对峙,舜的父亲瞽,是黑暗神,母亲陨落羽渊,瞽又迎娶了新妻,生下弟弟阴影神象与妹妹敤首。

瞽想让黑暗的力量统治大地,他预见了这个光明神属性的儿子会成为他最大的敌手,他不断的设置陷阱希望灭掉这个阻碍黑暗力量的舜。

舜避走历山,以耕作渔陶休养生息,他的妻子娥皇女英,有人说就是太阳神羲和的化身,不管怎样,他的妻子为他生了两个女儿,宵明和烛光,光照百里,与父亲并肩作战。瞽几次阴谋都被坚固的光明神舜一家人所破,最终舜大胜,获得了对黑暗的征服,他将自己的阴影神弟弟象锁在了一个叫有庳的低矮之处。妹妹敤首因为几次斡旋于光明与黑暗之中,成为了舜即位之后沟通神人的大祭司。

无用而老迈的尧王被舜囚于平阳,父子不得相见,光明神舜登位。

他毕生没有离开过自己的妻女,除了最后一次南巡,日落之时,他的能量倍减,没有宵明和烛光,他很快被半人半神,因为治水而累积了巨大声望的禹所杀,死于苍梧之野,一个苍凉而荒芜的日落之野。

尧舜禹的时代是个倍为艰难而动荡的时代。

炎黄之战消耗了天地巨大的能量,尧就是这么个倒霉的天神,他能量平庸,生不逢时,负着整治大地的重任,背都压驼了好几重。

《孟子·滕文公下》说在尧的时候,水势倒流,在中国泛滥,蛇龙到处盘踞,人们无处居住;地势低的地方,就在树上搭窝栖身,地势高的地方,就打相连的洞穴。《尚书》上说"洚水警诫我们"。

这是神的博弈，也是人的创世纪。

大禹是这个时代中最后一位带着神属性的身灵，他半人半神，行事上参合了人类的阴阳之气，骨血中尚带神格的自然力量。

他的母亲鲧是地神，在大地神尧的暗示下窃取了地神的象征息壤整治洪水，却因法力的平庸屡治屡败，带着身孕被杀于羽郊，在他跌落下羽渊之前，破裂的肚皮里，诞下了新一代地神禹。

禹的出生让他的神属性并不是那么耀眼，他被派去继续治水，用脚步，用汗水，用无法仰仗神力的理想智慧，一点点丈量土地，疏浚河道，甚至因为遍及山川，太过于亲近人类与土地，禹也染上人类的疾病，坏了一只脚，走路一跛一跛的，被后人称之为“禹步”。这半人半神的印记，让人们认为禹步可以通巫。

他就这么拖着禹步用黄龙导水，命玄龟背青泥筑堤，以息壤填洪水大豁之口，在伏羲、瑶姬的帮助下，驱逐共工，降服水怪，化为大熊通環辕山，终于定九州，铸九鼎，人间太平。

最终禹与涂山氏的结合，伴随着那句美妙的南音：“候人倚矣兮”，他们的儿子启诞生了，启不是神，是人。

神与人的结盟在这个时代戛然而止。

下界力量的不可控让昆仑震荡了一万年以上，众神之战的亡灵几乎要填平深不可测的羽渊，在人间重归于序之后，天帝命天祭司重和黎绝地天通，砍断建木，让神与人从此相隔，不再有能量的往来。

神话终结了。大祭司们悄然引退，巫祝们模仿着禹步，跳着失去灵力的巫舞，对着伏羲留下的卦象费尽心血。

时间开始了，禹把整个江山留给了自己人类血脉的儿子，开启了诸夏时代的人类叙事。

五

以上我所描述的每一个细节，几乎都出自于《山海经》《淮南子》《庄子》《搜神记》《尚书》《史记》等典籍。

尧舜禹所谓的禅让,只是儒家叙事的需要,智慧的先贤荀子直斥禅让是虚言,有些史书甚至记载了舜囚尧于平阳的囚尧城。

“舜逼尧,禹逼舜,汤让,武王伐纣,此四王者,人臣弑其君者也。”韩非《说疑》里这段话和《竹书纪年》上:“尧德衰,为舜所囚。舜囚尧,复堰塞丹朱,使父子不得相见也。”的记载出奇的吻合。相比较《礼记》中悠然平静的上古岁月,如火烈烈的征战与血流漂杵的记忆更符合生命从蛮荒走入文明的历程。

几乎每个民族的神话里都曾有过大洪水的描述,天地之始,自然力量的肆虐、巨大的灾难给人类留下了难以磨灭的集体记忆,大地成了我们最终的家园与依托,所以在神话里,作为地神的大禹成为了救世主,就像顾颉刚先生所说的那样,“古史是层累的造成的,发生的次序和排列的系统恰是一个反背”,尧舜禹的叙述是为了顺理成章的烘托一个半人半神的英雄形象。仔细推敲去看,尧除了启用禹,治平了洪水,几乎没有任何贡献,舜的光明神属性早已隐藏在支离破碎的隐喻中称为一个文字游戏,除了德性的附加,也没有实质建树。他们的存在仿佛只是为了成就一个伟大的禹,以方便开启人类叙述的新纪元。

和西方成系统的神话相比,我们的神话显得尤为单薄、破碎,就像一个人失去了童年的记忆一般,想从这些零碎的意向里拼回一个民族早期神话的轮廓是一项极其艰巨的事,那些破碎的,残存的上古神话的字句,却几乎每一个大神都与蛇相似或相伴,这让人想起希腊神话里的美杜莎,想起圣经里伊甸园之蛇,仿佛蛇的形态是一个不可磨灭的共通的远古记忆,象征了我们最初从穴居野处的蒙昧状态中蜿蜒而出的样子,也仿佛昭示了生命某种最初的源流。

很多人说《山海经》里描述的地理状况和今天的欧洲、非洲等地很像,它读起来就像是关于这个世界的碎片化叙事,在远古之时,大陆也许并未分离,人类的迁徙并非像我们想象的这么艰难,神话的渊流或者并没有那么多的分野,只是最终落定成了不同的语言、象征、神名与传说。也大胆的尝试用神格的分属找回上古神话的一些片段。

有学者为了叙述方便将中国神话的神分成昆仑神系、蓬莱神系或山海经神话、楚辞神话、淮南子神话等,这些分类比较取巧,因为不必去梳理各神之间的复杂的渊流和隐藏在后世端正文字下被隐蔽或改写之前的原貌,无法还原出一个系统的中国神话,实际上,即便是后世的文献来看,神的属性也较为清晰,自然神、始祖神、妖灵与英雄叙事依旧残留了远古神话的大致框架。

与此相比,要解释为什么神话叙事变成了今天我们看到的历史叙事则相对简单,《孟子·万章下》:“北宫锜问曰:‘周室班爵禄也,如之何?’孟子曰:‘其详不可得闻也,诸侯恶其害己也,而皆去其籍。”《汉书·艺文志》沿用此说称:“及周之衰,诸侯将逾法度,恶其害己,皆灭去其籍,又遭秦火之灾。汉儒附会而成。”从这两段记载中可见,世人只知秦焚书坑儒,却很少知道早在春秋战国的时候,文字的篡改,焚毁已不是什么新鲜事。

自战国以来,历史学家从未停止过把神话改造成历史的努力,也从未终止过清算神话和神祇的话语实践。《世本》三皇五帝系统和《史记》的纪传系统,都是这种努力的一部分。春秋战国时期,儒道墨三家合力把既有的神话材料,都转换为历史血缘叙事,以祖先崇拜置换神祇崇拜,以祭祖仪式置换祭神仪式,以中间价值置换终极信仰,据此构筑了全球最大的祖先崇拜体系。

从孔子的不语怪力乱神到司马迁的《史记》,神迹和人事的差别开始消弭,战国及秦楚汉诸代,诸侯乱战,朝代更迭,政权合理性的支撑让神话沦为了权力叙事的蓝本。比如齐国这个靠谋反上台的政权,凭借稷下学宫众位学者的努力,接续了与黄帝的血缘归属,秦汉则以德行的阐释,更替了帝王传承的谱系,比如秦属“火德”,汉属“土德”,五行之说相生相克,给予了政权清晰的天然合理性阐释。对经典的篡改,解释经意更是推动了声势浩大的造史运动,比如著名的“夔一足”和“黄帝四面”。神话向史话的转变,帝国的祖先崇拜制的确立,为民族国家的自我认知,奠定了至关重要的基石。

既然神话已经被肢解,我们梳理神话的意义就变得更有意思,顺着神话被肢解的模样,我们看见了我们这个民族的自我认知。马克思《摩尔根古代社会》中提及,在野蛮期的低级阶段,人类的高级属性开始发展起来。个人的尊严、雄辩、宗教的情感、正直、刚毅、勇敢,此时已成为品格的一般特质,但是残酷、奸险和狂热也随之俱来。在宗教领域中发生神灵崇拜和关于人格化的神灵以及大主宰的模糊概念恰恰是人类自我属性的延伸与发展。

我们会发现在我们的文化中,神的面目都很端正,中国是一个崇尚品德的国度,神作为象征与源流也不可避免地披上了德行的衣装,换句话说其实很难评判,是因为我们民族的尚德导致神的面目与圣贤无二,还是因为我们的神祇本身就是德性的化身教化影响了我们的生民,影响了数千年的华夏文明走向。但终究,他们的面目确实影响了我们数千年并且依然在影响着我们的当下和未来。

不仅创世神盘古充满了牺牲精神,始祖神伏羲、女娲无不如此,远古神话英雄同样不是崇尚奉献,就是表达自我牺牲,以及他们身上那种保民佑民的责任感令人仰止。比如射日除害的后羿、救民于水患的大禹等等。

这些虚无缥缈的理想形象成了人间帝王的典范,神话中的大神们最终演变成了人间的始祖,神明崇拜变成了祖宗崇拜,“德”的文化选择解释了几千年王朝更替,至今影响犹在。

注:本文依据《山海经》《庄子》《管子》《中国神话史》《华夏上古神系》等文献著作编写,非学术考证,附为一观。

附录2　参考书目

（一）古籍

《十三经注疏》郑玄注，贾公彦疏（上海：上海古籍出版社，2010）。

《山海经校注》袁珂修订（北京：北京联合出版公司，2014）。

《四民月令》崔寔撰，石声汉编，《四民月令校注》（北京：中华书局，1965）。

《吕氏春秋》吕不韦著（上海：上海古籍出版社，1989）。

《春秋繁露》董仲舒著（上海：上海古籍出版社，1989）。

《国语》左丘明著（上海：上海古籍出版社，1998）。

《风俗通义校注》应劭撰，王利器校注（北京：中华书局，2010）。

《淮南子》刘安著，陈广忠译注（上海：上海古籍出版社，2016）。

《庄子今注今译》陈鼓应注（北京：中华书局，1983）。

《博物志》张华撰（《广汉魏丛书》第97册）。

《楚辞集注》朱熹撰（上海：上海古籍出版社，1979）。

《管子》房玄龄、刘绩注（上海：上海古籍出版社，2015）。

《说文解字》许慎纂（北京：中华书局，2013）。

《春秋左传》杜预注释（北京：中华书局，2015）。

《论语译注》杨伯峻译注（北京：中华书局，2004）。

《韩非子集解》王先慎著（北京：中华书局，2013）。

《四书章句集注》朱熹撰(北京:中华书局,2007)。

《周髀算经译注》程贞一、闻人军译注(上海:上海古籍出版社,2007)。

《尔雅译注》胡奇光、方环海撰(上海:上海古籍出版社,2012)。

《山带阁注楚辞》蒋骥撰(上海:上海古籍出版社,1984)。

《史记》司马迁著(北京:中华书局,2001)。

《荀子集解》王先谦撰(北京:中华书局,2010)。

《孟子译注》杨伯峻译注(北京:中华书局,2016)。

《列子译注》严北溟、严捷撰(上海:上海古籍出版社,2012)。

(二)考古专刊

山东省文物管理处、济南市博物馆编,《大汶口》(北京:文物出版社,1974)。

中国科学院考古研究所陕西省西安半坡博物馆编,《西安半坡》(北京:文物出版社,1963)

中国社会科学院考古研究所著,《殷墟发掘报告》(北京:文物出版社,1964)

河南省文化局文物工作队编著,中国科学院考古研究所编,《郑州二里岗》(北京:科学出版社,1959)。

(三)中文书籍、期刊

王国维,《观堂集林》(北京:中华书局,1959)。

梁簌溟,《东西文化及哲学》(上海:上海人民出版社,2015)。

朱天顺,《中国古代宗教初探》(上海:人民出版社,1982)。

李学勤,《东周与秦文明》(北京:文物出版社,1991)。

《放马滩简中的志怪故事》,《文物》,1990。

余英时,《中国知识阶层史论》(台湾:聯經出版事業股份有限公司,

1980）。

《论天人之际》（北京：中华书局，2014）。

袁珂，《中国神话史》（上海：文艺出版社，1988）。

徐复观，《中国人性史论先秦篇》（上海：三联出版社，2002）。

梁钊滔，《中国古代巫术宗教的起源和发展》（广州：中山大学，1989）。

陈梦家，《商代的神话与巫术》，《燕京学报》，20（1936）：485-576。

王冠，《论儒家礼乐文化的形成与构建及对当下的影响》，《江苏社会科学》，5（2016）：141-145

张光直，《中国青铜时代》（北京：三联书店，2017）。

《古代中国考古学》（北京：三联书店，2017）。

《美术、神话与祭祀》（北京：三联书店，2017）。

蒲慕州，《追寻一己之福——中国古代的信仰世界》（上海：上海古籍出版社，2007）。

李泽厚，《美学四讲》（天津：天津社会科学院出版社，2001）。

《美学三书》（合肥：安徽文艺出版社，1999）。

葛兆光，《中国思想史》（上海：复旦大学出版社，2015）。

庞朴，《儒家精神》（北京：中国华侨出版社，2014）。

熊申英，《乐以和同：东周之前的乐思想研究》（南昌：江西人民出版社，2012）。

龙国富，《甲骨文与中国上古文明》（上海：华东师范大学出版社，2016）

王守信、王绍东，《殷墟甲骨文》（北京：文物出版社，2015）。

林安梧，《牟宗三前后当代新儒学哲学思想史论》（台湾：学生书局，2011）。

明 · 陈淳

《溽暑花卉图》

后　记

戊戌年，立冬。

院子里芭蕉枯折，黄叶满地，四时不疾不慢，周而复始。

此时，距这本书第一次动笔已有一年，断断续续，总算即将付梓，实际上这几年，对我的生命而言，是一个特别的时期。

在追问文化的源流，古老的陈迹的同时，我也在追问自己，那些看似不必求解的真理不再被悬置，内心的深渊也多次被凝视，我特别想知道光明的所在。

两年前的一个夏日，我开车穿过南京的街巷，回味起晚间读过的《传习录》，再一次咀嚼其中的意味，我突然间好像明白了王阳明所说的知行之义，那一瞬间的感觉如醍醐灌顶，仿佛从混沌中看见一线光。

我们太熟悉道理，以至于从未真正想过，这些道理与我们的生命之间确切的关系。比如我们都知道一个人应该坦荡，诚恳，真实，应当知过而能改，闻义则能徙，但现世中，我们却往往在浑浊的世事与欲望里翻滚，溺于贪执，沉于惫惰，将学问仅仅当做了学问。

而恰恰，中国的学问，不是纸面，而是生命。

我们所有的文化，儒家也好，道家也好，佛家也好，杂家也罢，无一不是在个体生命的超越与宇宙万物的流动间寻找通达而豁然的大道，这条道路不是寻章摘句皓首穷经可以了然的，这条道路一定是生命切实的体验与实践，是一个人重塑自己内心的过程，也是一个人在物欲里渐渐醒转，看见四时，看见天地，看见自己的过程。

这几年，我慢慢体会内心的沉静、安定，反省自己的虚浮、空妄，我发现人心的惯性与壁垒是最难破除的。在神话时代，我们把自己交给神，在人文时代，我们把自己交给心，如果心是混沌不知的怎么办，又或者心是坚硬固执的怎么办，知识最终若不能转为智慧，那生命将始终是蒙昧不通透的。

在数千年前的先贤文字里，我看到他们的人生，也看到他们对自己的打磨，这个过程对每一个人都是艰难的，屈原、孔子、老子、庄子、荀子、韩愈、朱熹、王阳明、王国维等等，每一个人都在上下求索的过程中有过追问，有过反复，孔子五十才知天命，庄子栗园而后大观，生命这么长，也许正是为了让我们有机会找到正确的道，走下去。

我自小在山里长大，记忆里始终留有泥土与草木的气息，回想起少时在江边沙滩崖岸，独自读书的时光，江水一浪浪漫过来，再退下去，天地之间，唯有我、书与水岸。那时候，我并不知道人生这个大命题要如何去面对，但我本能的认为，所有的未来都可以在山水草木，自然之中得到抚慰，得到圆满。

非常感谢有机会读书，这对当年那片土地上的女孩而言，并不是一件天经地义的事，也正因为读书，我看到了一个与我所处的现世并不一样的，光明的世界与所在，这里有坚韧、磊落的生命，高贵、澄澈的灵魂，走向他们，我用了很多年，并仍需要很多，很多年。

在写这本书的过程中，我更深刻的体会到一个人真正的知，一定就是行，甚至于并不存在没有行为意愿与实践的知道。写这本书时，我始终想梳理的，是我们这个民族的传统根底何在，何以传承，何以至今，以及在今天，我们应当如何去面对传统文化的重构与新生，这些都不是知道，而是一代代中国人的身体力行。

我们所谓的对天地的敬，对内心的诚，对道的追求，无不是日用伦常，最终，我们走到的是先天未化，是自然而然，是与这个世界合而为一。

限于精力、学养，这两年写的非常断续，有些篇章比较生硬，关于儒家礼乐的部分又过于偏重，但这里，从头到尾，流泻的是我发自心底的追问与求索，感谢和一，三七，以及身边人，也感谢每一位翻开这本书的朋友。

野蔷薇